现代企业财务管理与内部控制探索

席蕊 著

吉林科学技术出版社

图书在版编目（CIP）数据

现代企业财务管理与内部控制探索 / 席蕊著 .

长春：吉林科学技术出版社，2024. 6. -- ISBN 978-7
-5744-1435-8

Ⅰ. F275；F272.3

中国国家版本馆 CIP 数据核字第 202413AM29 号

现代企业财务管理与内部控制探索

著	席 蕊
出版人	宛 霞
责任编辑	靳雅帅
封面设计	树人教育
制 版	树人教育
幅面尺寸	185mm×260mm
开 本	16
字 数	300 千字
印 张	13.75
印 数	1~1500 册
版 次	2024 年 6 月第 1 版
印 次	2024 年10月第 1 次印刷

出 版	吉林科学技术出版社
发 行	吉林科学技术出版社
地 址	长春市福祉大路5788 号出版大厦A 座
邮 编	130118
发行部电话/传真	0431-81629529 81629530 81629531
	81629532 81629533 81629534
储运部电话	0431-86059116
编辑部电话	0431-81629510
印 刷	廊坊市印艺阁数字科技有限公司

书 号	ISBN 978-7-5744-1435-8
定 价	85.00元

前 言

在当今快速发展和不断变化的商业环境中，企业面临着前所未有的挑战和机遇。财务管理和内部控制作为企业运营的两个核心要素，在确保企业稳健经营、可持续发展的同时，也面临着日益复杂和多变的需求。本书旨在深入探讨这两个关键领域，为业界从业者、学者以及广大读者提供有深度、有广度的理论与实践参考。

财务管理是企业管理中的重要组成部分，它贯穿企业的方方面面。如何科学、合理地进行财务规划、预测、分析和决策，将直接关系到企业的生存与发展。在全球化和数字化的趋势下，财务管理不再只是简单的账务处理，而是需要适应变化、灵活应对的战略性管理工具。本书通过深入挖掘财务管理的核心理念和方法，以帮助读者去更好地理解和应对当今复杂多变的商业环境，为企业提供可持续的财务战略支持。

同时，内部控制作为财务管理的有机组成部分，对于企业的风险管理和治理结构同样至关重要。随着企业规模的扩大和业务范围的增加，内部控制不仅需要具备科学合理的设计，更需要去不断创新和完善，以应对日益复杂的经营环境和风险挑战。通过本书对内部控制的深入剖析，读者将能够系统理解内部控制的核心概念、设计原则和实施方法，为企业建立更加健全、有效的内部控制体系提供指导。

在这个知识大爆炸的时代，我们深感知识的重要性。希望通过本书的共享，为广大读者提供一扇通向现代企业财务管理和内部控制深度探索之门的机会。财务管理和内部控制不再是高深晦涩的领域，而是每一位企业家、财务从业者、管理者都应该深入了解和掌握的工具。通过共同努力，我们将能够更好地应对未来的商业挑战，推动企业迈向更高水平的发展。

目 录

第一章　现代企业财务管理理论综述

第一节　企业财务管理基本概念

一、财务管理的定义与范畴

财务管理是一种组织和管理财务资源的过程，旨在实现组织的财务目标和最大化股东价值。这一领域涉及对资金的筹集、投资、运营和分配进行有效的规划和控制。财务管理在企业和组织中扮演着关键的角色，确保它们能够持续经营并实现长期的可持续性发展。下面将详细探讨财务管理的定义以及其涵盖的范畴。

（一）财务管理的定义

财务管理是一种以最大化股东价值为目标，通过有效管理资金、投资和运营活动的过程。它涉及分析、规划和控制组织的财务资源，以确保它们能够达到经济目标并在市场中保持自身竞争力。财务管理不仅关注短期利润，更注重长期可持续性和增加股东价值。

在财务管理的实践中，主要包括以下几个方面内容。

（1）资金管理：财务管理需要确保组织拥有足够的资金来支持其日常运营和未来的发展计划。这其中包括资金的筹集、运用和分配。

（2）投资决策：财务管理涉及对不同投资项目的评估，以确定最有利于组织的投资方向。这可以包括购买资产、进行研发、收购其他企业等。

（3）风险管理：有效的财务管理需要识别并管理潜在的风险，包括市场风险、信用风险、流动性风险等。通过风险管理，组织可以更好地应对其中不确定性。

（4）财务规划和预测：财务管理包括对未来财务状况的规划和预测。这有助于组织做出明智的决策，并提前应对未知的挑战。

（5）资本结构管理：财务管理还涉及确定最佳的资本结构，即债务和股权的比例，以最大化股东价值。

（6）绩效评估：财务管理需要对组织的绩效进行定期评估，以确保目标的实现，并进行必要的调整。

1

（二）财务管理的范畴

财务管理的范畴非常广泛，它涉及各个方面的组织运作。以下是一些主要的财务管理领域。

（1）资金管理：这是财务管理的核心领域，包括现金流管理、资金筹集、支付和投资决策。

（2）投资管理：财务管理需要决定如何最有效地利用资金进行投资，包括购买设备、扩大生产能力、进行市场营销活动等。

（3）财务规划和预测：通过制订财务计划和预测，组织可以更好地了解到未来的财务状况，可以及时做出相应的决策。

（4）风险管理：财务管理需要识别、评估和管理各种风险，以确保组织在面临不确定性时能够保持稳健。

（5）财务报告与分析：这涉及制作和分析财务报表，包括利润表、资产负债表和现金流量表，以帮助管理层了解组织的财务状况。

（6）资本结构管理：确定最佳的资本结构，平衡债务和股权，以最大化股东价值。

（7）绩效评估与管理：财务管理需要对组织的绩效进行评估，以便调整和改进战略及运营。

（8）税务规划：财务管理也包括制定有效的税务策略，以最小化组织的税负。

（9）国际财务管理：对于跨国公司，管理跨境交易、货币风险和国际税收也是财务管理的一部分。

（10）社会责任和可持续发展：考虑到现代社会的关切，财务管理也越来越关注组织的社会责任和可持续发展。

总体而言，财务管理是一个动态而复杂的领域，它要求管理者综合考虑各种因素，做出明智的决策，以确保组织能够在竞争激烈的商业环境中取得成功。

二、财务管理与企业经营的关系

财务管理与企业经营密不可分，两者之间存在着紧密的关系。财务管理是企业经营的一个重要组成部分，通过有效的财务管理，企业能够更好地规划、组织和控制其财务活动，以实现经营目标、提高竞争力并取得长期成功。下面将详细探讨财务管理与企业经营的关系，包括它们两者之间的相互影响和互动。

1. 财务管理与企业经营目标的关系

财务管理旨在实现企业经营的各项目标。企业经营目标通常包括盈利最大化、市场份额提高、成本控制、创新和可持续发展等方面。财务管理通过有效地配置和利用资金，进行投资决策，规划财务战略，为企业实现这些目标提供了支持。

（1）盈利最大化：财务管理通过资本投资和资产配置，帮助企业实现盈利最大化的目标。通过有效的财务规划和预测，企业可以做出明智的投资决策，最大限度地提高投资回报率。

（2）市场份额提高：财务管理在资金运作方面的作用对于企业扩大市场份额至关重要。企业需要有足够的资金来支持市场营销活动、产品研发和销售渠道的拓展，从而增加市场份额。

（3）成本控制：财务管理有助于企业实现成本控制的目标。通过有效的预算编制和资金运作，企业可以降低生产和运营成本，提高生产效率，从而在市场上保持自身竞争力。

（4）创新和可持续发展：财务管理也涉及对创新和可持续发展项目的投资决策。企业需要在研发和创新领域进行投资，以适应不断变化的市场需求和维持可持续的竞争力。

2.财务管理与企业战略的协调

企业战略和财务管理两者之间相互协调，共同推动企业朝着设定的目标迈进。企业战略涉及选择合适的市场定位、产品组合和竞争策略，而财务管理则通过提供资金支持、风险管理和财务规划，确保这些战略得以有效实施。

（1）资金支持：企业战略的实施通常需要大量的资金支持，包括投资新项目、市场推广、收购并购等。财务管理通过筹集资金、制定合理的资本结构，为企业提供实施战略所需的资金。

（2）风险管理：企业战略的执行过程中伴随各种风险，包括市场风险、经济风险和政治风险等。财务管理通过风险评估和管理，帮助企业降低不确定性，确保战略的可持续性。

（3）财务规划：财务管理对企业战略的成功执行至关重要。通过制订财务计划和预测，企业可以更好地了解实施战略的财务需求，并做出相应的决策，确保资金的合理分配和使用。

3.财务管理与企业运营的协同作用

企业运营是财务管理的实际应用领域之一。财务管理通过有效的运营支持，以确保企业在日常经营中能够高效运作，从而实现经济效益。

（1）资金流动和日常运作：财务管理负责监控资金流动，以确保企业有足够的流动性资金支持日常运作。这包括付款、收款、库存管理等方面，对于维持正常的生产和销售活动至关重要。

（2）成本控制和效率提升：通过财务管理的成本控制和绩效评估，企业可以识别出高效和低效的运营领域。财务管理通过提供财务指标和分析，帮助企业提高运营效率，降低不必要的成本。

（3）投资决策：在日常运营中，企业可能需要进行一系列投资，包括更新设备、培训员工、开发新产品等。财务管理通过对这些投资进行评估和规划，确保它们对企业的长期发展有益。

4. 财务管理与企业治理的关系

企业治理是确保企业合法合规运作、保护股东权益的过程，而财务管理在企业治理中发挥着至关重要的角色。财务管理通过透明的财务报告、内部控制和风险管理，为企业提供了有效的治理工具。

（1）财务报告和透明度：财务管理通过制定和公布财务报告，提供了对企业财务状况和经营绩效的透明度。这对于股东、投资者、监管机构以及其他利益相关者是至关重要的，有助于建立信任关系，促进企业的良好治理。

（2）内部控制：财务管理涉及建立和维护内部控制体系，以确保企业在其运营中合规、高效和风险可控。内部控制有助于防范潜在的错误和欺诈行为，保护企业的资产和利益。

（3）风险管理：企业治理需要有效的风险管理机制，以防范可能影响企业经营的各种风险。财务管理通过对各类风险的评估和管理，为企业治理提供了有力的支持。

5. 财务管理与企业决策的协同作用

财务管理是企业决策制定的基础，对于各类决策的评估和支持都至关重要。无论是关于投资、融资、成本控制还是战略规划，都需要财务管理去提供可靠的信息和分析。

（1）投资决策：财务管理通过对潜在投资项目的财务分析，帮助企业决策者评估投资的潜在回报和风险，从而做出明智的投资决策。

（2）融资决策：企业在需要资金时，财务管理提供了有关债务和股权融资的建议。确定最佳的资本结构，平衡债务和股权的比例，是一个关键的财务决策。

（3）成本控制决策：财务管理通过成本控制和效率提升的手段，支持企业决策者在日常运营中降低成本、提高生产力。

（4）战略规划决策：在制定和调整企业战略时，财务管理提供对财务可行性和可持续性的评估。这有助于确保企业战略的财务可行性，并促使战略与财务目标的一致性。

6. 财务管理与企业绩效的紧密联系

企业绩效评估是财务管理的一个核心方面。通过对企业的财务指标、投资回报率和成本效益等方面进行监测和分析，财务管理为企业提供了关键的绩效评估工具。

（1）财务指标评估：财务管理通过监测和评估企业的财务指标，如利润、现金流、资产负债状况等，帮助企业了解其财务状况和经营健康度。

（2）投资回报率评估：对于投资项目，财务管理通过计算和评估投资回报率，帮助企业判断投资是否创造了足够的价值。

（3）成本效益分析：财务管理有助于进行成本效益分析，确保企业在资源利用方面取得最佳效果，从而提高绩效。

（4）预算和实际绩效比较：通过财务预算的制定和实际绩效的比较，企业可以识别出绩效差异，进而采取必要的措施进行调整和改进。

7.财务管理与企业可持续发展的协同推动

在当今社会，企业可持续发展已成为一个关键的关注点。财务管理通过各种手段，推动企业朝着可持续性方向发展，实现经济、社会和环境之间的平衡。

（1）社会责任投资：财务管理可以支持企业投资于社会责任项目，促使企业对社会和环境产生积极影响。

（2）环境和社会风险管理：财务管理通过对环境和社会风险的评估，帮助企业降低不良影响，从而实现可持续发展。

（3）财务透明度：提供透明的财务信息有助于企业建立可持续发展的声誉，增强与利益相关者的信任。

（4）长期财务规划：财务管理通过长期财务规划，确保企业在未来能够稳健经营起来，实现可持续发展的目标。

综上所述，财务管理与企业经营的关系十分密切且相互依存。财务管理通过支持企业经营目标、协调企业战略、助力企业运营、促进企业治理、支持企业决策、评估企业绩效以及推动可持续发展，为企业提供了全方位的支持和指导。在竞争激烈的商业环境中，有效的财务管理是企业成功的关键之一。

第二节　财务管理的价值观念

一、企业价值观念与财务管理

财务管理在企业价值创造中扮演着关键的角色，它不仅仅是一种支持性的职能，更是企业实现长期成功和持续竞争优势的基石。在当今复杂而不断变化的商业环境中，财务管理通过有效的资金管理、进行投资决策、规划财务战略等方面，将直接影响着企业的价值创造能力。下面将深入探讨财务管理在企业价值创造中的作用，从不同角度展示其重要性。

1.资金管理与企业价值创造

资金是企业生存和发展的生命线，资金管理是财务管理的核心之一。通过有效的资金管理，可以确保企业在需要时有足够的资金支持其运营活动，同时最大限度地提高资本的利用效率。

（1）流动性管理：财务管理通过流动性管理确保企业随时能够满足短期债务和日

常运营的需求，防范因资金不足导致的危机。

（2）成本降低：通过优化资金结构、合理规划资金使用周期，企业可以降低融资成本，提高资本的效益，进而增强企业的竞争力。

（3）投资决策：资金管理还涉及对不同类型投资项目的资金分配。通过对投资项目的财务分析和风险评估，企业可以选择最有利于价值创造的投资方向。

2. 投资决策与企业价值创造

投资决策直接影响着企业未来的收入和利润，是企业价值创造的关键环节。财务管理在投资决策中发挥着至关重要的作用。

（1）资本预算：财务管理通过资本预算帮助企业评估潜在投资项目，其中包括新产品开发、设备更新等。这有助于确保投资项目对企业长期价值的贡献。

（2）风险管理：财务管理在投资决策中进行风险分析，帮助企业选择符合风险承受能力的项目，确保投资的可持续性和稳健性。

（3）投资组合管理：通过构建合理的投资组合，财务管理帮助企业实现风险分散和收益最大化，从而提高整体投资效果。

3. 财务规划与企业价值创造

财务规划是财务管理的一个重要方面，它有助于企业长期、中期和短期的目标实现，通过合理规划财务活动，可最大化企业的价值创造潜力。

（1）预算制定：预算是财务规划的核心工具，通过制定预算，企业可以合理分配资源，确保各项活动在财务层面上能够得到控制。

（2）现金流规划：财务管理通过现金流规划确保企业有足够的现金流，满足日常运营需求，支持投资和发展活动，提高企业的生存能力和抗风险能力。

（3）长期规划：财务管理需要与战略规划密切合作，通过财务规划确保企业的长期发展与价值创造目标一致，为未来的挑战做好准备。

4. 财务报告与企业透明度

财务报告是财务管理的一个重要产物，也是企业与外部利益相关者沟通的重要工具。透明度是企业价值创造的基础，而财务报告在提供透明度方面发挥着关键作用。

（1）投资者关系：通过及时、准确的财务报告，企业向投资者传递关于企业财务状况和业绩的信息，建立双方之间的信任，促进资本市场对企业的认可。

（2）债权人关系：财务报告也对债权人具有重要意义。透明度高的财务报告有助于维护企业与债权人之间的关系，降低融资成本，为企业创造更多的价值。

（3）管理层决策：财务报告为管理层提供了清晰的财务信息，帮助他们做出更具洞察力的决策，从而优化企业资源的利用，促进价值的最大化。

5. 资本结构管理与企业价值创造

资本结构管理是财务管理的重要组成部分，它涉及企业债务和股权的合理配置，对企业的价值创造产生深远影响。

（1）权益融资 vs 债务融资：财务管理通过权衡权益融资和债务融资，确定最佳的资本结构，平衡成本和风险，以最大化股东价值。权益融资可降低企业财务风险，但可能导致成本较高，而债务融资则能够提供相对廉价的资金，但增加了财务杠杆。

（2）成本最小化：财务管理在资本结构中的作用还包括成本最小化。通过精确计算权益和债务的成本，并考虑到市场条件，企业可以选择最优的资本结构，以最小化总成本。

（3）股东价值最大化：资本结构管理旨在实现股东价值最大化。通过使企业的资本结构与其盈利能力、行业风险和市场条件相匹配，财务管理有助于提高企业的股东价值。

6. 绩效评估与企业价值创造

财务管理通过对企业绩效的评估，为管理层提供了关键的信息，帮助他们及时调整战略，确保企业朝着价值创造的方向前进。

（1）财务指标评估：财务管理通过监测和分析财务指标，如利润、现金流、收入增长率等，为企业绩效提供了客观的衡量标准。

（2）投资回报率分析：在投资决策后，财务管理通过对投资回报率的分析，评估投资项目的效益，确保资金得到有效的利用，实现最大的价值创造。

（3）成本效益分析：财务管理通过成本效益分析，帮助企业识别出高效和低效的运营领域，从而提高整体绩效水平，增强价值创造能力。

（4）预算与实际对比：通过财务规划中的预算和实际绩效的对比，企业可以识别出绩效差异，及时调整战略，确保企业在竞争激烈的市场中能够持续创造价值。

7. 风险管理与企业价值创造

财务管理在风险管理中的作用至关重要，有效的风险管理有助于保护企业免受潜在损失，并确保价值创造的可持续性。

（1）风险识别与评估：财务管理通过风险识别和评估，帮助企业识别潜在的威胁，从而采取适当的措施以降低风险对企业的不利影响。

（2）资本预留：财务管理通过建立适当的资本预留，为企业提供抵御不确定性和风险的资金储备，确保在面临风险时能够维持正常经营。

（3）保险和衍生品工具：财务管理还涉及使用保险和衍生品工具来规避风险。通过适当的金融工具，企业可以降低市场风险、货币风险等，确保企业价值的稳健增长。

8. 财务管理与企业战略的协同作用

财务管理与企业战略之间的紧密关系对于实现价值创造至关重要。财务管理需要与企业战略协同工作，确保财务活动与战略目标一致。

（1）资本预算与战略一致性：财务管理通过资本预算确保投资项目与企业战略一

致，确保投资项目对企业的战略目标产生积极影响。

（2）财务规划与战略规划：财务规划需要与战略规划紧密结合，确保财务活动能够支持和促进企业战略的实施。

（3）风险管理与战略协同：财务管理通过风险管理确保企业在实施战略时能够有效地管理各类风险，提高战略的可持续性。

9. 国际财务管理与企业国际化的协同作用

对于国际化的企业而言，国际财务管理成为关键，它需要协同企业的国际战略，以实现全球范围内的价值创造。

（1）外汇风险管理：国际财务管理通过外汇风险管理，确保企业在跨国经营中能够有效应对汇率波动，降低交易和翻译风险。

（2）跨国资本结构管理：国际财务管理需要根据不同国家的财务市场和法规，优化企业的资本结构，以适应国际化战略。

（3）国际投资和融资决策：财务管理在国际化过程中需要进行全球投资和融资决策，确保企业能够在全球范围内获取最优的资金支持。

10. 社会责任与可持续发展的财务管理协同作用

（1）社会责任投资：财务管理在企业社会责任方面的协同作用也是不可忽视的。通过有效的财务管理，企业可以更有针对性地进行社会责任投资，推动社会可持续发展，提升企业的社会声誉。

（2）环境和社会风险管理：财务管理通过对环境和社会风险的评估和管理，确保企业在国际化过程中能够遵循各国的法规和社会责任标准，提升企业在全球市场的可持续性。

财务管理在企业价值创造中发挥着多重作用，从资金管理、投资决策、财务规划、绩效评估、风险管理到与战略、国际化、社会责任等方面的协同作用，它贯穿了企业各个层面。财务管理的有效实施不仅有助于企业提高效益、降低成本，还能推动企业的可持续发展，赋予企业更强的竞争力。

随着全球经济环境的不断变化和商业模式的不断创新，财务管理也面临着新的挑战和机遇。企业需要不断调整财务策略，灵活应对市场变化，以适应快速发展的商业环境。同时，财务管理也需要更加注重社会责任和可持续发展，将企业的成功与社会、环境的利益相结合，实现更广泛的价值创造。

在未来，财务管理将继续发挥关键作用，成为企业成功的支柱之一。企业需要建立一支强大的财务团队，整合先进的财务技术和工具，不断提升财务管理水平，以更好地服务于企业的战略目标和价值创造使命。同时，企业领导层也需充分认识到财务管理的战略性与重要性，将其纳入企业整体战略规划的核心。通过充分发挥财务管理的协同作用，企业将能够更加稳健地前行，实现可持续的价值创造。

第三节 财务管理基本分类

一、资金管理与资产管理的概念

资金管理（Treasury Management）和资产管理（Asset Management）是企业财务管理中两个关键的领域，它们在企业运营和战略规划中发挥着不可替代的作用。本节将深入探讨资金管理和资产管理的概念、重要性以及它们在企业中的协同作用。

（一）资金管理

1. 定义

资金管理是指企业对其资金进行有效和高效管理的过程。这包括对现金、流动性和投资组合的管理，以确保企业能够满足日常经营活动的资金需求，降低财务风险，以最大化投资回报。

2. 主要职能

（1）现金流管理：资金管理确保企业有足够的现金储备，以满足日常开支、支付债务和投资需求。

（2）流动性管理：确保企业能够应对短期财务需求，同时要保持适度的流动性，以便抓住投资和融资的机会。

（3）融资决策：负责选择合适的融资方式，包括债务和股权融资，以满足企业的长期和短期资金需求。

（4）风险管理：管理与货币、利率、市场等相关的财务风险，通过工具如期货和期权进行对冲操作。

（5）投资组合管理：确保企业的投资组合对冲通货膨胀、最大化投资回报，并与公司风险承受能力相符。

（二）资产管理

1. 定义

资产管理是一种通过有效配置、监督和优化公司资产的过程，以实现企业长期目标的管理实践。资产管理通常涉及对资产组合的规划、执行和监测。

2. 主要职能

（1）资产配置：根据企业的战略目标和风险承受能力，确定投资于不同资产类别的比例，以最大化投资回报。

（2）投资决策：对各种投资进行评估和选择，包括股票、债券、不动产等，以平衡风险和回报。

（3）风险管理：确保资产组合的分散，以降低特定资产或行业的风险，通过复杂的金融工具进行风险对冲。

（4）绩效评估：对资产组合的表现进行定期评估，调整投资战略，以确保能够达到或超越预期的回报目标。

（5）监测和报告：实时监测资产组合的价值、风险和绩效，并向管理层和投资者提供详尽的报告。

（三）资金管理与资产管理的协同作用

1.优化企业财务结构

资金管理和资产管理协同作用，通过合理配置公司的资产和资金，优化企业的财务结构。资金管理确保企业有足够的现金和流动性，同时资产管理将长期资金有效配置各种资产类别，确保企业长期稳定的投资回报。

2.最大化投资回报

资金管理和资产管理的协同作用有助于最大化企业的投资回报。资金管理确保企业能够利用临时闲置资金进行投资，而资产管理则通过选择高回报、适度风险的投资工具，实现长期资产组合的优化。

3.降低财务风险

资金管理和资产管理协同努力以降低企业的财务风险。资金管理通过有效的流动性管理和融资性决策降低了短期财务风险，而资产管理则通过风险分散和对冲操作，降低了长期资产的风险。这种综合性的风险管理策略有助于提高企业的抗风险能力，使其更加稳健和可持续发展。

4.支持企业战略目标

资金管理和资产管理需要与企业的战略目标密切对接。资金管理确保企业有足够的资金以支持日常运营和战略投资，而资产管理则根据企业战略目标去调整资产配置，以确保投资组合的一致性和协同性。

5.提高企业绩效

资金管理和资产管理通过不断地监测、评估和调整，有助于提高企业整体绩效。资金管理确保资金的高效利用，避免了因资金不足或闲置而导致的浪费出现，而资产管理则通过不断优化资产组合，提高投资回报，增强了企业的财务绩效。

6.促进企业可持续发展

资金管理和资产管理的协同作用对于企业的可持续发展也至关重要。合理的资金和资产管理可以确保企业在短期和长期都能够稳健经营，防范财务风险，实现经济、社会和环境的平衡，推动企业向可持续发展的方向稳步迈进。

7.适应不断变化的市场环境

资金管理和资产管理需要灵活适应市场环境的变化。市场波动、利率变化、货币波动等因素都会影响资金和资产的表现，因此，及时调整资金和资产配置，灵活应对市场变化，是协同作用的重要方面。

（四）案例分析：协同作用的实际应用

以一家跨国公司为例，该公司在资金管理和资产管理方面取得了显著的协同效果。

1.资金管理实践

（1）流动性管理：通过建立全球的资金池系统，将不同地区的资金进行集中管理，确保了公司在各地的子公司之间能够灵活调配资金，降低了运营资本的占用成本。

（2）融资决策：制定全球统一的融资政策，平衡使用债务和股权融资，根据各地市场的利率差异进行合理的融资选择，降低了融资成本，提高了资金的效益。

2.资产管理实践

（1）资产配置：根据全球宏观经济状况和各个国家的市场前景，灵活调整资产配置比例，重点关注表现较好的行业和地区，确保投资组合与市场变化相适应。

（2）风险管理：使用衍生工具进行货币对冲、利率对冲，降低了外汇风险和利率风险，同时通过多元化投资组合，降低了特定行业或地区的风险。

3.协同效果

通过资金管理和资产管理的紧密协同，该公司实现了全球范围内的资金高效利用和投资回报的最大化。资金灵活调配的同时，资产投资也更加具备长期战略性，确保了公司在全球范围内的可持续发展。

资金管理和资产管理是企业财务管理中两个不可分割的领域，它们共同协同作用于企业的经营战略和财务目标。通过优化资金结构、降低财务风险、最大化投资回报等方面的协同作用，企业能够更好地适应不断变化的市场环境，提高财务绩效，实现长期的可持续发展。在现代商业竞争激烈的环境下，资金管理和资产管理的协同作用对于企业的成功而言至关重要。

二、负债管理与权益管理

负债管理（Liability Management）和权益管理（Equity Management）是企业财务管理中的两个核心领域，它们共同构成了企业财务结构的重要组成部分。本章节将深入探讨负债管理和权益管理的概念、重要性，以及它们在企业财务战略中的协同作用，促使企业实现更加灵活、稳健的财务运作和战略目标。

（一）负债管理

1. 定义

负债管理是一种系统性的方法，旨在优化和有效管理企业的负债结构。它包括债务的选择、融资成本的优化、到期日的管理，以及负债与资产的协同，从而确保企业能够灵活应对市场变化，降低财务风险。

2. 主要职能

（1）融资决策：确定适当的融资来源，包括长期债务、短期债务、银行贷款等，以满足企业的资金需求。

（2）负债结构优化：确保负债结构符合企业的经营特点和战略目标，平衡短期和长期融资的结构。

（3）成本最小化：通过优化融资条件、降低融资成本，实现负债的成本最小化，提高企业盈利水平。

（4）到期日管理：管理不同债务工具的到期日，避免出现集中到期，确保企业资金始终有足够的流动性。

（5）风险管理：通过利用利率互换、期货等金融工具，降低利率风险和外汇风险，提高负债的稳健性。

（二）权益管理

1. 定义

权益管理是企业在股本和其他权益方面的管理实践，旨在优化股东权益的结构，平衡股权融资与内部资本积累，以实现企业长期发展目标。

2. 主要职能

（1）股权融资：决定何时以及如何进行股权融资，平衡股权融资与负债融资，以满足企业的扩张和投资需求。

（2）股票回购与分红：制定合适的股票回购和分红政策，管理企业盈余，提高股东价值。

（3）内部资本积累：确保企业能够自主积累足够的内部资本，以支持日常经营和战略投资，减轻对外部融资的依赖。

（4）股权结构优化：确保股权结构符合公司治理的最佳实践，平衡不同股东利益，提高公司整体竞争力。

（三）负债管理与权益管理的协同作用

1. 优化企业财务结构

负债管理和权益管理之间的协同作用有助于优化企业的财务结构。通过合理配置负债和权益，企业能够实现资本的最佳结构，平衡短期和长期融资，提高财务灵活性。

2. 最小化融资成本

负债管理与权益管理的协同可以帮助企业最小化融资成本。合理的负债结构和股权结构可以降低企业的融资风险，提高信用评级，从而降低融资的成本。

3. 降低财务风险

协同作用还有助于降低企业的财务风险。通过负债管理，企业可以有效应对市场波动和利率变化，而权益管理则有助于降低对外融资的依赖，降低财务杠杆带来的风险。

4. 灵活应对市场变化

负债管理和权益管理的协同作用提供了企业更大的灵活性，使其能够更好地应对市场变化。在市场不断变化的情况下，灵活的财务结构有助于企业更迅速地调整资本和融资策略。

5. 支持战略投资和扩张

负债管理和权益管理的协同作用为企业提供了支持战略投资和扩张的财务基础。合理配置负债和权益可以确保企业在实施战略计划时有足够的资金支持，不至于陷进财务困境。

（四）案例分析：协同作用的实际应用

以一家国际化企业为例，该企业在负债管理和权益管理方面取得了显著的协同效果。

1. 负债管理实践

（1）融资多元化：通过同时利用长期债务、短期债务和银行贷款等多种融资工具，该企业实现了融资的多元化，减少了对特定融资来源的过度依赖，提高了资金筹措的灵活性。

（2）利率风险对冲：在面对不断变化的利率环境时，企业采用利率互换等金融工具进行对冲，降低了负债端的利率风险，确保了负债成本的相对稳定性。

2. 权益管理实践

（1）股权融资策略：企业通过巧妙的股权融资策略，根据市场情况和企业发展阶段的需要，灵活选择是否进行定向增发、首次公开发行等，以最大限度地满足企业的融资需求。

（2）股权回购与分红：制订了定期的股权回购和分红计划，根据企业盈余和现金流状况，合理分配利润，提高了投资者回报率，增强了公司的投资吸引力。

3. 协同效果

通过负债管理和权益管理的协同实践，该企业取得了显著的协同效果。

（1）融资成本最小化：负债管理和权益管理相互配合，使企业能够在不同市场环境下选择最具成本效益的融资方式，降低了整体融资成本。

13

（2）灵活调整资本结构：协同作用使企业能够灵活调整资本结构，根据市场需要和经济周期变化，平衡负债和权益，确保企业财务的适应性和稳健性。

（3）提高企业抗风险能力：通过有效的负债和权益管理，企业降低了市场风险和融资风险，提高了整体抗风险的能力，为企业可持续发展提供了坚实的财务基础。

负债管理和权益管理作为企业财务管理的两个核心领域，在实际应用中展现了强大的协同效果。它们共同构成了企业财务结构的双轮驱动，对于企业的战略规划和可持续发展具有重要意义。

通过优化负债结构和股权结构，企业能够更好地应对市场变化、降低财务风险、最小化融资成本，进而提高企业的整体竞争力。在实践中，负债管理和权益管理需要密切协作，确保企业的财务决策符合整体战略目标，使其在市场竞争中处于更有利的地位。

未来，随着全球经济的不断演变和商业环境的日益复杂，企业需要更加注重负债管理和权益管理的协同作用。建立更为智能化、数据驱动的财务管理系统，不断优化决策流程，将负债管理和权益管理融入企业战略的方方面面，将是企业保持竞争力、实现可持续发展的重要路径之一。

第四节　财务管理的意义及特点

一、财务管理在企业发展中的作用

财务管理是企业管理中至关重要的一个方面，它直接关系到企业的生存和发展。它包括了资金管理、投资管理、财务规划、风险管理等多个方面，通过科学合理地管理企业的财务资源，实现财务目标，为企业的战略发展提供强有力支持。在企业的整个生命周期中，财务管理都发挥着关键作用。

（一）资金管理

资金是企业发展的生命线，而资金管理是财务管理中的一个核心方面。它涵盖了企业如何获取资金、如何分配和运用资金以及如何确保足够的流动性。在企业初创阶段，资金管理主要关注如何融资、降低创业风险；在成长阶段，关注如何进行有效的投资、扩大生产规模；在成熟期，关注如何最大限度地利用自有资金、优化资本结构。通过科学的资金管理，企业能够更好地应对市场的变化，保障业务的正常运转，提高财务的灵活性。

（二）投资管理

投资是企业实现长期发展的关键。财务管理通过投资决策的科学制定，使企业在有限的资源下实现最优的资本配置。在企业的成长过程中，投资管理关注的焦点会有所变化。初创期的企业可能更注重技术和产品的创新投资，以争取市场份额；成熟期的企业可能更注重对内的资本运作，通过兼并收购等方式扩大自身规模。投资管理的精准性直接决定了企业未来的盈利能力和市场地位。

（三）财务规划与预算

财务规划与预算是财务管理中的重要环节，它涉及资金的合理分配和使用。财务规划在企业的战略制定中起到了引导和支持的作用，通过对未来资金需求和预期收入的合理估计，使企业能够更好地做好长期规划。预算则是将规划转化为具体的数字，通过对各个方面的预算，企业可以更好地掌握经营状况，及时调整经营策略，确保企业朝着既定目标稳步前进。

（四）风险管理

财务风险是企业发展中不可避免的一个方面。市场风险、信用风险、流动性风险等都可能对企业的财务状况产生影响。财务管理通过风险管理的手段，例如利用金融工具进行对冲、制订合理的资金计划等，帮助企业降低财务风险，提高企业的稳健性。在竞争激烈、市场不断变化的环境下，合理的风险管理可以使企业更加适应外部环境的变化，保护企业的财务安全。

（五）绩效评估与决策支持

财务管理通过对企业财务状况的监测和分析，进行绩效评估，为企业的战略决策提供支持。通过财务指标的分析，企业可以了解到底哪些业务表现出色、哪些地方需要改进，为制定战略提供客观的依据。在企业发展的不同阶段，财务管理的绩效评估可以帮助企业调整战略方向，优化资源配置，提高整体竞争力。

（六）国际化战略支持

随着全球化的推进，企业越来越多地参与到国际竞争中。财务管理在企业国际化过程中发挥着关键作用。它需要处理不同国家的法规、税收政策、货币风险等复杂的问题。同时，通过国际财务报告，企业可以更好地向投资者和利益相关方传递信息，树立国际品牌形象。

（七）股东和投资者关系管理

财务管理也包括与股东和投资者的关系管理。通过及时、透明地向股东和投资者披露企业的财务状况，企业可以获得更多的信任和支持。合理的分红政策、股票回购计划等也是企业与股东之间进行有效沟通的手段，有助于维护企业的股价稳定。

（八）企业社会责任与可持续发展

现代企业在发展过程中越来越注重企业社会责任（CSR）和可持续发展。财务管理在这方面的作用也日益凸显起来。通过实施可持续性的财务策略，企业可以在经济、社会和环境方面取得平衡，为长期的可持续发展奠定基础。CSR的财务管理不仅关注企业的短期经济绩效，还考虑到其对社会、环境的影响。这种全面性的管理有助于企业在竞争激烈的市场中树立良好的企业形象，为企业赢得消费者信任，获得政府和社会的认可。

（九）企业战略决策的支持

财务管理为企业战略决策提供了重要的支持。通过对财务数据的深入分析，管理层可以更好地了解企业内外部环境的变化，判断市场趋势，为企业未来的战略规划提供有力的数据支持。例如，通过财务分析，企业可以判断是否需要进行新的市场扩张、技术升级，或者是进行合并收购以实现业务整合目标。

（十）创新与研发投资

财务管理在企业创新和研发投资方面也发挥着关键作用。创新是企业持续发展的重要动力，而研发投资通常需要大量的资金。财务管理通过科学的财务规划和资金管理，确保企业有足够的资金投入研发领域，推动产品和服务的创新，提高企业的竞争力。

（十一）人才引进和培养

财务管理还直接或间接地影响企业的人力资源管理。良好的财务状况和稳健的财务政策有助于吸引优秀的人才，提高员工的福利待遇，增强企业的竞争力。同时，财务管理也关系到培养内部人才的投资，通过培训和发展计划，提高员工的业务水平和综合素质。

（十二）企业并购和重组

财务管理在企业并购和重组过程中起到关键的支持作用。通过充分的财务分析，企业可以评估潜在合作伙伴或被收购公司的价值，预测并购后的经济效益，并确定最优的并购结构。合理的财务管理还能够降低并购过程中的财务风险，确保并购的顺利进行。

（十三）法规合规与风险防范

财务管理在法规合规与风险防范方面也起到至关重要的作用。企业需要遵循国家和地区的法规，合规经营。财务管理需要确保企业的会计核算、财务报告等工作符合相关法规要求。同时，通过对市场、信用、汇率等风险的评估和防范，财务管理帮助企业降低一些不确定性风险，确保企业能够稳健经营。

（十四）信息技术的支持与应用

财务管理的现代化已经离不开信息技术的支持。财务管理系统、企业资源规划（ERP）系统等信息化工具的使用，使企业能够更加高效地进行财务数据的收集、分析和报告。这有助于提高决策的准确性和实时性，促进企业敏捷抉择，以适应市场变化。

（十五）企业危机管理

在面对危机时，财务管理也发挥着关键的作用。通过及时的财务数据分析，企业能够更好地应对危机，制定有效的危机管理方案，确保企业在危机中能够迅速调整战略、降低损失。

（十六）持续监控与改进

财务管理还包括对企业整体经营状况的持续监控与改进。通过财务报告的定期制作和分析，企业能够及时发现问题、改进业务流程，确保企业在竞争中保持敏锐的洞察力，不断提升自身的竞争力。

（十七）社会影响力与可持续发展

财务管理还与企业的社会责任和可持续发展密切相关。通过合理的利润分配、社会公益活动的投入，企业体现了对社会的责任担当。在可持续发展方面，财务管理通过规范资金的使用和投资，确保企业的长期健康发展，不仅对企业自身有益，也对社会和环境产生积极的影响。

（十八）国际会计准则与国际财务报告标准

在全球化的背景下，财务管理还需要遵循国际会计准则（IFRS）和国际财务报告标准（IFRS），以确保企业的财务报告能够在国际范围内被理解和接受。这有助于提高企业在国际市场的声誉，促使企业更好地适应全球商业环境。

（十九）科技与数字化转型

随着科技的迅速发展，财务管理也在经历数字化转型。企业逐渐采用云计算、大数据分析、人工智能等技术，提高了财务决策的精准性和效率。数字化的财务管理系统不仅能够更加高效地处理财务数据，还能够提供实时的业务洞察，帮助企业更加灵活地应对市场的变化。

综上所述，财务管理在企业发展中扮演着不可或缺的角色。它不仅仅是关注企业的经济状况和财务状况，更是支持企业的战略决策、推动创新发展、应对风险挑战的重要工具。从初创期到成熟期，财务管理贯穿整个企业生命周期，为企业提供了稳定的财务基础，推动企业向更高层次发展。

财务管理不仅仅是财务人员的责任，更是企业高层领导层必须深刻理解并积极参与的事务。合理的财务战略规划、科学的投资决策、有效的风险管理等方面的工作，都需要企业高层的战略眼光和财务智慧。

未来，随着经济环境的不断变化和商业模式的创新，财务管理也将面临更多挑战和机遇。数字化技术的广泛应用、可持续发展的日益重视、国际财务规范的进一步统一等都将影响着财务管理的演进方向。企业需要不断更新自己的财务理念和管理方法，以适应新时代的发展需求。

总体而言，财务管理在企业发展中扮演的作用是全方位的，它超越了传统的财务框架，涉及战略、风险、创新、社会责任等多个方面。只有在这些方面做到协同一致，企业才能够在激烈的市场竞争中脱颖而出，取得持续地发展和成功。

二、财务管理的特点与优势

财务管理是企业管理的一个重要组成部分，通过对企业资金的筹集、分配和使用，以及对财务信息的监控和分析，实现了企业财务资源的最优配置。在财务管理的实践中，有一系列的特点和优势，这些特点和优势直接关系到企业的经济效益、竞争力和可持续发展。以下将对财务管理的特点和优势进行详细探讨。

（一）财务管理的特点

1. 全面性

财务管理是企业管理中的一个全面性活动，它不仅关注企业的盈利水平，还包括了企业的融资、投资、经营等多个方面。它需要全面考虑到企业内外部的各种因素，协调企业各个环节，确保企业整体运作的平稳和有效。

2. 长期性

财务管理是一个长期的过程，它涉及企业在未来一段时间内的资金需求、盈利预期、投资计划等。长期性意味着财务管理需要考虑到企业的战略目标和发展规划，而非仅仅只是关注眼前的短期经济效益。

3. 灵活性

财务管理需要具备一定的灵活性，能够迅速应对市场的变化和不确定性因素。在面对外部环境的变动时，财务管理需要灵活调整资金结构、调整投资方向，以确保企业能够适应变化而不至于陷入困境。

4. 风险性

财务管理涉及多种风险，包括市场风险、信用风险、汇率风险等。管理者在进行财务决策时需要在风险和回报之间进行权衡，制定合理的风险管理策略，以保障企业的稳健运营。

5.科学性

财务管理是一门科学，需要运用一系列的理论、模型和方法来进行决策。从资金成本的计算到投资项目的评估，都需要科学的手段和工具支持，以提高决策的科学性和准确性。

6.信息性

财务管理对信息的需求非常大，需要及时、准确的财务信息来支持决策。这包括财务报表、成本分析、预算数据等，管理者通过这些信息可以更好地了解企业的经济状况，从而做出明智的决策。

7.连续性

财务管理是一个连续性的过程，需要不断地进行监测和调整。企业的经营环境和内外部条件都在不断变化，财务管理需要随时调整策略，确保企业能够适应不断变化的市场环境。

8.战略性

财务管理不仅仅是为了解决眼前的问题，更需要与企业的战略规划相一致。它需要为实现企业的战略目标提供支持，确保资金的有效利用和战略的有机衔接。

（二）财务管理的优势

1.资源优化配置

财务管理通过对企业资金的科学规划和合理配置，实现了企业资源的优化利用。通过合理的融资、投资和资金运作，确保企业能够在不同的经济环境中保持竞争力。

2.降低融资成本

通过财务管理的手段，企业可以降低融资的成本。选择合适的融资工具、优化负债结构、进行利率风险管理等都有助于降低企业的融资成本，提高企业的盈利水平。

3.提高企业盈利水平

财务管理通过科学的财务规划和投资决策，有助于提高企业的盈利水平。通过精细的财务分析，企业可以发现盈利的机会，避免亏损的风险，从而保障企业的稳健经营。

4.优化企业治理结构

财务管理对企业的治理结构有着积极的影响。通过合理的股权结构、股票激励计划等，可以调动企业内部人才的积极性，提高企业的运作效率和执行力。

5.增强企业的竞争力

财务管理通过对市场、行业的深入分析，帮助企业更好地了解竞争对手的动态，制定出更具竞争力的战略。通过资金的巧妙运作，企业能够更好地应对市场的竞争和变化。

6.提高企业的抗风险能力

财务管理通过风险管理的手段，帮助企业降低经营风险，提高抗风险的能力。通过多元化的投资、保险等手段，企业可以有效地防范市场、经济、自然等多方面的风险，确保企业在面对不确定性时能够稳健经营。

7. 改进决策质量

财务管理为企业提供了科学的决策支持，通过对企业各项财务指标和经营数据的分析，管理者能够做出更为明智的决策。准确的财务信息有助于避免盲目决策，确保决策的有效性和可持续性。

8. 加强企业的社会责任

财务管理通过规范企业的财务报告、透明度的经营，有助于提升企业的社会责任形象。合规的经营、公平的利润分配、积极的社会公益活动等都是财务管理在企业社会责任方面的体现。

9. 支持企业可持续发展

财务管理对于企业的可持续发展至关重要。通过合理的财务规划和投资决策，企业能够实现稳健的经营，不仅能满足当前的需求，更能够为未来的发展提供有力的财务支持。

10. 提高企业的市值

通过优化企业的财务结构、提高盈利水平、降低财务风险等手段，财务管理有助于提高企业的市值。高效的财务管理使企业更具吸引力，不仅能够获得更多的投资，还能够提高股价水平。

11. 符合法律法规要求

财务管理要求企业遵循国家和地区的财务会计法规，保证企业的财务报告的真实、准确、完整。这有助于企业建立良好的法律合规形象，降低法律风险。

12. 促进企业内外部沟通

财务管理通过财务报表的透明度和及时性，促进了企业内外部的沟通。与股东、投资者、金融机构、政府等利益相关方的信息共享，有助于建立互信关系，提高企业的声誉。

13. 利用时间价值的合理性

财务管理充分考虑了时间价值的概念，合理利用资金的时间价值，确保企业能够在有限的时间内实现最大的经济效益。这有助于提高企业的资金利用效率。

14. 激励和约束

财务管理通过股权激励、绩效考核等手段，激励企业内部人才的积极性，提高员工的工作效率和创造力。同时，通过合理的财务制度和内控制度，对企业的经营行为进行约束，防范内部不端行为。

15. 推动企业数字化转型

随着科技的发展，财务管理也在不断推动企业的数字化转型。数字化的财务管理系统使财务数据的收集、分析、报告更为高效，提高了决策的精准性和时效性。

16. 建立企业良好的信誉

通过合规经营、透明度的财务报告、积极履行社会责任等手段，财务管理有助于企业建立良好的信誉。良好的信誉不仅有助于吸引投资和融资，还能够提高企业的合作伙伴信任度。

财务管理的特点和优势使其成为企业管理中不可或缺的一部分。全面性、长期性、灵活性等特点，使财务管理能够全方位、多层次地支持企业的经营活动。而资源优化配置、降低融资成本、提高盈利水平等优势，将直接关系到企业的竞争力和可持续发展。企业需要充分认识和利用财务管理的特点和优势，不断优化财务管理体系，提高经营效率，促进企业持续健康发展。

第五节　财务管理的内容

一、财务规划与预算

财务规划与预算是企业财务管理中的两个重要概念，它们在企业的经济活动中起着至关重要的作用。财务规划是一项长期的战略性工作，旨在确保企业能够在未来的一段时间内依然有效地利用财务资源，实现预定的经济目标。预算则是财务规划的具体实施工具，是对财务规划进行细化和具体化的产物，通过对收入、支出等方面的详细计划，为企业的日常运营提供了指导和控制。以下将详细探讨财务规划与预算的概念、目标、步骤、优势等方面。

（一）财务规划

1. 概念

财务规划是指企业在实现战略目标的过程中，通过对财务资源的充分调配和有效利用，合理制订未来一段时间内的财务方针、政策和计划，以确保企业能够顺利运转、稳健经营。财务规划主要涉及资金、投资、融资、盈利等方面，旨在提高企业的财务运作效率，确保企业的财务健康。

2. 目标

财务规划的主要目标包括以下内容。

（1）确保资金充足：确保企业有足够的资金支持业务的正常运营，防范资金紧缺的风险。

（2）提高盈利水平：通过财务规划，制定合理的盈利目标和策略，实现企业的盈利最大化。

（3）合理配置资源：通过对资金、投资、融资的合理分配，提高资源的利用效率。

（4）降低财务风险：通过财务规划，科学制订融资计划、风险管理策略，降低财务风险。

3. 步骤

财务规划的实施通常包括以下步骤。

（1）制定财务战略：确定企业的财务战略，包括资金的获取、运用和分配等方面。

（2）分析财务状况：对企业的财务状况进行全面深入的分析，包括资产负债表、利润表等财务报表的综合评估。

（3）确定财务目标：基于对财务状况的分析，制定明确的财务目标，例如盈利目标、资金流动性目标等。

（4）制订财务计划：根据财务目标，制订详细的财务计划，包括资金需求计划、投资计划、融资计划等。

（5）实施财务计划：将财务计划付诸实施，确保各项计划能够在规定的时间内得以完成。

（6）监控和调整：定期对财务计划进行监控，及时发现和解决问题，根据实际情况进行调整，确保财务规划的实施达到预期目标。

（二）预算

1. 概念

预算是在财务规划的基础上，通过对企业未来一定时期内的收入和支出进行详细的计划和安排，以实现财务规划的具体目标。预算主要涉及资金、费用、收入、利润等方面，是对企业经济活动的一种量化控制手段。

2. 目标

预算的主要目标包括以下内容。

（1）制订明确计划：通过预算，企业可以制订明确的计划，包括收入计划、支出计划、投资计划等。

（2）提高资源利用效率：通过详细的预算计划，合理配置资源，提高资源的利用效率，确保企业在经济活动中能够高效运作。

（3）实现成本控制：通过对各项费用和支出进行详细预算，有助于企业实现成本的有效控制，防范不必要的浪费。

（4）实现盈利最大化：通过对收入和支出的合理规划，预算有助于企业实现盈利最大化的目标。

（5）提高决策效果：预算为企业提供了量化的经济数据，使管理层在决策时更具有依据，提高了决策的效果和准确性。

3. 步骤

预算的实施通常包括以下步骤。

（1）确定预算周期：确定预算的时间范围，可以是年度预算、季度预算等，应根据企业的实际情况确定。

（2）制定销售预算：根据市场需求、产品定价等因素，制订明确的销售计划和预算，包括销售数量、销售收入等。

（3）制定生产预算：根据销售预算，制订相应的生产计划和预算，包括生产数量、原材料采购计划等。

（4）制定成本预算：根据生产预算，制定相关的成本预算，包括生产成本、销售成本、管理费用等。

（5）制定资本预算：针对企业的投资计划，制定资本预算，包括固定资产投资、项目投资等。

（6）制定现金预算：根据各项预算和资金流动情况，制定现金预算，确保企业有足够的流动资金满足日常运营需求。

（7）实施预算：将各项预算付诸实施，确保计划得以贯彻与执行。

（8）监控和调整：定期对预算执行情况进行监控，及时发现并解决问题，根据实际情况进行调整，确保企业的预算目标得以实现。

（三）财务规划与预算的关系

1. 关系概述

财务规划和预算是两个相互关联、相互支持的概念。财务规划为预算提供了战略性的指导和依据，而预算则是财务规划的具体执行工具，是将财务规划具体细化到各个方面的实际计划。

2. 财务规划与预算的联系

（1）一体性：财务规划与预算是一体的，财务规划为预算提供了总体的方向和目标，而预算则是财务规划的具体呈现。

（2）连续性：财务规划是一个长期的战略性计划，而预算则是在财务规划基础上进行年度、季度、月度等更为详细的计划，具有一定的时间连续性。

（3）综合性：财务规划涉及多个方面，包括资金、投资、融资等，而预算则将这些方面进行综合，形成全面的计划。

（4）具体性：财务规划是一个相对抽象的概念，而预算则是财务规划的具体体现，是对财务规划的具体分解和细化。

（5）逐级深入性：财务规划为企业制定了长期的方向和策略，而预算则在此基础上逐级深入，将整体计划分解为更为详细的部门、项目、时间等方面的计划。

3.财务规划与预算的区别

（1）时间跨度：财务规划的时间跨度通常较长，可以是数年甚至更长的时间，而预算的时间跨度相对较短，一般为年度、季度、月度等。

（2）抽象度：财务规划更具有抽象性，侧重企业整体战略方向和目标的规划，而预算则更具体，侧重财务资源的详细计划。

（3）层次结构：财务规划是一个层次较高的计划，为企业整体提供方向，而预算是在财务规划的基础上逐级深入，形成逐层次的计划。

（四）财务规划与预算的优势

1.财务规划的优势

（1）战略引导：财务规划能够为企业提供长期的战略引导，指导企业在未来的发展方向和目标。

（2）全局观念：财务规划涉及企业的各个方面，能够形成全局观念，确保企业各项经济活动协调一致。

（3）长期稳健：财务规划考虑了较长时间的因素，能够确保企业的长期稳健经营。

（4）资源优化：财务规划能够对企业资源进行全面合理的配置，提高资源的优化利用效率，确保企业能够在有限的资源下取得最大的经济效益。

（5）风险管理：财务规划能够帮助企业识别和管理各种财务风险，从而提高企业的抗风险能力。

2.预算的优势

（1）具体指导：预算为企业提供了具体的经济计划，指导企业在特定时间内的各项财务活动，为企业的日常运作提供了具体指导。

（2）资源控制：预算通过对收入、支出、投资等方面的计划，帮助企业进行资源的精细控制，避免浪费，确保资源的有效利用。

（3）绩效评估：预算为企业提供了绩效评估的标准，帮助企业对实际经营状况进行评估和比较，及时调整经营策略。

（4）决策支持：预算为企业提供了科学的经济数据，为管理者提供了决策的科学依据，提高了决策的质量和效果。

（5）责任划分：预算通过对各个部门、项目的分配，明确了各方的责任和任务，有助于提高组织的执行力和效率。

（6）变动分析：预算可以与实际情况进行对比，通过进行变动分析，帮助企业发现问题、改进经营，以适应市场变化。

（7）激励机制：预算可以作为激励手段，通过与实际绩效的比较，来激发员工的积极性，提高工作效率。

（8）成本控制：预算能够帮助企业对各项费用和支出进行详细的计划和控制，实现成本的有效控制。

财务规划和预算在企业财务管理中都具有重要的地位和作用。财务规划为企业提供了长期的战略引导，确保企业能够在未来有序发展；而预算则是在财务规划的基础上，通过具体计划和控制，确保企业在短期内能够按照计划有序运作。它们共同构成了企业财务管理的体系，相互配合，共同推动企业的经济活动。

财务规划和预算的优势在于它们能够为企业提供明确的发展方向，提高资源的利用效率，降低经营风险，提高企业的竞争力。通过合理的财务规划和预算实施，企业能够更好地应对市场的变化，实现可持续发展。

然而，财务规划与预算并非一成不变，它需要根据企业内外部环境的变化不断去调整和优化。企业管理者应该充分认识财务规划和预算的重要性，灵活运用这两个工具，不断提升企业的经营水平和竞争力。

二、财务分析与决策

财务分析和决策是企业管理中不可分割的两个重要环节。财务分析通过对企业财务数据的收集、处理和解释，为管理者提供了有关企业经济状况和经营绩效的信息。而决策则是在这些信息的基础上，通过分析和评估，制订出对企业发展有利的战略和计划。在这两个环节中，财务分析为决策提供了重要的数据支持，而决策则通过指导企业的经济活动来实现目标。以下将对财务分析和决策的概念、步骤、方法、优势等方面进行详细探讨。

（一）财务分析

1. 概念

财务分析是指对企业的财务状况和经营业绩进行全面而细致的分析，以获取有关企业财务活动的信息，并从中提炼出对企业未来发展和决策制定有帮助的见解。财务分析的目的是帮助管理者更好地了解企业的经济状况，评估经营业绩，为决策提供可靠的依据。

2. 目标

财务分析的主要目标包括以下内容。

（1）评估企业健康状况：通过分析财务报表，评估企业的偿债能力、盈利能力、经营效益等方面，了解企业整体的财务健康状况。

（2）揭示经营绩效：通过比较不同期间的财务数据，揭示企业的经营绩效，分析盈利水平、成本控制等方面的表现。

（3）提供决策支持：为管理者提供数据和信息，支持决策制定。例如，在投资决策中，财务分析可以帮助评估投资项目的财务可行性。

（4）发现潜在问题：通过对财务数据的深入分析，发现潜在的经营问题和风险，提前采取措施加以解决。

3. 步骤

进行财务分析的一般步骤包括以下内容。

（1）收集财务数据：收集企业的财务数据，主要包括资产负债表、利润表、现金流量表等。

（2）处理财务数据：对收集到的财务数据进行加工处理，计算各项财务指标，以便更好地反映企业的经济状况和经营业绩。

（3）分析财务比率：使用财务比率进行分析，包括偿债能力比率、盈利能力比率、运营效率比率等，从多个角度评估企业的财务状况。

（4）进行趋势分析：比较不同期间的财务数据，进行趋势分析，以揭示企业的经营动向和发展趋势。

（5）编制报告和提出建议：将分析结果编制成报告，为管理者提供清晰的信息，提出具体的建议和改进措施。

4. 方法

财务分析常用的方法包括以下几种。

（1）横向分析：对同一时间点上的不同项目进行比较，揭示不同项目之间的关系，例如比较不同年度的财务报表。

（2）纵向分析：对同一项目在不同时间点上的数值进行比较，分析项目的发展趋势，例如比较同一年度的季度财务报表。

（3）财务比率分析：使用各种财务比率进行分析，如流动比率、速动比率、毛利率、净利润率等，以深入了解企业的财务状况。

（4）趋势分析：通过比较不同期间的数据，揭示财务数据的发展趋势，分析企业的成长与衰退趋势，为未来的决策提供相关参考。

（5）相对比较分析：将企业的财务数据与同行业或竞争对手进行比较，了解企业在行业中的地位和优势，发现相对竞争优势或劣势。

（6）成本—收益分析：分析不同项目或业务线的成本和收益，确定哪些项目对企业贡献较大，哪些项目可能需要优化或调整。

（二）财务决策

1. 概念

财务决策是指在财务分析的基础上，对企业的投资、融资和分红等方面做出的具体决策。财务决策涉及如何使用和获取资金，以达到企业的财务目标。这些决策直接关系到企业的经济效益和财务稳健性。

2. 目标

财务决策的主要目标包括以下几个。

（1）最大化股东财富：通过合理的财务决策，实现企业股东财富的最大化，提高股东权益。

（2）优化资本结构：确保企业的资本结构合理，通过权益和债务的优化组合，降低融资成本，提高企业自身价值。

（3）提高投资回报率：在投资决策中追求更高的投资回报率，确保企业获得良好的投资收益。

（4）保障流动性：确保企业具备足够的流动性，能够应对日常经营需要和突发情况。

（5）合理分配利润：在分红决策中，合理平衡股东权益和企业发展的需要，确保企业可持续经营。

3. 步骤

进行财务决策的一般步骤包括以下几步。

（1）明确目标：明确企业的财务目标，包括盈利目标、资本结构目标、投资回报目标等。

（2）分析财务信息：基于财务分析的结果，深入了解企业的财务状况，包括资产、负债、利润等方面的信息。

（3）评估风险：对可能涉及的财务决策进行风险评估，确定潜在的风险和不确定性。

（4）制定决策方案：制定具体的财务决策方案，包括投资计划、融资计划、分红方案等。

（5）实施决策：将决策方案付诸实施，确保决策的顺利执行。

（6）监控与调整：定期监控决策的执行情况，根据实际情况进行合理调整和优化。

4. 方法

财务决策的方法涉及多个方面，主要包括以下内容。

（1）投资决策方法：包括净现值法、内部收益率法、投资回收期法等，用于评估不同投资项目的经济效益。

（2）融资决策方法：包括权益融资和债务融资的权衡，选择适当的资本结构以降低资金成本。

（3）分红决策方法：根据企业的盈利水平、未来发展需求等，采用不同的分红政策，包括现金分红和股票分红。

（4）资金管理方法：通过现金流量分析、资金预测等方法，合理管理企业的资金，确保流动性充足。

（三）财务分析与决策的关系

1.关系概述

财务分析与决策是相互关联、相互支持的过程。财务分析为决策提供了数据和信息，帮助管理者更全面、客观地了解企业的经济状况。而决策则根据财务分析的结果，制订出切实可行的战略和计划，引导企业朝着更有利的方向发展。

2.财务分析对决策的支持

（1）提供决策数据：财务分析为决策提供了大量的数据，包括企业的财务报表、财务比率等，为管理者提供了决策所需的信息基础。

（2）评估经营绩效：通过对企业的盈利水平、资产利用效率等方面的分析，财务分析帮助管理者评估企业的经营绩效，为决策提供依据。

（3）揭示潜在问题：财务分析能够揭示企业潜在的经营问题和风险，使管理者在决策时能够更好地防范风险，采取相应的措施，提高决策的风险抵御能力。

（4）支持投资决策：财务分析通过评估不同投资项目的经济效益，为投资决策提供了有力的支持，帮助管理者选择最具潜力的投资方向。

（5）优化资本结构：财务分析的结果可用于评估企业的资本结构，帮助管理者优化股权和债务的比例，以降低融资成本，提高企业价值。

3.决策对财务分析的影响

（1）反馈财务分析需求：决策制定过程中，管理者可能需要更加详细和特定的财务数据，从而促使财务分析提供更为精准和有针对性的信息。

（2）调整战略方向：决策可能导致企业的战略方向发生变化，需要财务分析根据新的方向重新评估企业的财务状况和可行性。

（3）修正目标与预期：决策的实施可能会对企业的财务目标和预期产生影响，需要财务分析及时调整对企业未来的财务预期。

（4）评估决策影响：财务分析可用于评估决策的实际影响，通过与实际数据对比，判断决策的有效性，为未来决策提供经验教训。

（四）财务分析与决策的优势

1.财务分析的优势

（1）全面了解企业状况：财务分析通过多个角度的指标和比率，能够全面了解企业的财务状况，其中包括偿债能力、盈利水平、运营效率等。

（2）为决策提供客观数据：财务分析提供客观、可量化的数据支持，使决策更具科学性和实效性。

（3）发现问题和机会：通过对财务数据的深入分析，财务分析有助于发现企业经营中存在的问题，同时能发现潜在的发展机会。

（4）支持战略制定：财务分析为企业制定长期战略提供数据支持，帮助企业更好地规划未来的发展方向。

2.财务决策的优势

（1）目标导向：财务决策通过制定具体的财务目标，使企业的各项活动更加有针对性，有助于实现整体战略目标。

（2）提高资源利用效率：通过优化资本结构、合理配置资金等财务决策，能够提高企业的资源利用效率，降低资金成本。

（3）促进企业发展：财务决策有助于企业进行投资、拓展业务等活动，促进企业不断发展和壮大起来。

（4）风险管理：财务决策可以帮助企业评估和管理财务风险，采取适当措施降低风险，确保企业的稳健经营。

财务分析和财务决策是企业管理中两个相辅相成的重要环节。财务分析通过对企业财务数据的深入分析，为企业提供全面的财务状况和经营绩效信息，为决策提供数据支持。财务决策则在财务分析的基础上，制定具体的投资、融资、分红等方案，引导企业朝着更有利的方向发展。

财务分析和财务决策之间存在着密切的关系，财务分析为财务决策提供了数据和信息，而财务决策通过引导企业的经济活动影响着未来的财务状况。在企业管理中，管理者应充分认识到财务分析和财务决策的重要性，通过科学的财务分析为决策提供准确的依据，确保企业能够做出明智的经济管理决策。

在实践中，有效的财务分析和决策是企业成功的关键因素之一。财务分析能够帮助企业洞察经营状况，发现潜在问题和机会，为制定战略提供基础数据。而财务决策则是将这些数据转化为实际行动，从而影响企业的财务状况和未来发展。

在日益复杂和变化迅速的商业环境中，财务分析和决策的作用越发重要。企业管理者需要灵活运用各种财务工具和方法，不仅关注企业的短期经营状况，还要考虑长期战略目标。同时，要善于将财务分析与决策与市场变化、行业竞争等因素合理结合起来，制定更加全面和有效的经营策略。

财务分析和决策的成功实施离不开科技的支持。现代财务管理软件和信息系统的运用，使企业能够更加高效地收集、处理和分析大量的财务数据。数据分析和人工智能等技术的运用，也为企业提供了更为精准和深度的财务信息，有助于提升决策的水平和效果。

总体而言，财务分析和决策是企业管理不可或缺的两个环节，它们相互交织、相互促进，共同推动企业朝着可持续发展的方向前进。在日常经营中，管理者应该注重对财务数据的关注和理解，善于通过财务分析获取有关企业经济状况的全面信息，同时在制定决策时结合市场、行业和内外部环境因素，制定好科学、务实的财务决策，为企业的长期稳健发展提供坚实的基础。

第六节　财务管理的目标和原则

一、财务管理的战略目标

财务管理在企业的整体战略中起着关键作用，通过有效的财务管理，企业可以实现长期的战略目标，提高经济效益，增强竞争力。本节将详细探讨财务管理的战略目标，包括财务战略的制定、财务风险管理、资本结构优化、投资决策、盈利增长等方面。

（一）财务战略的制定

1. 概念

财务战略是指企业在整体战略框架下，通过对财务资源的合理配置和利用，以达到企业长期目标的规划和实施。财务战略不仅仅关注财务数据，更要与企业的战略定位和核心竞争力相一致，以支持企业在市场竞争中取得优势地位。

2. 战略目标

（1）资金充裕：通过财务战略，确保企业拥有足够的流动资金，以应对日常经营和应急情况，降低财务风险。

（2）投资回报：制定财务战略时，要注重投资组合的配置，追求优质的投资项目，提高资产的投资回报率，推动企业长期盈利。

（3）财务灵活性：确保财务结构的灵活性，使企业在市场变化和经济波动中能够迅速调整资金结构，以适应不同的经济环境。

（4）成本控制：通过财务战略，实现企业成本的有效控制，提高生产效率，降低运营成本，增加企业的竞争力。

3. 步骤

制定财务战略的步骤包括以下内容。

（1）明确企业战略目标：财务战略要与企业整体战略相一致，因此首先需要明确企业的长期战略目标。

（2）财务资源分析：评估企业目前的财务状况，包括资产、负债、现金流等，分析财务资源的充裕程度和结构。

（3）财务需求规划：根据企业战略目标和财务资源状况，规划未来一段时间内的财务需求，包括资金投入、投资计划等。

（4）风险评估：评估可能涉及的财务风险，制定相应的风险管理策略，确保企业在实施财务战略过程中能够有效降低风险。

（5）实施与监控：将财务战略转化为具体的行动计划，同时建立监控体系，随时调整战略以适应外部环境的变化。

（二）财务风险管理

1. 概念

财务风险是指企业在财务活动中面临的不确定性，包括市场风险、信用风险、利率风险等。财务风险管理旨在通过各种手段，降低不确定性对企业财务状况的影响，保障企业的稳健经营。

2. 战略目标

（1）偿债能力：通过财务风险管理，确保企业在面对债务到期时能够按时、足额偿还，维护企业的信用。

（2）流动性保障：保障企业拥有足够的流动性，能够应对紧急情况，防范可能导致企业短期经营困难的相关风险。

（3）汇率风险控制：对于跨国企业，合理管理汇率风险，避免外汇波动对企业财务状况的冲击。

3. 步骤

财务风险管理的步骤包括以下几点。

（1）风险识别：识别可能影响企业财务状况的各类风险，包括市场风险、信用风险、汇率风险等。

（2）风险评估：对每种风险进行定量或定性评估，分析其可能带来的影响程度和概率。

（3）风险控制：制定相应的风险控制策略，包括使用金融工具进行对冲、分散投资、优化资本结构等手段。

（4）实施和监控：将风险管理策略付诸实施，并建立监控体系，随时调整策略以适应外部环境的变化。

（三）资本结构优化

1. 概念

资本结构是企业长期资金的组织形式，包括股权和债务。资本结构优化是通过合理配置股权和债务，以降低融资成本、提高企业价值，实现企业长期发展的目标。

2. 战略目标

（1）降低融资成本：通过资本结构的优化，选择适当的融资方式和比例，降低企业的融资成本，提高盈利水平。

（2）提高企业价值：通过合理的资本结构，实现企业价值的最大化，使企业在市场上获得更高的估值和更好的融资条件。

（3）稳定股东回报：通过合理配置股权和债务，确保企业稳定的盈利能力，为股东提供可靠的回报。

3. 步骤

资本结构优化的步骤包括以下内容。

（1）分析财务状况：通过对企业的财务状况进行分析，评估当前的资本结构，包括股权比例、债务水平等。

（2）融资需求评估：根据企业未来的经营计划和投资需求，评估未来一段时间内的融资需求。

（3）选择融资方式：结合市场条件和企业特点，选择适当的融资方式，包括股权融资、债务融资、混合融资等。

（4）制定资本结构目标：根据融资需求和市场条件，制定明确的资本结构目标，包括股权和债务的比例、融资成本等。

（5）实施和调整：将资本结构目标付诸实施，并随时调整以适应市场和企业经营状况的变化。

（四）投资决策

1. 概念

投资决策是指企业在不同的资本投资项目之间进行选择和决策的过程。有效的投资决策有助于提高企业的盈利水平，增强市场竞争力，实现长期的战略目标。

2. 战略目标

（1）提高资产回报率：通过选择高收益的投资项目，提高资产的回报率，增强企业的盈利能力。

（2）拓展业务领域：通过投资决策，拓展企业在不同业务领域的参与机会，实现多元化经营，降低经营风险。

（3）创新与技术升级：投资于创新项目和技术升级，提高企业在市场上的竞争力，实现长期可持续发展。

3. 步骤

投资决策的步骤包括以下几步。

（1）项目筛选：对各种投资项目进行筛选，评估项目的潜在收益、风险性和可行性。

（2）财务评估：进行财务评估，包括净现值、内部收益率、投资回收期等指标的计算，判断投资项目的经济效益。

（3）风险评估：评估投资项目可能面临的各类风险，包括市场风险、技术风险、政策风险等。

（4）决策制定：根据项目筛选和评估的结果，制定投资决策方案，确定是否投资以及投资的规模。

（5）实施和监控：将投资决策付诸行动，同时建立监控体系，随时调整以适应项目执行过程中的变化。

（五）盈利增长

1.概念

盈利增长是企业在长期内实现营业收入、利润等财务指标持续增长的目标。通过有效的财务管理，企业可以实现盈利的可持续增长，提高企业价值。

2.战略目标

（1）提高销售收入：通过市场拓展、产品创新等手段，实现销售收入的增长，扩大企业规模。

（2）优化成本结构：通过成本控制和效率提升，降低经营成本，提高盈利水平。

（3）推动利润增长：通过投资决策、财务战略等手段，推动企业利润的增长。

3.步骤

企业实现盈利增长的步骤包括以下几步。

（1）市场分析：分析市场状况，找到增长点，确定市场机会和潜在的盈利增长空间。

（2）产品创新：通过产品创新和技术升级，提高产品附加值，吸引更多客户，促进销售收入的增长。

（3）成本优化：通过精细化管理和流程优化，降低成本，提高利润率。

（4）战略投资：制订合理的投资计划，投资于具有盈利潜力的领域，推动企业盈利的长期增长。

（5）市场扩张：通过开拓新的市场，扩大产品或服务的销售范围，实现销售收入的增长。

（6）客户关系管理：着重维护和提升客户满意度，促使现有客户增加购买频次和数量，实现稳定的销售增长。

（7）人才引进与培养：招聘、培养高素质的员工，构建强大的团队，提高企业的竞争力，有助于盈利的可持续增长。

（8）战略合作与联盟：通过与其他企业建立战略合作关系或联盟，共同开发市场，分享资源，实现共赢，推动企业盈利的增长。

财务管理的战略目标涉及财务战略的制定、财务风险管理、资本结构优化、投资决策、盈利增长等多个方面。通过制定合理的财务战略，企业可以确保资金的充裕，降低财务风险，优化资本结构，实现长期的盈利增长。

在财务战略的制定中，企业需要明确整体战略目标，分析财务资源和需求，进行风险评估，并将战略付诸实施，不断监控和调整。同时，财务风险管理要求企业识别和评估各类财务风险，并通过制定相应的策略进行控制。

资本结构优化是通过合理配置股权和债务，提高企业价值的重要手段。企业在投资决策中应当关注项目的财务评估和风险评估，确保选择高回报、低风险的投资项目。而盈利增长则需要企业注重市场分析、产品创新、成本优化等方面，以实现持续的盈利增长。

在实现这些战略目标的过程中，企业需要灵活运用各种财务工具和方法，同时关注到外部市场和行业环境的变化，不断调整和优化财务战略，以适应变化的经济环境和市场竞争。通过有效的财务管理，企业能够在竞争激烈的市场中保持竞争力，实现长期的可持续发展。

二、财务管理的基本原则

财务管理是企业管理的重要组成部分，其主要任务是有效地筹集、使用和管理企业资金，以达到提高企业价值、保障企业经济健康运转的目标。在财务管理的实践中，有一系列基本原则是企业必须遵循的，它们构成了财务管理的基石，确保了企业在资金运作和财务决策中能够保持稳健和可持续的经营。本节将详细探讨财务管理的基本原则，包括透明度、谨慎性、效益性、灵活性和合法性等方面。

（一）透明度原则

1. 概念

透明度是指企业对内或对外的财务信息披露程度，即企业财务状况、经营成果、经营活动等方面的信息能够清晰、明了地呈现给各利益相关方，包括股东、投资者、员工、债权人、监管机构等。透明度原则强调企业应当公正、真实地反映其财务状况，使各方能够对企业的经营情况有一个清晰而明确的了解。

2. 战略目标

（1）建立信任：透明度有助于建立企业与股东、投资者之间的信任关系，使其对企业的财务状况和经营活动更为信赖。

（2）降低信息不对称：通过透明度，降低企业内外部信息不对称的程度，避免因信息不对称而导致的市场不稳定和不公平竞争。

3. 实践原则

（1）财务报告透明：制定财务报告时，要确保其中的信息真实、准确、完整，不隐瞒、不歪曲，以真实地反映企业的财务状况。

（2）信息披露公正：在企业公开的信息中，不偏袒任何特定的利益相关方，对所有的利益相关方公平披露信息。

（3）公开透明决策：对于企业的战略决策、财务决策等重大事项，应当及时、明确地向利益相关方公开，并提供充分解释。

（二）谨慎性原则

1. 概念

谨慎性原则是指在财务报表编制中，当存在不确定性和估计不确定的情况时，应该更倾向于采取对企业不利的假设，以保守的态度进行财务信息的呈现。这是为了避免高估企业的财务状况，保护投资者和其他利益相关方的权益。

2. 战略目标

（1）降低风险：谨慎性原则有助于降低企业财务报表中的风险，减少可能会有的损失。

（2）维护信誉：通过对不确定性情况进行保守估计，有助于维护企业的信誉，确保财务信息的可信度。

3. 实践原则

（1）风险预警：在面对可能的风险时，应该更倾向于选择对企业不利的假设，及时预警潜在问题。

（2）准确估计：在估计和确认会计项目时，应当考虑到未来可能发生的损失，不过分乐观地估计收益或减值。

（3）审慎资产计量：对于资产的计量和确认，应当审慎对待，不过分高估资产价值，以避免企业陷入财务困境。

（三）效益性原则

1. 概念

效益性原则强调企业在财务管理中要追求最大限度地经济效益。这意味着在资源配置、投资决策、成本控制等方面，企业应当以最大化股东权益和整体经济效益为目标，追求长期的、可持续的盈利。

2. 战略目标

（1）最大化股东价值：效益性原则的目标之一是最大化股东权益，确保股东能够获得最大的投资回报。

（2）提高整体盈利水平：通过追求效益性，企业可以提高整体的盈利水平，增强企业的竞争力。

3. 实践原则

（1）投资决策：在制订投资计划时，要选择那些具有良好回报和经济效益的项目，确保资金的有效利用。

（2）成本效益分析：在生产和经营中，进行成本效益分析，确保生产成本和运营成本能够最大限度地降低，提高盈利水平。

（3）资源配置：合理配置企业的资源，其中包括人力、资金、物资等，确保这些资源的使用能够最大限度地产生一定的经济效益。

（四）灵活性原则

1. 概念

灵活性原则强调企业在财务管理中应具备灵活性，能够适应外部环境的变化，迅速调整资金结构、投资计划和经营策略，以确保企业在不同市场条件下的稳健经营。

2. 战略目标

（1）应对市场变化：灵活性原则的目标之一是使企业能够灵活应对市场的变化，包括市场需求、竞争格局、政策法规等方面的变化。

（2）降低经营风险：通过灵活调整资金结构和战略计划，降低企业在面临经营风险时的损失。

3. 实践原则

（1）资金灵活运用：确保企业资金的灵活运用，能够随时满足经营活动和投资需求，同时避免不必要的资金占用情况。

（2）敏捷决策：建立敏捷的决策机制，能够迅速做出对市场变化做出的调整，包括战略调整、产品调整等。

（3）弹性财务结构：设置弹性财务结构，使企业能够适应不同的市场环境，包括选择合适的融资方式、维持适度的负债水平等。

（五）合法性原则

1. 概念

合法性原则要求企业在财务管理中必须遵守法律法规、会计准则和道德规范，确保企业的财务活动是合法合规的。这不仅是企业社会责任的体现，也是维护企业声誉、减少法律风险的关键。

2. 战略目标

（1）遵循法律法规：合法性原则的目标之一是确保企业在经济活动中严格遵守相关的法律法规。

（2）维护企业声誉：通过合法性原则，企业能够维护自身的声誉，获得社会和利益相关方的认可。

3. 实践原则

（1）合规审计：定期进行合规性审计，确保企业的财务活动符合法律法规和会计准则的要求。

（2）道德操守：强调员工在财务管理中应当保持道德操守，不得从事违法违规的财务活动。

（3）公开透明：主动公开企业的经济活动，接受社会监督，确保企业的经营活动是透明且合法的。

（六）稳健性原则

1. 概念

稳健性原则要求企业在制定财务报表时，应当假设可能存在的风险和不确定性，采取保守的态度进行会计核算和财务报表编制，以确保财务信息的可靠性。

2. 战略目标

（1）降低信息误导：稳健性原则的目标之一是降低因信息不确定性而导致的信息误导，使财务信息更具可靠性。

（2）保护投资者权益：通过稳健性原则，保护投资者和其他利益相关方的权益，防范信息误导可能带来的损失。

3. 实践原则

（1）谨慎核算：在会计核算中，采取保守的会计估计和计量方法，降低财务信息的不确定性。

（2）风险披露：在财务报表附注中，清晰披露可能存在的风险和不确定性，提醒投资者注意相关情况。

（3）合理准备准备金：针对可能发生的损失，合理准备准备金，确保企业在面对意外损失时有足够的资金储备。

（七）综合性原则

1. 概念

综合性原则强调在财务管理中，各项原则之间应相互协调，形成一个完整的体系。综合性原则的制定旨在解决财务管理中各种原则可能出现的冲突和矛盾，使其能够在实践中相互协调，形成统一的指导思想。

2. 战略目标

（1）协调发展：综合性原则的目标之一是协调财务管理中各项原则的发展，使其能够在不同场景下相互协调。

（2）提升决策水平：通过综合性原则，使企业管理者能够更全面、更科学地进行财务决策，提升决策水平。

第七节　财务管理的职能和财务关系

一、财务管理职能的拓展与变革

随着全球经济的快速发展和商业环境的不断变化，财务管理职能逐渐从传统的会计、报表制作和财务监管等任务中解放出来，而拓展为更加战略性和综合性的角色。这种变革旨在适应企业在复杂多变的市场环境中取得竞争优势、实现可持续发展的需求。本节将详细探讨财务管理职能的拓展与变革，包括战略规划、风险管理、技术创新、绩效管理等方面的变革。

（一）战略规划与决策支持

1. 传统职能与挑战

传统上，财务管理主要侧重会计核算、报表编制和财务监管等传统性财务职能。然而，在现代商业环境中，仅仅依赖于这些传统职能已经无法满足企业复杂多变的管理需求。企业需要财务团队更积极地参与战略规划和决策支持，以确保企业能够灵活应对市场变化。

2. 拓展职能与战略规划

（1）市场分析与预测：财务团队参与市场分析，通过数据分析和财务建模，为企业提供未来市场发展的预测，帮助其制定战略规划。

（2）资本投资决策：参与制订资本投资计划，评估不同项目的财务可行性，为企业的长期发展提供财务支持。

（3）财务规划与预算：主动参与企业财务规划和预算编制，确保企业战略目标与财务目标的一致性。

（4）业务模型创新：创新业务模型，发挥财务团队在数据分析和财务管理方面的专业优势，为企业提供更具前瞻性的经营模式。

（二）风险管理与企业可持续性

1. 传统职能与挑战

传统上，财务管理职能主要关注财务风险的监测和控制，例如市场风险、信用风险等。然而，随着企业环境的复杂性增加，仅仅关注财务风险已经无法全面把握企业所面临的各类风险。

2. 拓展职能与综合风险管理

（1）综合风险管理：从更广泛的角度进行风险管理，包括战略风险、操作风险、法律合规风险等，确保企业在多方面都能够防范潜在风险。

（2）可持续性评估：财务团队参与企业的可持续性评估，关注环境、社会和治理方面的风险，确保企业经营活动符合可持续发展的原则。

（3）应急预案制定：制定全面的应急预案，使企业在面对各类风险时能够迅速做出反应，减小潜在的损失。

（4）供应链风险管理：管理供应链中的风险，确保企业在原材料供应、生产和销售环节中能够稳定经营。

（三）技术创新与数字化转型

1.传统职能与挑战

传统的财务管理职能在技术应用方面相对较为滞后，主要依赖于手工操作和传统的财务软件，导致信息处理效率低、数据准确性难以保证。

2.拓展职能与数字化转型

（1）智能财务系统：推动智能化财务管理系统的应用，通过人工智能、大数据分析等技术，提高财务数据处理效率和准确性。

（2）区块链技术应用：利用区块链技术提高财务数据的安全性和透明度，降低金融交易成本，实现更安全、高效的资金流动。

（3）数字化会计：推进数字化会计，实现电子凭证、电子发票等数字化会计处理，提高会计业务的效率和准确性。

（4）数据驱动决策：利用数据分析和业务智能工具，进行更深入的业务分析，为企业战略决策提供更精准的数据支持。

（四）绩效管理与激励机制

1.传统职能与挑战

传统的绩效管理主要侧重财务指标的监控，如利润、现金流等。这种方法难以全面评估企业在客户满意度、员工发展、创新等方面的表现。

2.拓展职能与综合绩效管理

（1）多维度绩效评估：引入多维度的绩效评估，包括客户满意度、员工发展、创新能力等非财务指标，全面评估企业整体绩效。

（2）目标管理体系：建立全员参与的目标管理体系，使每位员工的目标与企业战略目标相一致，激发员工积极性。

（3）激励机制优化：优化激励机制，不仅要考虑财务指标，还需要关注员工的创新贡献、团队协作等非财务方面的表现，以更全面地激发员工潜力。

（4）实时绩效监控：利用技术手段实现实时绩效监控，及时调整战略方向和激励政策，确保企业的绩效管理与变革能够与时俱进。

（五）社会责任与可持续发展

1. 传统职能与挑战

传统的财务管理职能主要关注企业的经济责任，即创造股东价值。然而，随着社会对企业社会责任的关注增加，仅仅追求短期经济利益已经不能满足。

2. 拓展职能与社会责任

（1）环保财务报告：引入环保财务报告，全面反映企业的环保成本、环境影响等信息，加强对环保责任的监管和管理。

（2）社会影响评估：进行社会影响评估，考虑企业经营活动对社会的影响，包括雇佣机会、社区发展等方面。

（3）慈善和公益活动：积极参与慈善和公益活动，回馈社会，提高企业的社会形象，增强社会责任感。

（4）可持续发展战略：制定可持续发展战略，将社会责任纳入到企业长期规划，追求经济、社会、环境的可持续均衡发展。

（六）国际化财务管理

1. 传统职能与挑战

传统上，企业主要关注本地市场，财务管理主要面向国内业务。然而，随着全球化的加深，企业需要更好地适应国际市场，进行国际化财务管理。

2. 拓展职能与国际化财务管理

（1）跨国合规管理：关注不同国家的财务合规要求，建立跨国合规管理体系，确保企业在全球范围内的合法经营。

（2）外汇风险管理：加强对外汇风险的管理，灵活运用货币工具，降低因汇率波动而带来的财务风险。

（3）国际税收策略：制定国际税收策略，合理规避跨国经营可能面临的高税率和双重征税问题。

（4）国际投资决策：积极进行国际投资决策，评估全球范围内的投资机会，实现国际化布局。

（七）人才培养与团队建设

1. 传统职能与挑战

传统的财务管理职能主要强调会计专业知识和财务技能，忽视了领导力、团队协作和创新思维等软实力的培养。

2. 拓展职能与人才培养

（1）领导力发展：培养财务团队成员的领导力，使其能够在战略规划、团队协作等方面发挥更大的作用。

（2）创新思维培养：强调创新思维和问题解决能力的培养，鼓励财务团队提出新的理念和方法。

（3）国际化团队建设：构建国际化的团队，培养成员具备跨文化合作和国际化财务管理的能力。

（4）终身学习文化：建立终身学习文化，支持团队成员不断学习新知识、新技能，适应财务管理领域的快速发展。

（八）法律合规与信息安全

1. 传统职能与挑战

传统的财务管理主要关注财务合规，对于信息安全和法律合规的关注相对较少。

2. 拓展职能与法律合规与信息安全

（1）信息安全管理：强化信息安全管理，保护企业敏感数据，预防信息泄露和网络攻击。

（2）法律合规培训：定期进行法律合规培训，确保团队对财务法规和会计准则的理解与遵守。

（3）隐私保护：针对客户和员工的个人信息，建立并健全隐私保护机制，遵循相关隐私法规，确保数据安全性和合规性。

（4）合规审计：进行定期的合规审计，以确保企业的财务管理在法律合规框架下运作，并及时调整相关流程和政策。

（5）法律风险评估：对可能存在的法律风险进行评估，制订相应的风险防范和应对计划，保障企业在法律层面的健康发展。

（九）企业文化与价值观

1. 传统职能与挑战

传统的财务管理职能对企业文化和价值观的影响相对较小，通常更注重财务报表和数字。

2. 拓展职能与文化建设

（1）价值观与道德规范：强调企业价值观和道德规范，将诚信、责任、协作等价值观融入财务管理的方方面面。

（2）创新文化：培养创新文化，鼓励团队成员提出新思路、新方法，推动财务管理职能的创新发展。

（3）团队合作：强调团队协作，营造积极向上的团队氛围，促进各部门之间的沟通与合作。

（4）员工参与：鼓励员工参与决策过程，使其对企业文化和发展目标有更深层次的认同。

（十）危机管理与应急响应

1. 传统职能与挑战

传统的财务管理职能在危机管理和应急响应方面往往缺乏足够的准备和关注。

2. 拓展职能与危机管理

（1）危机预警体系：建立完善的危机预警体系，监测潜在风险，预判可能发生的危机，提前做好危机防范工作。

（2）应急响应计划：制订详尽的应急响应计划，确保在危机发生时能够迅速、有效地应对，降低损失。

（3）危机沟通管理：建立危机沟通管理机制，确保在危机时能够及时、透明地与利益相关方沟通，维护企业声誉。

（4）危机后续评估：危机发生后进行深入的后续评估，总结经验教训，不断完善危机管理体系，提高危机应对能力。

财务管理职能的拓展与变革旨在适应企业在复杂多变的市场环境中取得竞争优势、实现可持续发展的需求。从战略规划、风险管理、技术创新、绩效管理到社会责任和国际化财务管理，财务团队的角色已经不再局限于传统的财务报表和监管职能，而是更加注重参与企业决策、推动创新、关注社会责任，以及适应全球化的趋势。

随着数字化技术的发展、国际化竞争的加剧以及社会对企业责任的要求不断提高，财务管理职能的拓展将是一个长期的过程。财务团队需要不断学习、不断创新，以适应变化中的商业环境，为企业的可持续发展提供更全面、更有效的支持。通过建设高效的团队、培养多元化的人才、引入先进的技术工具，财务管理职能将在企业中发挥更为重要的战略性作用。

二、财务管理与内外部财务关系

财务管理是企业管理的一个重要方面，它涵盖资源筹集、投资决策、资金运作、财务报告等多个层面。在这个过程中，财务管理与内外部的财务关系密切相关。内外部财务关系包括了企业内部各部门之间的财务关系，以及企业与外部利益相关方之间的财务关系。本节将深入探讨财务管理与内外部财务关系的重要性、特点、作用及应注意的问题。

（一）财务管理与内部财务关系

1. 内部财务关系的重要性

企业内部财务关系是指企业内各个部门之间在财务活动中的相互关系。这些部门包括财务部门、市场部门、生产部门等。内部财务关系的良好协调与配合对于企业的正常运转和效益的提升都至关重要。

2. 内部财务关系的特点

（1）信息共享：内部各部门之间需要共享财务信息，以便更好地了解企业整体的财务状况和经营绩效。

（2）责任划分：不同部门在财务活动中有不同的责任和职能，需要明确责任划分，避免信息不对称和责任不清晰情况出现。

（3）目标一致性：内部财务关系的一个目标是使各部门的财务活动与企业整体战略目标保持一致，确保协同合作。

3. 内部财务关系的作用

（1）资源协调：通过内部财务关系的协调，实现企业内部资源的合理配置，确保各个部门能够充分利用资源，提高整体效益。

（2）风险控制：在内部财务关系中，部门之间需要相互配合，共同应对潜在的经营风险，降低企业的整体风险水平。

（3）效益提升：良好的内部财务关系有助于提升企业的效益，通过合理的资源配置和协同合作，实现经济规模效应。

4. 应注意的问题

（1）信息透明度：信息透明度是内部财务关系中需要特别关注的问题，确保各部门之间的信息共享充分、及时、准确。

（2）责任约定：在内部财务关系中，需要明确各部门的责任约定，防止责任不清晰导致的管理混乱。

（3）目标协调：各部门的财务活动应当与企业整体战略目标相一致，确保内部协作的方向保持一致。

（二）财务管理与外部财务关系

1. 外部财务关系的重要性

外部财务关系主要是指企业与外部利益相关方之间的财务关系，包括股东、债权人、供应商、客户、政府等。这些关系对企业的融资、经营、发展等方面都具有重要的影响。

2. 外部财务关系的特点

（1）信息披露：企业需要向外部利益相关方披露相关财务信息，以便外部利益相关方了解企业的经营状况和财务状况。

（2）风险共担：外部财务关系中，各方共同承担一定的风险，需要通过合同、协议等方式去明确权责关系。

（3）市场监管：外部财务关系中，政府、监管机构等外部力量会对企业的财务活动进行监管，确保企业合法、合规经营。

3. 外部财务关系的作用

（1）融资渠道：外部财务关系是企业获取融资的重要途径，包括股权融资、债权融资等，支持企业的扩张和发展。

（2）供应链合作：与供应商之间的财务关系影响着企业的采购、生产等方面，直接关系着产品的质量和交付的稳定性。

（3）客户信任：客户通常通过企业的财务报表等信息判断企业的稳定性和可靠性，从而影响客户对企业的信任。

4.应注意的问题

（1）信息透明度：向外部披露的财务信息应当真实、完整、准确，确保外部利益相关方能够全面了解企业状况。

（2）合规经营：外部财务关系中，企业需要遵循法律法规和会计准则，确保经营活动的合法性和合规性。

（3）风险管理：在外部财务关系中，需要合理评估和管理各类风险，防范可能对企业产生的不利影响，包括市场风险、信用风险、汇率风险等。

（三）内外部财务关系的协同与平衡

1.内外部财务关系的协同

（1）战略一致性：确保内外部财务关系与企业战略目标一致，内外部财务活动之间存在协同性，共同推动企业发展。

（2）信息一致性：在内外部财务关系中，要求信息的一致性，避免信息的不匹配导致利益相关方对企业的误解。

（3）风险协同：在财务活动中，内外部利益相关方之间的风险需协同管理，以确保企业整体的稳健经营。

2.内外部财务关系的平衡

（1）权责平衡：在内外部财务关系中，确保各方权责平衡，避免信息不对称和责任不明确。

（2）利益平衡：平衡各方的利益，确保企业内外部关系的公平、公正，增强企业与外部利益相关方的良好互动。

（3）长短期平衡：在内外部财务关系中，需要平衡短期和长期的考虑，不仅关注眼前的业绩，也注重企业的长远发展。

（四）财务管理在内外部财务关系中的作用

1.在内部财务关系中的作用

（1）资源配置：财务管理在内部财务关系中起到合理配置资源的作用，确保各部门能够充分利用资金，提高效益。

（2）业绩评估：财务管理通过财务报表等工具，对各部门的业绩进行评估，为内部决策提供有效依据。

（3）风险管理：在内部财务关系中，财务管理通过风险管理工具，帮助企业识别和应对潜在的风险。

2. 在外部财务关系中的作用

（1）融资渠道：财务管理在外部财务关系中是企业获取融资的主要渠道之一，通过吸引股东、债权人等，支持企业资金需求。

（2）信息披露：财务管理负责向外部利益相关方披露相关财务信息，确保信息的透明度，增强外部信任。

（3）合规经营：财务管理在外部财务关系中需要确保企业的经营活动合法合规，符合法律法规和会计准则。

（五）财务管理在内外部财务关系中的挑战与应对策略

1. 挑战

（1）信息不对称：内外部财务关系中，信息不对称可能导致企业与内外部利益相关方之间的理解和期望不一致。

（2）利益冲突：不同利益相关方之间可能存在利益冲突，例如股东追求短期回报，而员工更关注长期稳定性。

（3）法规变化：财务管理在内外部财务关系中需要应对法规的变化，以确保企业的经营活动合法合规。

2. 应对策略

（1）信息透明度：提高内外部财务关系中的信息透明度，通过及时、准确的信息披露减少信息不对称。

（2）利益平衡：在内外部财务关系中平衡各方的利益，注重各方的合理期望，减少利益冲突。

（3）灵活应变：财务管理需要灵活应对法规的变化，建立灵活的财务管理体系，以适应外部环境的变化。

财务管理与内外部财务关系密切相关，通过协调内部各部门之间的财务活动，以及与外部利益相关方之间的合作与沟通，确保企业在财务层面的稳健经营。在这个过程中，财务管理在资源配置、风险管理、信息披露等方面都发挥着关键的作用。面对内外部财务关系中的挑战，财务管理需要注重信息透明度、利益平衡，并灵活应对法规变化，以确保企业在复杂多变的商业环境中能取得竞争优势，实现可持续发展。

第八节　财务管理的体制

一、企业财务管理组织结构

企业财务管理组织结构是企业内部财务管理体系的架构,它涵盖财务职能的划分、各层级的责任分工、信息流动和决策层级等方面。一个合理而高效的财务管理组织结构对企业的经营和财务决策具有重要的影响。本节将深入探讨企业财务管理组织结构的设计原则、典型架构和在实际运作中的应用。

（一）设计原则

1.适应企业战略

财务管理组织结构应当紧密与企业战略相结合。不同行业、不同规模的企业可能具有不同的战略目标,财务管理组织结构需要能够支持企业实现这些目标。例如,如果企业的战略是迅速扩张市场份额,那么财务管理结构可能需要更注重资金管理和风险控制。

2.信息透明度和沟通效率

一个好的财务管理组织结构应当促进信息透明度和内部沟通效率。各个财务部门之间以及与其他部门之间的信息流动应当顺畅,以确保决策者能够准确、及时地获取必要的财务信息。透明度和高效地沟通有助于避免信息不对称和提高整体的管理效能。

3.责任明确和权责平衡

在财务管理组织结构中,各个职能部门的责任应当明确,避免责任模糊和信息不对称。同时,权责平衡也是一个关键的设计原则。各个层级的管理者需要拥有适当的权力,以便能够有效地履行其责任,同时不至于权力过度集中。

4.灵活性和适应性

财务管理组织结构需要具备一定的灵活性和适应性,以应对外部环境和业务变化。行业竞争和市场环境的快速变化可能需要财务管理结构的调整和优化,使其能够灵活适应企业的发展需求。

（二）典型架构

1.财务管理组织层级结构

企业财务管理组织通常包括多个层级,每个层级都有明确定义的职责和责任。以下是一个典型的财务管理组织层级结构。

（1）首席财务官（CFO）:负责整个财务管理体系,向高层管理层汇报企业的财务状况和经营绩效，参与制定企业财务战略。

（2）财务副总裁或财务总监：负责具体的财务管理职能，如财务规划、会计、财务分析等。在 CFO 的领导下协助制定和执行财务战略。

（3）财务经理/主管：针对具体的财务职能，如成本管理、预算控制、报表分析等，负责日常的管理和协调工作。

（4）会计部门：负责企业的会计核算和报表编制，确保企业的财务信息准确、完整。

（5）财务规划与分析部门：负责财务预测、业务分析、投资决策等方面的工作，支持高层管理层的决策制定。

（6）内部审计部门：独立负责对企业内部控制体系的审计，确保企业的运作符合法规和内部规定。

2. 财务管理专业职能划分

在财务管理组织中，不同的专业职能有着明确的划分，以确保各项工作有序进行。以下是典型的财务管理专业职能划分。

（1）财务会计：负责企业的会计核算、账务处理、财务报表编制等工作。

（2）财务规划与分析：负责制订企业的财务计划，进行财务分析，支持高层管理层的战略决策。

（3）成本管理：管理和控制企业的生产成本，分析成本结构，提高成本效益。

（4）资金管理：负责企业的资金筹集、运作和投资，确保企业具备足够的资金去维持运营。

（5）内部审计：独立负责对企业内部控制体系的审计，发现并改善潜在的风险。

（6）税务管理：管理企业的税务事务，确保遵循法规，最大限度地减少税务负担。

3. 业务线和地区划分

根据企业的业务特点和地域布局，财务管理组织还可以按照业务线和地区进行划分。这样的划分有助于更好地适应多元化的业务和地域发展的需要。以下是一些典型的业务线和地区划分。

（1）业务线划分：企业可能会涉及多个业务线，如生产、销售、服务等。财务管理组织可以根据业务线的特点设立专门的财务团队，以更好地满足各业务线的财务管理需求。

（2）地区划分：如果企业在全球范围内有多个地区的业务，可以考虑在不同地区设立财务管理团队。每个地区的财务团队可以更好地了解和适应当地的法规、税收政策以及市场特点。

（三）运作实践

1. 财务管理流程

在企业财务管理组织中，有一系列流程需要保证财务活动的顺利运作。这些流程包括但不限于以下内容。

（1）财务报告流程：从各个部门收集财务数据，经过会计核算和财务分析，最终形成财务报告。该流程确保了财务信息的准确和及时性。

（2）预算流程：制定年度财务预算，确保企业的财务活动在预期范围内进行。预算流程需要充分考虑各项支出和收入，以确保财务的可持续性。

（3）审计流程：进行内外部审计，确保企业的财务活动合规且符合会计准则。审计流程有助于发现和纠正潜在的问题，提高财务信息的可信度。

2. 信息系统支持

现代企业财务管理离不开信息系统的支持。一个高效的财务管理组织需要有强大的财务信息系统，以支持财务数据的采集、处理、分析和报告。信息系统的选择和实施需要与财务管理组织的结构和流程相一致，以确保系统能够有效地服务于财务管理的各个方面。

3. 团队建设与培训

财务管理组织的成功运作离不开具备专业知识和技能的团队。团队建设和培训是财务管理组织中的重要环节。培训不仅是关于财务知识的传递，其中还包括了团队协作、沟通技能、创新思维等方面的培养。通过团队建设和培训，财务管理团队能够更好地适应变化和挑战。

4. 绩效评估和优化

财务管理组织的绩效评估需要基于一系列关键绩效指标，如财务报告的准确性、预算的实现情况、风险管理的有效性等。通过绩效评估，财务管理团队可以发现潜在的问题和改进空间，不断优化组织结构和流程，提高整体绩效水平。

（四）挑战与应对策略

1. 技术变革带来的挑战

随着科技的不断发展，财务管理领域也面临着数字化、自动化等技术变革的新挑战。财务管理组织需要适应新技术，引入先进的财务管理系统，提高数字化能力，以更高效地支持企业的决策和运作。

2. 全球化业务的挑战

对于跨国企业来说，全球化业务带来了财务管理的复杂性。不同国家的法规、税收政策、货币体系等都可能影响企业的财务运作。财务管理组织不仅需要建立全球化的财务团队，还要具备跨文化合作的能力，以便能够更好地适应全球化业务的需求。

3. 法规合规的挑战

企业面临的法规合规要求不断增加，这对财务管理组织提出了更高的要求。财务管理团队需要不断更新对法规的了解，不仅需要建立健全的内部控制体系，还要确保企业的财务活动符合法规和伦理要求。

4.人才储备与培养的挑战

财务管理组织需要具备一支高素质的财务团队。人才储备和培养是一个长期的挑战。企业需要通过招聘、培训、激励机制等手段，以吸引和留住具备财务专业知识和管理技能的人才。

企业财务管理组织结构是企业内部管理的重要组成部分，其设计需要遵循一系列的原则，以支持企业的战略目标和经营需求。在实际运作中，合理的层级结构、专业职能划分、流程设计和信息系统支持都是为了确保财务管理组织高效运作的关键。同时，面对技术、全球化、法规合规等方面的挑战，财务管理组织需要不断调整和优化，以适应不断变化的商业环境。团队建设和培训、绩效评估与优化也是财务管理组织运作中不可忽视的方面。

技术变革的浪潮为财务管理带来了数字化、智能化的工具和方法，但也需要财务管理团队具备适应和运用这些技术的能力。全球化业务带来的复杂性不仅仅要求财务管理组织具备跨文化合作的能力，更需要灵活地应对不同国家和地区的财务管理挑战。法规合规的要求逐渐趋严，财务管理团队需要保持对法规的敏感性，不断优化内部控制体系，确保企业的财务活动合法合规。

人才储备与培养是财务管理组织长期发展的关键。优秀的财务团队需要拥有全面的财务知识、卓越的分析能力和良好的沟通协作能力。通过招聘、培训、激励机制等手段，企业可以吸引和留住优秀的财务人才，以确保财务管理团队始终保持竞争力。

在不断面对挑战的同时，企业财务管理组织也应当保持对新理念、新技术的敏感性，不断学习和创新，以推动财务管理的进步。通过不断优化组织结构、提高运作效率，财务管理团队可以更好地支持企业的可持续发展，为企业在竞争激烈的市场中保持竞争力提供坚实的财务支持。

二、财务管理的信息流与决策流

财务管理作为企业管理的一个重要组成部分，其信息流与决策流对企业的运营和战略制定有着深远的影响。在信息时代，信息流动的速度和准确性对企业的决策制定和执行至关重要。本节将深入探讨财务管理中的信息流和决策流，它包括信息的来源、流向、决策制定的过程以及如何优化信息流与决策流，以提高企业的管理水平和竞争力。

（一）财务管理的信息流

1.信息的来源

财务管理的信息来源主要包括内部和外部两个方面。

（1）内部信息来源：包括企业内部各个部门产生的财务数据、业务数据以及管理层的内部报告。内部信息是企业日常运营的直接产物，包括财务报表、成本数据、预算执行情况等。

（2）外部信息来源：包括宏观经济环境、行业竞争状况、市场需求、政策法规等外部环境因素。这些信息可以通过市场调研、行业报告、政府发布的数据等渠道获取。

2. 信息的流向

在财务管理中，信息的流向涉及多个层次和部门。

（1）日常业务部门：这是信息产生的最初阶段，各个业务部门都是通过日常的业务活动产生大量的原始数据，如销售数据、采购数据、生产数据等。

（2）财务部门：财务部门是信息的汇聚和加工中心，负责将各个部门产生的原始数据进行会计核算，编制财务报表，以反映企业的财务状况和经营绩效。

（3）高层管理层：财务信息向高层管理层流动，为决策层提供决策所需的财务数据，包括财务报表、财务分析、预算执行情况等。

（4）内部审计部门：内部审计部门通过对企业内部控制体系的审计，向管理层提供关于企业运营状况的评估和建议。

（5）外部利益相关方：财务信息不仅需要向外部传递，还要满足股东、投资者、债权人等外部利益相关方对企业财务状况的了解需求。这主要通过财务报告和年度报告等形式实现。

3. 信息的特点

财务管理中的信息具有以下特点。

（1）准确性：财务信息要求高度准确，任何数据的错误都可能会导致对企业财务状况的误判。

（2）及时性：及时获取信息对于决策层来说至关重要，因为在快速变化的市场环境中，及时的信息能够为企业把握机遇和应对风险提供有力支持。

（3）可靠性：信息的可靠性涉及数据的来源、加工过程和报告的真实性，需要确保数据不受篡改和失真。

（4）全面性：为了提供对企业整体状况的全面了解，财务信息应当覆盖各个方面，包括财务报表、成本数据、预算执行情况等。

（二）财务管理的决策流

1. 决策层次

财务管理的决策层次涉及不同层级的管理人员，包括以下三个层。

（1）战略层面：包括企业高层管理层，他们需要制定企业的财务战略，决策涉及企业整体发展方向、资本结构、并购与重组等。

（2）战术层面：包括中层管理层，他们需要根据战略层面的决策，来进行更具体的财务规划和预算制定，以实现企业的长期目标。

（3）操作层面：包括一线管理层，他们负责日常的财务运作和执行，以确保财务计划的落地和执行。

2. 决策流程

财务管理的决策流程通常包括以下步骤。

（1）问题识别：在企业运营中，各级管理层需要不断进行识别和分析问题，这可能涉及成本控制、资金使用效率、投资回报率等方面的问题。

（2）信息收集：针对识别的问题，管理层需要收集相关的财务信息。这包括内部产生的数据，如财务报表、成本数据，也包括外部环境的信息，如市场状况、竞争对手情况等。

（3）信息分析：收集到的信息需要进行分析和加工，以提供对问题的深入理解。这可能涉及财务分析、成本分析、风险评估等。

（4）决策制定：基于对问题的分析，管理层制定具体的决策方案。这可能会包括调整财务预算、优化成本结构、制订投资计划、制订资本运营策略等。决策的制定需要考虑多个因素，包括财务可行性、风险程度、市场反应等。

（5）决策执行：一旦决策方案确定，管理层需要推动决策的执行。这可能涉及资源的调配、团队的动员、业务流程的调整等。

（6）监控与评估：等决策执行后，需要对其效果进行监控和评估。这包括对执行过程的监测，以及对达成的目标和效果的评估。如果发现决策执行效果不理想，管理层可能需要及时调整决策方案。

3. 决策的影响

财务管理的决策对企业有着深远的影响，主要体现在以下几个方面。

（1）经济效益：良好的财务决策能够带来企业的经济效益，包括提高利润水平、降低成本、提高资产效率等。

（2）风险管理：财务决策也涉及对风险的管理。通过科学的财务决策，企业能够更好地应对市场波动、行业竞争和外部环境的不确定性。

（3）企业战略：财务决策与企业战略密切相关。通过资本结构调整、投资决策等方面的财务决策，企业可以更好地实现长期战略目标。

（4）股东价值：良好的财务决策有助于提高企业的股东价值。通过高效的资金利用、投资决策和分红政策，企业可以吸引更多的投资者，以此来提升企业的股价水平。

（三）优化财务管理的信息流与决策流

1. 信息流优化策略

（1）数字化转型：采用先进的财务管理信息系统，可以实现信息数字化和智能化，提高数据的准确性和可靠性。

（2）实时监控与报告：引入实时监控工具，使管理层能够随时随地获取到最新的财务信息，也可以及时发现问题和机会。

（3）内外部数据整合：整合内外部数据，包括市场数据、供应链数据等，形成全面的信息视图，为决策提供更全面的参考。

（4）数据分析技术：使用先进的数据分析技术，能够对大数据进行挖掘和分析，从中获取深层次的技术，为管理层提供更有针对性的信息。

2. 决策流优化策略

（1）智能决策支持系统：利用人工智能技术建立决策支持系统，通过数据分析和模型预测，为管理层提供更科学、客观地决策建议。

（2）跨部门协同：促进各个部门之间的信息共享和协同工作，以确保决策制定过程中能够综合考虑各方面的因素。

（3）风险管理体系：建立健全的风险管理体系，通过对各种风险的评估和防范，提高决策的成功率和企业的抗风险能力。

（4）敏捷决策流程：简化决策流程，提高决策的敏捷性。在市场竞争激烈的环境中，灵活的决策流程能够更快地适应变化。

3. 组织文化建设

（1）信息共享文化：建立鼓励信息共享的企业文化，让员工能够自觉将信息共享作为一种习惯。

（2）风险意识培养：通过培训和激励措施，来提高员工的风险意识，使其在决策中更加注重风险管理。

（3）创新文化：鼓励创新和实验，为员工提供尝试新方法、新理念的机会，推动决策流程的不断创新。

财务管理的信息流与决策流是企业管理不可或缺的组成部分，其直接影响了企业的运营效率、战略制定和长期发展。通过优化信息流，企业能够更及时、准确地获取各类信息；通过优化决策流，企业能够更科学、合理地制定决策方案。数字化转型、智能决策支持系统的应用、组织文化的建设等都是优化财务管理信息流与决策流的重要策略。只有在信息流与决策流的良性循环中，企业才能更好地应对市场的变化，实现可持续发展。

第二章 营运资金管理

第一节 营运资金管理概论

一、营运资金的概念与作用

（一）概述

营运资金是企业日常运营中不可或缺的重要组成部分，它直接关系到企业的生存与发展。本节将深入探讨营运资金的概念、作用以及它对企业经营的影响。

（二）营运资金的概念

1. 定义

营运资金是企业用于日常运营活动的资金总额，主要包括了应收账款、存货、应付账款等。这些资金用于支持企业正常的生产、销售和经营活动。

2. 组成

（1）应收账款：是企业销售产品或提供服务后，客户尚未支付的款项，它是企业资金回笼的来源之一。

（2）存货：包括原材料、在制品和成品，是企业生产经营过程中必不可少的资源，也是投入资金的一部分。

（3）应付账款：是企业尚未支付的账款，通常与应收账款相对应。通过优化应付账款的管理，企业可以更灵活地运用资金。

3. 衡量指标

企业常用的一些衡量营运资金状况的指标包括营运资本周转率、净营运资本等，这些指标有助于企业了解自身运营的效率和资金利用情况。

（三）营运资金的作用

1. 维持日常运营

首先，营运资金的主要作用是为了维持企业的日常运营。企业需要支付原材料、工资、租金等日常开支，而这些开支需要通过营运资金来支持。

2. 应对突发情况

营运资金还具有抵御风险的作用。在市场变化、自然灾害或其他紧急情况下，企业需要有足够的流动资金储备，以保证业务的连续性和灵活性。

3. 促进发展和扩张

充足的营运资金可以为企业的发展和扩张提供支持。例如，企业可能需要购买新的设备、拓展市场份额或进行研发投资，而这些都需要额外的资金支持。

4. 提高信誉和竞争力

拥有足够的营运资金可以让企业更好地履行合同和支付供应商，来提高企业的信誉度。而良好的信誉度有助于吸引更多的客户和合作伙伴，提高企业在市场上的竞争力。

（四）营运资金管理的重要性

1. 预防流动性危机

精细管理营运资金有助于企业预防流动性危机。通过及时回收应收账款、控制存货水平和合理安排应付账款，企业可以更好地应对资金压力。

2. 优化资金结构

良好的营运资金管理有助于优化企业的资金结构。通过降低净营运资本，企业可以提高自身的资金利用效率，降低财务成本。

3. 提高经营效率

有效的营运资金管理能够提高企业的经营效率。通过合理配置资金，企业可以快速地响应市场变化，降低运营风险，实现更灵活的经营。

（五）营运资金管理的挑战与应对策略

1. 库存管理挑战

库存管理是营运资金管理中的一个重要环节。企业需要制定科学的库存策略，确保在满足市场需求的同时，也可以尽量减少库存占用的资金。

2. 应收账款回收难题

应收账款回收是企业资金回笼的关键环节。建立合理的信用政策、加强客户关系管理、实施严格的账款催收程序等都是提高应收账款回笼效率的策略。

3. 应付账款管理难度

有效的应付账款管理需要企业在与供应商的合作中取得平衡。与供应商建立长期稳定的合作关系，同时要谨慎选择付款时机，可以在一定程度上优化资金利用。

综上所述，营运资金是企业经营活动中至关重要的组成部分，它直接影响了企业的生存与发展。通过科学合理的营运资金管理，企业可以更好地应对市场变化，提高经营效率，降低财务风险，从而在激烈的市场竞争中取得更大的优势。在日益复杂多变的商业环境中，企业需要重视营运资金管理，不断优化管理策略，以确保企业的可持续发展。

二、营运资金管理与企业经营的关系

（一）概述

营运资金管理是企业财务管理中至关重要的一环节，它直接关系到企业的经营活动和财务状况。本节将深入探讨营运资金管理与企业经营之间的紧密关系，分析其在企业生命周期中的作用和影响。

（二）营运资金管理的基本概念

1. 营运资金的定义

营运资金是企业用于支持日常运营活动的资金，包括但不限于应收账款、存货、应付账款等。它是企业正常运营所需的流动资金总和。

2. 营运资金管理

营运资金管理是指企业通过科学的财务手段，对营运资金进行合理配置和有效控制的过程。它涉及资金的融资、运用和回笼，确保企业在不同经济周期下都能维持正常运营。

（三）营运资金管理与经营效益的关系

1. 维护流动性

充足的营运资金不仅可以维护企业的流动性，还可以确保企业在面对日常支出、应急情况或商机时能够迅速做出反应。流动性的提高有助于企业更加灵活地应对市场波动。

2. 降低财务风险

通过有效的营运资金管理，企业可以降低财务风险。能够及时回笼应收账款、合理控制存货水平以及灵活运用短期融资工具，都有助于减少资金周转周期，降低财务杠杆。

3. 优化资金结构

合理管理营运资金可以优化企业的资金结构。通过降低净营运资本，企业可以减少财务负担，提高自身的资金利用效率，进而提升盈利水平。

（四）营运资金管理与企业生命周期的关系

1. 初创期

在企业初创期，营运资金管理尤为关键。由于是刚开始经营，企业通常面临资金短缺的情况。有效的资金管理可以确保企业在初创期稳健运营，为未来的发展奠定基础。

2. 成长期

随着企业逐渐发展壮大，资金需求也会增加。在成长期，合理运用融资工具、精细管理应收账款和存货，将对企业的可持续发展起到积极作用。

3. 成熟期

在企业进入成熟期，经验丰富的管理团队需要更加注重资金的有效利用。此时，通过优化供应链、提高库存周转率等方式，企业可以降低运营成本，提高盈利水平。

4. 衰退期

在衰退期，企业可能会面临销售下降、利润减少等问题。此时，营运资金的有效管理将成为企业渡过难关的关键，通过削减不必要的支出、减少存货水平等方式来确保企业的生存。

（五）营运资金管理的挑战与应对策略

1. 市场波动

市场波动是企业面临的常见挑战之一。在这种情况下，企业需要灵活运用短期融资工具，以确保在市场不确定性中依然能够维持正常运营。

2. 供应链风险

在全球化市场中，供应链风险不可避免。企业应建立弹性供应链，降低对某一供应商的依赖，减少由于供应链问题导致的资金压力。

3. 不良账款风险

在销售过程中，不良账款可能导致企业资金回笼困难。建立健全的信用政策、加强客户关系管理，以及必须及时采取催款措施，都是防范不良账款风险的有效手段。

在现代商业环境中，营运资金管理与企业经营密不可分。它直接影响着企业的流动性、财务风险和盈利水平。无论是初创期的创业者，还是成熟期的大型企业，都需要认识到有效的营运资金管理对于企业长期发展的关键性作用。通过科学的财务规划和及时的风险管理，企业才可以更好地适应市场变化，提高竞争力，实现可持续发展。因此，企业管理者应当重视并不断完善营运资金管理策略，以确保企业在竞争激烈的商业环境中稳健前行。

第二节　货币资金管理

一、现金管理与流动性管理

（一）概述

现金管理和流动性管理是企业财务管理中的两个重要方面，它直接关系到企业的资金运作和经营稳健性。本节将深入探讨现金管理与流动性管理的概念、重要性，以及它们在企业运作中的作用与关系。

（二）现金管理的概念与重要性

1. 现金管理的定义

现金管理是指企业对现金的收支状况进行有效监控和调配的过程。它包括了现金的储备、支付、收取、投资等方面，旨在确保企业随时能够满足资金需求，避免因资金不足而影响正常经营。

2. 现金管理的重要性

（1）保障日常运营：现金是企业日常运营所需的最直接的支付手段，有效的现金管理可确保企业能够及时支付工资、采购原材料等，维持正常的生产经营。

（2）降低财务风险：适当的现金储备可以帮助企业应对突发的财务风险，如市场波动、经济衰退等，保持资金的安全性和稳健性。

（3）提高抗风险能力：现金管理的灵活性使企业不仅能够更好地应对外部环境的不确定性，还可以提高对经济波动和市场冲击的抗风险能力。

（三）流动性管理的概念与重要性

1. 流动性管理的定义

流动性管理是指企业对其资产与负债之间的流动性进行有效平衡和调配的过程。它关注的是企业在面对各种财务承诺时，能够迅速变现资产以满足支付需求的能力。

2. 流动性管理的重要性

（1）确保支付能力：流动性管理有助于确保企业能够按时履行各类支付承诺，包括供应商账款、贷款本息等，以维护企业的信誉度。

（2）灵活运用资金：通过合理安排资产结构，企业可以更灵活地运用资金，以适应市场变化和业务发展的需要，并且提高资金的使用效率。

（3）防范资金风险：流动性管理有助于防范资金风险，使企业能够更好地应对外部环境的不确定性，避免因资金不足而陷入危机。

（四）现金管理与流动性管理的关系

1. 共同目标

现金管理和流动性管理的最终目标都是确保企业能够随时满足其资金需求。现金管理更注重的是日常的现金收支，而流动性管理则更广泛地考虑了资产与负债的结构和变动。

2. 资金调配

现金管理与流动性管理密切相关，资金调配是它们的重要连接点。通过灵活运用资金，企业可以在保持足够现金储备的同时，也可以优化资产负债结构，提高流动性。

3.风险管理

现金管理和流动性管理都是企业风险管理的组成部分。通过合理配置现金和其他流动性资产,企业可以降低财务风险,确保在面临挑战时能够更好地保持经营的稳健性。

(五)现金管理与流动性管理的挑战与应对策略

1.利率风险

利率的变动可能影响到企业的投资收益和融资成本,对现金管理和流动性管理提出了挑战。企业可以采用套期保值等手段,降低利率波动对资金的不利影响。

2.市场不确定性

市场的不确定性可能会导致资产价格波动,并且影响企业资金的流动性。企业需要在流动性管理中增加足够的弹性,以应对市场的不确定性。

3.政策和法规风险

政策和法规的变化可能对企业的资金流动性产生影响。定期的法规审查和风险评估有助于企业更好地应对外部环境的变化。

现金管理与流动性管理作为企业财务管理的关键环节,共同构成了企业资金运作的基石。它们之间相辅相成,必须确保企业在日常运营和面对市场挑战时都能够灵活、稳健地运用资金。有效的现金管理和流动性管理不仅是企业生存和发展的基础,也是降低风险、提高竞争力的重要手段。企业管理者应时刻关注市场变化,灵活调整资产配置,科学应对风险,以确保企业能够在不同环境下保持弹性和适应性。

在未来的发展中,企业需要不断改进现金管理和流动性管理的策略,根据市场的变化调整资产结构,提高现金周转效率。以下是一些建议。

1.优化现金管理

建立紧密的收款和付款系统:制定有效的收款政策,通过提高应收账款的回笼速度,加快资金流入。同时,优化付款流程,推动延迟付款策略,确保资金能够充分利用。

(1)精细管理库存:通过采用先进的库存管理技术,减少库存持有成本,提高库存周转率,释放资金用于其他投资。

(2)谨慎选择投资项目:在投资决策中要考虑项目的流动性,确保投资不会导致企业长期资金占用。

2.加强流动性管理

(1)多元化融资渠道:不仅依赖于银行贷款,还可以考虑发行债券、吸引投资者、拓展信用渠道等方式,以获取更多的资金来源。

(2)定期进行流动性压力测试:针对不同市场情景进行流动性压力测试,评估企业在不同经济环境下的应对能力,及时调整流动性管理策略。

(3)合理配置短期和长期资产:在资产结构上,要合理配置短期和长期资产,确保短期资产的流动性,以满足短期支付需求。

3. 整合现金管理与流动性管理

（1）制定全面的资金规划：将现金管理和流动性管理纳入全面的资金规划中，确保两者相互协调，共同服务于企业的战略目标。

（2）引入先进的技术和工具：利用信息技术和数据分析工具，更精准地进行现金流和流动性的预测，提高决策的科学性和准确性。

（3）建立紧密的内外部协作机制：在企业内部建立跨部门的协作机制，确保现金管理和流动性管理的信息共享和协同，同时可以与供应商、客户等外部合作伙伴建立紧密的合作关系，降低业务环节带来的风险。

现金管理与流动性管理是企业财务管理中的两大支柱，它们的合理运用直接关系到企业的经营稳健性和可持续发展。随着市场环境的不断变化，企业管理者应保持警觉，不断优化现金管理和流动性管理策略，以适应不同阶段的挑战和机遇。通过精细的管理、科学的规划以及紧密的内外部合作，企业可以更好地应对金融市场的波动，确保资金的安全性、灵活性和最大限度地效益。只有在良好的资金管理基础上，企业才能在竞争激烈的市场中立于不败之地，实现可持续的发展。

二、银行账户管理与支付系统

（一）概述

银行账户管理和支付系统是企业财务管理中至关重要的两个方面，它能够直接影响到企业的流动性、资金安全以及支付效率。本节将深入探讨银行账户管理与支付系统的概念、重要性，以及它们在企业运作中的角色与挑战。

（二）银行账户管理的概念与重要性

1. 银行账户管理的定义

银行账户管理是指企业对其在银行开立的各类账户进行有效监控、规划和操作的管理活动。这包括了资金的收付、账户余额的监控、账户结构的规划等方面。

2. 银行账户管理的重要性

（1）资金安全：通过合理管理银行账户，企业可以有效防范各类风险，来确保资金的安全性。包括监控异常交易、设定账户权限等手段，降低潜在的财务风险。

（2）流动性管理：银行账户管理直接关系到企业的流动性。通过合理规划账户结构、灵活运用不同账户类型，企业可以更好地应对资金的流动需求。

（3）利用银行服务：有效的银行账户管理使企业能够更好地利用银行提供的各类服务，包括电子银行、贷款、投资等，提高企业的财务运作效率。

（三）支付系统的概念与重要性

1. 支付系统的定义

支付系统是指通过各种电子化或非电子化手段，进行资金交易和结算的系统。它涉及企业与供应商、客户之间的支付过程，包括付款方式、支付工具的选择等。

2. 支付系统的重要性

（1）提高支付效率：现代支付系统可以大大提高支付的效率，加快款项的流转速度，降低支付的时间成本，为企业提供更快捷的资金结算服务。

（2）降低运营风险：通过采用安全、高效的支付系统，企业可以降低支付过程中的运营风险，减少错误支付、欺诈等问题的发生。

（3）适应数字化趋势：随着数字化时代的到来，支付系统的创新和升级对企业而言越发重要。采用先进的支付技术，有助于企业更好地适应数字支付、移动支付等新兴趋势。

（四）银行账户管理与支付系统的关系

1. 共同服务企业资金运作

银行账户管理与支付系统共同服务于企业的资金运作。银行账户管理通过合理配置账户结构、监控账户余额等手段，可以确保企业在资金上具有更好的流动性和安全性。而支付系统则是实现企业与外部合作伙伴之间资金流动的关键工具，通过安全高效的支付系统，企业能够更快捷地完成支付与收款。

2. 提升支付效率

银行账户管理与支付系统密切相关，共同为企业提升支付效率。在银行账户管理方面，通过设定账户结构、及时监控账户变动，企业可以更好地规划和管理支付过程。而支付系统的高效性则保障了支付的及时性和准确性，提升了整个支付流程的效率。

3. 数字化时代的协同

在数字化时代，银行账户管理与支付系统的协同变得更为紧密。数字支付工具的不断创新，使企业能够更灵活地进行资金的管理和支付。例如，通过在线银行服务、电子支付方式，企业可以更方便地进行账户查询、支付和资金调配，实现了数字化时代的高效财务运作。

（五）银行账户管理与支付系统的挑战与应对策略

1. 安全风险

随着数字支付的广泛应用，安全风险成为银行账户管理与支付系统的一大挑战。企业需要采取加密技术、多层次的身份验证等手段，以确保支付过程中的信息安全。

2. 技术升级压力

随着科技的迅速发展，银行账户管理与支付系统需要不断升级和创新以适应新技术。企业需要关注技术趋势，及时采用新的支付工具和系统，以提高企业的支付效率。

3. 支付标准不一

不同的地区和行业可能采用不同的支付标准和系统，这可能会导致支付过程中的不一致性和复杂性。企业需要制定统一的支付标准，同时可以了解并遵循各个地区和行业的支付规范。

银行账户管理与支付系统是企业财务管理中不可或缺的两个组成部分。它们共同构成了企业的资金运作和支付体系，其直接关系到企业的流动性、安全性以及运营效率。在现代商业环境中，随着数字化技术的迅速发展，银行账户管理与支付系统的重要性日益凸显。

为了更好地应对挑战并优化管理，企业可以采取以下策略：

1. 提升安全水平

（1）采用高级加密技术：保障在支付过程中的信息安全，采用先进的加密技术，防范数据泄露和黑客攻击。

（2）强化身份验证：在支付系统中加强身份验证，可以通过双因素认证等手段确保支付过程中的真实性，防止非法访问。

（3）定期安全审查：进行定期的安全审查和漏洞扫描，能够及时发现并解决潜在的安全问题，以确保支付系统的稳健性。

2. 跟进技术创新

（1）采用新兴支付工具：关注市场上新兴的支付工具和技术，如数字货币、区块链等，根据实际情况引入适用的支付工具，提高支付效率。

（2）整合在线银行服务：利用在线银行服务，可以实现银行账户的实时监控和管理，更便捷地进行支付和收款，提高财务管理效率。

（3）智能化支付系统：探索智能支付系统，通过人工智能和大数据分析，优化支付流程，提供个性化的支付解决方案，降低支付风险。

3. 统一支付标准

（1）遵循国际支付标准：针对国际贸易或跨境业务，遵循国际通用的支付标准，确保企业在全球范围内的支付操作一致性。

（2）制定内部支付规范：在企业内部建立统一的支付规范，明确各类支付操作的流程和标准，提高支付的规范性和透明度。

4. 加强培训与教育

（1）员工培训：通过培训课程，提高员工对银行账户管理和支付系统的理解与操作熟练度，降低了因人为错误而导致的支付风险。

（2）与银行合作：与银行建立紧密的合作关系，定期邀请银行专业人员进行培训，了解最新的银行服务和支付系统更新。

银行账户管理与支付系统作为企业财务管理的两大支柱，其直接关系到企业的资金运作、支付效率和安全性。在数字化时代，企业需要不断升级技术、优化管理策略，以更好地适应市场变化和提高运营效率。通过安全的支付系统和有效的银行账户管理，企业能够更好地应对风险，实现资金的科学运作，为可持续发展打下坚实的财务基础。因此，企业管理者应时刻关注行业动态，灵活调整策略，确保银行账户管理与支付系统的高效运作，为企业的长远发展提供有力支持。

第三节 其他流动资产管理

一、库存管理与优化

（一）概述

库存管理是企业供应链管理中至关重要的一环节，它直接关系到企业的生产、销售和客户服务。合理的库存管理可以帮助企业降低库存成本、提高资金利用效率，同时可以确保足够的库存以满足市场需求。本节将深入探讨库存管理的概念、重要性，以及如何通过优化手段实现更高效的库存管理。

（二）库存管理的概念与基本原则

1. 库存管理的定义

库存管理是指企业对其拥有的原材料、半成品和成品等存货进行有效监控、计划和控制的过程。其目标是在满足市场需求的前提下，能够最大限度地减少库存持有成本，确保企业资金的合理利用。

2. 库存管理的基本原则

（1）适度持有库存：库存管理要避免过度或不足的情况，确保库存水平在满足市场需求的同时最小化库存成本。

（2）精细计划与预测：基于准确的市场预测和生产计划，有助于减少库存水平的不确定性，提高库存的精细管理水平。

（3）实施 ABC 分类法：将库存按照其重要性分为 A、B、C 等不同类别，有助于重点关注高价值、高销售频率的物料，提高库存管理的效率。

（三）库存管理的重要性

1. 降低库存成本

库存管理的主要目标之一是降低库存成本。通过准确的需求预测、及时的补货和合理的库存水平设定，企业不仅可以降低库存持有成本，还可以减轻对资金的占用压力。

2. 提高资金利用效率

有效的库存管理有助于提高资金的利用效率。通过减少库存水平，企业可以将资金用于更有利可图的投资，提高资金周转率，实现资金的最大化利用。

3. 优化供应链效率

库存是供应链中的一个重要环节，对整个供应链的运作效率有着直接的影响。通过合理的库存管理，可以减少生产与销售环节的不协调，提高供应链的整体效率。

（四）库存管理的挑战与应对策略

1. 不确定的市场需求

市场需求的不确定性是库存管理的一大挑战。企业可以通过加强市场研究、建立灵活的生产计划，能够更好地应对市场需求的波动。

2. 供应链延迟与风险

供应链中的延迟和风险可能导致库存不足或过剩。建立弹性供应链，与供应商建立紧密的合作关系，以及采用物流技术来提高供应链的可靠性。

3. 季节性变化

某些产品在不同季节可能有显著的销售差异，这增加了库存管理的难度。企业可以通过强化季节性需求的预测、采取促销活动等手段来应对季节性变化。

（五）库存优化的策略

1. 采用先进的库存管理系统

借助先进的库存管理系统，可以更精准地进行库存预测、自动化补货、优化库存水平。这有助于提高库存管理的效率，减少人为因素的干扰。

2. 实施定期盘点

定期盘点是确保库存数据准确性的关键步骤。通过定期盘点，可以及时发现并纠正库存记录与实际存货之间的差异，可以减少因库存错误而导致的问题。

3. 采用先进的技术和方法

利用先进的技术，如物联网（IoT）、人工智能（AI）等，可以更好地监控库存状态，实现实时数据的采集和分析，以提高库存管理的智能化水平。

库存管理作为供应链管理中的关键环节，其直接关系到企业的生产、销售和财务状况。通过合理的库存管理，企业可以降低库存成本、提高资金利用效率，从而增强竞争力，以应对市场不断地变化。

在面对不确定性和挑战时，企业需要采取灵活的策略，能够借助先进的技术和系统，实现库存管理的优化。通过不断优化库存管理策略、加强供应链协同，企业可以更好地适应市场的波动，降低库存风险，提高生产运营的效率。

在实施库存管理的过程中，企业可以根据实际情况采取以下措施：

1. 按需生产

采用按需生产的模式，即"Just-In-Time"（JIT），可以减少库存水平。生产和采购将更加紧密地与市场需求相匹配，避免了过度的库存积压。

2. 供应链协同

与供应商建立紧密的合作关系，分享销售数据和需求计划，实现供应链的协同。这有助于减少库存不确定性，提高库存管理的准确性。

3.ABC 分类法

采用 ABC 分类法对库存进行分类，重点关注高价值、高销售频率的物料。通过重点管理关键物料，可以更有效地分配资源，提高库存管理的精细度。

4. 周期性的库存审查

定期进行库存审查，清理滞销、过期或损坏的库存，以确保库存的新鲜度和可用性。这有助于减少库存成本和提高库存周转率。

5. 定价策略

通过差异化的定价策略，促使产品有更稳定的销售，减少因季节性库存积压。合理定价可以平滑销售波动，降低库存压力。

6. 货架管理与布局

对于零售业务，合理的货架管理与布局可以提高产品的可见性，促进销售，减少滞销库存。有效的陈列策略有助于提高库存周转率。

7. 供应链数字化

采用数字化技术，如物联网、大数据分析等，可以实现对库存的实时监控和智能化管理。这有助于更快速地响应市场变化，来提高库存管理的敏捷性。

综合来看，库存管理是企业供应链管理中不可忽视的一环节。通过合理的库存管理，企业可以在保证供应链稳定运作的同时，也可以最大化地减少库存成本。在市场竞争激烈、供应链复杂的环境中，优化库存管理是企业提高运营效率、降低风险的关键步骤。企业应根据自身特点，结合先进技术和科学的管理策略，不断调整和优化库存管理，以适应不断变化的市场需求，实现可持续发展。

二、应收账款管理与风险控制

（一）概述

应收账款管理是企业财务管理中至关重要的一环节，它直接涉及了资金流动、企业信用和风险控制。本节将深入探讨应收账款管理的概念、作用以及如何有效控制与降低相关风险。

（二）应收账款管理的概念与基本原则

1. 应收账款管理的定义

应收账款是指企业出售商品或提供服务后，客户应支付但尚未支付的金额。应收账款管理则是对这些未收回款项进行有效的监控、计划和控制的过程。它包括了应收账款的产生、确认、追踪和催收等多个环节。

2. 应收账款管理的基本原则

（1）合理的信用政策：制定明晰的信用政策，确保客户的信用额度和支付条件得到合理控制，降低坏账风险。

（2）精确的账款确认：及时、准确地确认应收账款，防止虚构销售或延迟确认而导致的财务不实。

（3）高效的催收系统：建立高效的催收流程，确保能够及时追回逾期账款，降低坏账率。

（4）有效的应收账款监控：运用先进的财务工具和系统，实时监控应收账款的情况，及早发现问题并采取措施。

（三）应收账款管理的作用

1. 确保企业流动性

良好的应收账款管理有助于确保企业拥有足够的流动资金，可以支持日常经营和投资需求。有效管理可以缩短资金回笼周期，提高资金周转效率。

2. 降低坏账风险

通过合理的信用政策和催收系统，企业可以降低坏账的风险。及时的信用审查和催收措施可以预防和减少逾期账款，以保障企业的财务安全性。

3. 提高企业竞争力

良好的应收账款管理有助于提高企业的信誉和竞争力。客户对企业的信任程度与其支付记录和信用政策息息相关，优秀的应收账款管理可以树立企业良好的商业形象。

（四）应收账款管理的挑战与风险

1. 信用风险

客户未能按时支付或违约可能会导致的信用风险是应收账款管理中的一大挑战。企业需要建立有效的信用评估体系，严格控制信用额度。

2. 坏账风险

坏账风险是客户无法偿还应收账款的风险，可能由于客户破产、经济不景气等原因引起。企业需要采取措施，如保险、担保等来降低坏账风险。

3. 管理成本

建立高效的应收账款管理系统和催收流程需要一定的成本投入。企业需要在降低风险的同时平衡管理成本，来确保成本效益。

（五）应收账款管理与风险控制策略

1.制定科学的信用政策

建立科学的信用政策，包括客户信用评估、信用额度的设定和支付条件的确定。确保信用政策既能满足客户需求，又能降低信用风险。

2.运用保险和担保

采用信用保险和担保措施，将一部分风险转嫁给第三方，降低坏账风险。这可以提高企业的信心，放宽信用政策。

3.建立严格的催收流程

建立高效的催收流程，确保能够及时追回逾期账款。可以采用电子催收、电话催收等手段，加强对逾期客户的跟踪和催收。

4.采用财务工具和系统

运用财务工具和系统，实现对应收账款的实时监控和分析。这有助于及时发现问题，提高管理效率，降低风险。

应收账款管理与风险控制是企业财务管理中不可分割的一部分。通过建立科学的信用政策、高效的催收流程、采用财务工具和系统等手段，企业可以更好地降低坏账风险，确保流动性，提高竞争力。然而，企业在应收账款管理中需要综合考虑客户关系、市场变化等因素，可以灵活调整策略，以适应不断变化的商业环境。只有在科学合理的框架下，结合实际情况，企业才能更好地应对挑战、降低风险，实现稳健的财务运作和可持续的发展。

（七）未来趋势与发展方向

1.数字化与智能化

未来，随着科技的不断发展，数字化和智能化将成为应收账款管理的重要趋势。企业可以借助大数据分析、人工智能等技术，更精准地进行客户信用评估，优化催收流程，实现对应收账款的智能化管理。

2.区块链技术应用

区块链技术的应用将为应收账款管理提供更加安全、透明的解决方案。通过区块链的不可篡改性和分布式账本，可以提高应收账款交易的可信度，减少欺诈和错误。

3.融合金融服务

金融科技的发展将促使金融服务与企业应收账款管理更加紧密地融合。例如，供应链金融可以通过应收账款作为基础资产，提供更灵活的融资服务，帮助企业更好地应对资金压力。

4.可持续发展

在应收账款管理中，可持续发展的理念也将逐渐受到重视。企业不仅要关注财务指标，还要考虑社会、环境等因素。建立可持续的应收账款管理模式，符合企业的社会责任，有助于提升企业的整体形象。

（八）企业的应对策略

1.不断优化信用政策

企业应不断优化信用政策，结合市场变化、客户需求，灵活调整信用额度、支付条件等，确保既能满足客户需求，又能降低信用风险。

2.加强数据分析能力

通过加强数据分析能力，企业可以更准确地进行客户信用评估，预测付款风险。利用大数据技术，实现对客户行为的深入洞察，提高决策的科学性。

3.建立合作关系

与金融机构建立紧密的合作关系，利用供应链金融等工具，为企业提供灵活的融资服务。这有助于缓解资金压力，提高企业的应对风险的能力。

4.引入新技术

及时引入新技术，如区块链、人工智能等，可以提高应收账款管理的智能化水平。这可以加强交易的透明度，减少人为错误，降低管理风险。

在现代商业环境中，应收账款管理不仅仅是财务管理中的一项任务，更是企业维护财务健康和可持续发展的关键因素。通过科学合理的信用政策、高效的催收流程、数字化与智能化的手段，企业可以更好地控制应收账款管理的风险，来确保资金流动，提高企业竞争力。

未来，随着技术的不断演进和商业环境的变化，企业不仅需要保持敏感性，也需要不断调整策略，通过采用新技术，拥抱创新，以更好地适应未知的挑战。通过科技的应用、战略的调整，企业可以更好地在市场竞争中立于不败之地，实现可持续的发展。

第三章　融资管理

第一节　筹资概述

一、筹资的定义与必要性

（一）概述

在现代商业环境中，企业为了实现发展目标和运营需求，常常需要获取资金。筹资作为一种重要的财务活动，涉及资金的融通与配置，对企业的健康发展至关重要。本节将从筹资的定义、筹资的必要性两个方面展开讨论，深入探究筹资在企业运营中的关键作用。

（二）筹资的定义

1. 筹资的概念

筹资是指企业通过各种手段和渠道获取资金的过程。这些资金可以用于企业的日常运营、扩大生产、研发创新、并购等各个方面。筹资不仅包括企业从外部融资，而且包括内部的资金调配和运用。筹资活动的主要目的是满足企业在经营活动中的资金需求，确保企业的正常运转和发展。

2. 筹资的手段

筹资的手段主要分为内部筹资和外部筹资两大类。

（1）内部筹资

内部筹资是指企业通过自身的经营活动来获取资金。其中包括以下三点。

1）盈利留存：企业通过积累盈余，留存部分利润用于自身的发展和运营。

2）资产处置：企业通过出售或转让资产来获取资金。

3）库存管理：通过优化库存管理，降低资金占用。

（2）外部筹资

外部筹资则是指企业通过外部渠道获取资金，主要包括以下几点。

1）债务融资：通过发行债券或借款等方式，从金融机构或投资者处获得资金。

2）股权融资：通过发行股票，吸引投资者成为企业股东，获取股权资金。

3）政府资金：通过获得政府的财政支持或补贴等方式获取资金。

（三）筹资的必要性

1. 支持业务运营

企业需要资金来支持日常的业务运营活动，包括原材料的采购、员工工资的支付、租金的缴纳等。缺乏足够的资金支持，企业将难以维持正常的经营活动，可能就会导致生产中断、员工流失等问题。

2. 促进业务扩张

筹资对于企业扩张至关重要。当企业计划开拓新市场、扩大生产规模或进行新产品研发时，通常需要大量的资金投入。通过筹资，企业可以获得必要的资本，实现业务的拓展和发展。

3. 提升企业竞争力

在竞争激烈的市场环境中，企业需要不断提升自身的竞争力。筹资可以用于技术创新、产品升级、市场营销等方面，从而使企业在市场中更具竞争力。

4. 应对风险和挑战

商业运作中充满各种不确定性，企业面临的风险和挑战时常不可避免的。有足够的筹资来源，企业就可以更好地应对突发事件、市场波动以及经济不确定性，降低经营风险。

5. 实现财务结构优化

通过适当的筹资手段，企业可以实现财务结构的优化。合理配置债务和股权的比例，降低财务杠杆，有助于提高企业的财务稳定性和偿债能力。

（四）筹资的实施与管理

1. 筹资计划

在筹资过程中，制订合理的筹资计划至关重要。企业需要明确筹资的目的、金额、来源以及还款计划等关键信息，来确保筹资活动的合理性和可行性。

2. 风险管理

筹资涉及一定的风险，包括市场风险、信用风险等。企业在进行筹资时，需要进行全面的风险评估和管理，制定有效的风险对策，确保筹资活动的安全进行。

3. 透明度和合规性

在进行筹资活动时，企业需要保持透明度，可以及时向股东、投资者和监管机构披露相关信息。同时，也能够确保筹资活动的合规性，遵循法规和规范，防范潜在的法律风险。

综上所述，筹资作为企业财务管理中的重要环节，对企业的发展和生存至关重要。通过合理的筹资手段，企业可以获取足够的资金支持，从而顺利实现业务运营、拓展扩张、提升竞争力等目标。然而，企业在进行筹资时，需要注意合理利用内外部筹资手段，进行全面的规划和管理。下面将继续探讨筹资的实施与管理以及一些相关的挑战和趋势。

（五）挑战与趋势

1. 挑战

（1）融资渠道多样性：随着金融市场的不断创新，企业面临更多种类的融资工具和渠道选择，但也需要面对不同融资方式的复杂性和风险。

（2）经济环境波动：全球经济不确定性和周期性波动可能都会对企业的筹资计划产生不利影响，需要更加灵活的财务规划。

（3）信息透明度：投资者和监管机构对企业的信息披露要求不断提高，企业需要提高信息透明度，以获得更好的融资条件。

2. 趋势

（1）绿色融资：随着环境保护和可持续发展的重要性日益凸显，绿色融资成为一种新的趋势，需要企业在筹资时更加关注环保和社会责任。

（2）数字化金融：金融科技的发展使数字化融资工具的使用更加普遍，企业可以通过互联网平台等方式更便捷地进行融资。

（3）社会债务：社会责任投资和社会债务工具的发展，为企业提供了一种更具社会意义的融资选择，有助于建立企业的可持续形象。

筹资是企业经营和发展的必经之路，合理的筹资计划和管理有助于确保企业稳健运营。在筹资过程中，企业需综合考虑内外部筹资手段，合理配置资本结构，降低筹资成本，平衡投资回报与风险。同时，也需要面对日益复杂的经济环境，企业需关注新的挑战和趋势，以不断适应市场变化，保持灵活性和创新性。通过科学的筹资策略，企业可以更好地应对各种挑战，实现可持续发展。

二、筹资与企业规模的关系

（一）概述

企业规模是企业的一个重要特征，通常以经济规模、市场份额、员工规模等方面来进行衡量。企业规模的大小直接关系到企业的生产能力、市场竞争力以及对筹资的需求与途径。本节将从不同规模的企业的筹资需求、筹资方式以及筹资对企业规模的影响等方面展开探讨，以深入分析筹资与企业规模之间的关系。

（二）不同规模企业的筹资需求

1. 小型企业

（1）初创资金需求

小型企业通常在创业初期面临初始资金的需求。这些资金用于购买设备、支付租金、雇佣员工等初创阶段的运营支出。由于小型企业的规模相对较小，通常倾向从创始人、家庭和朋友等身边的资源中筹集资金，这也被称为创业融资。

（2）拓展业务的资金需求

小型企业在发展过程中可能需要扩大业务规模，进入新市场或引入新产品。这时，它们可能就会需要额外的资金进行市场营销、生产能力提升以及团队扩充。小型企业可能会借助小额贷款、天使投资、风险投资等途径来满足这些资金需求。

2. 中型企业

（1）扩大生产规模的资金需求

中型企业通常已经建立了一定的市场份额，但为了满足不断增长的市场需求，它们可能需要扩大生产规模。这可能会涉及新设备的购置、生产线的扩建以及相关的人力资源投入。中型企业可能通过银行贷款、债券发行或者股权融资来获取这些资金。

（2）技术升级和研发投入

中型企业为了保持市场竞争力，可能需要进行技术升级和研发投入。这通常需要大量的资金用于研发团队的建设、技术设备的购置以及新产品的开发。中型企业可能会选择与风险投资者合作，或者通过发行公司债券等方式筹集资金。

3. 大型企业

（1）全球市场拓展的资金需求

大型企业通常具有较强的国际竞争力，但要在全球范围内持续拓展业务，它们需要大规模的资金投入。这可能涉及在海外建设生产基地、开发新产品、进行市场推广等。大型企业可能通过多种途径，包括国际银行贷款、跨国债券发行、股权融资以及与国际投资机构的合作，来满足全球拓展的资金需求。

（2）并购和重组的资金需求

大型企业通常通过并购、重组等方式来实现业务的升级和优化。这需要大量的资金用于收购目标公司、整合资源以及缓解并购后可能出现的财务压力。大型企业可能会通过发行新股、债务融资等方式筹措这些资金。

（三）不同规模企业的筹资方式

1. 小型企业

（1）自有资金和创始人融资

在初创阶段，小型企业可能主要是依赖创始人、家庭成员和朋友的自有资金以及对企业的信任进行融资。这有助于降低融资成本和保持创始人对企业的控制权。

（2）天使投资和风险投资

小型企业在发展过程中可能吸引天使投资者和风险投资者的注资。这些投资者通常具有丰富的创业经验，能够提供资金、导师支持以及业务网络等方面的帮助。

2. 中型企业

（1）银行贷款和债务融资

中型企业通常能够通过银行贷款、发行公司债券等债务融资方式来获得较大规模的资金。这些资金通常用于扩大生产规模、技术升级以及一些长期投资项目。

（2）股权融资

中型企业可能会选择通过股权融资来获取资金，例如发行新股或与投资者进行股权合作。这有助于提高企业的股本，扩大股东基础，同时也能为企业引入更多的战略合作伙伴。

3. 大型企业

（1）国际金融市场融资

大型企业具备在国际金融市场筹措资金的能力，可以通过发行国际债券、参与国际股市融资等方式来获取大规模的资金。这种方式通常需要企业具备较高的信誉度和全球市场的认可度，但也为企业提供了更广泛的融资渠道和更有竞争力的融资条件。

（2）并购融资

大型企业在进行并购活动时，往往需要大量的资金支持。除自有资金外，它们通常会选择通过发行新股、债务融资或者与金融机构合作，以获取足够的资金来进行收购和整合目标企业。

（3）创新金融工具

随着金融市场的不断创新，大型企业也可能利用一些创新的金融工具来进行融资。例如，借助衍生品市场进行风险对冲，或者通过专门的融资工具来满足特定的资金需求，以实现更灵活的财务管理。

4. 筹资对企业规模的影响

1. 小型企业

（1）发展壮大

通过成功的筹资，小型企业有可能加速发展并增大规模。足够的资金支持可以用于产品研发、市场推广，使企业在竞争中占据更有利的地位。

（2）提高生存能力

小型企业常常面临生存压力，而筹资可以提高生存能力。具备一定的资金储备，使企业能够在经济波动和市场变化中更有弹性和抗风险能力。

2. 中型企业

（1）拓展市场份额

中型企业通过筹资，可以更好地投入市场，以争夺更多的市场份额。扩大生产规模、提高品牌知名度，有助于中型企业在行业中取得更显著的地位。

（2）创新能力提升

获得足够的资金支持，中型企业可以增加对研发和创新的投入。这有助于提升企业的技术实力，推动产品和服务的创新，能够更好地适应市场需求。

3. 大型企业

（1）国际化发展

对于大型企业而言，通过筹资可以更好地支持其国际化战略。在国际金融市场融资，有助于大型企业在全球范围内拓展业务，实现更广泛的市场覆盖。

（2）增加并购能力

大型企业通过筹资可以增强其并购能力。具备充足的资金支持，可以更轻松地进行并购活动，获取新的技术、市场份额，实现产业链的优化和整合。

4. 共性影响

（1）提升企业竞争力

无论企业规模的大小，通过筹资都能够提升企业的竞争力。有充足的资金支持，企业可以更好地投入市场，进行产品创新，提升服务质量，从而在激烈的市场竞争中占据有利地位。

（2）优化财务结构

在筹资过程中，企业需要综合考虑债务和股权的结构，以及相关的财务费用。通过合理配置财务结构，企业可以降低财务风险，提高财务灵活性。

筹资与企业规模之间存在密切的关系，不同规模的企业在筹资需求、筹资方式以及筹资对企业规模的影响方面有着差异性性。小型企业通常需要通过创始人融资、天使投资等方式获取初创资金，中型企业则倾向于利用银行贷款、股权融资等途径扩大业务规模，而大型企业则可以通过国际融资、并购融资等手段实现更大规模的发展。

总体而言，筹资对企业规模的影响是多方面的，既包括对企业内部运营的支持，也包括对企业在市场中的竞争力的影响。企业在制定筹资战略时，应该充分考虑自身规模和发展阶段的特点，来选择最适合的筹资方式，以实现可持续的发展目标。在不同规模的企业中，筹资作为财务管理的核心环节，对企业的成功发展具有重要意义。

第二节　企业资金预算管理

一、资金预算的基本原则

（一）概述

资金预算是企业财务管理中的一项关键活动，通过对资金的合理规划和分配，能够确保企业在经营活动中具备足够的流动性，支持各项运营和投资活动的顺利进行。资金预算的制定需要遵循一系列基本原则，以确保预算的科学性、实用性和可操作性。本节将深入探讨资金预算的基本原则，分析在企业管理中的作用和意义。

（二）资金预算的定义和重要性

1.资金预算的定义

资金预算是指企业在一定时期内，可以根据其经营计划和战略目标，对资金的收支情况进行估算和计划的过程。通过资金预算，企业可以清晰了解资金的来源和用途，合理规划和分配资金，以保障企业正常经营和发展。

2.资金预算的重要性

（1）确保企业流动性：资金预算有助于确保企业随时能够满足运营活动的流动性需求，防范资金短缺的风险，维护企业正常经营。

（2）优化资金结构：通过合理的资金预算，企业可以优化其资金结构，降低财务成本，提高资金利用效率。

（3）支持投资决策：资金预算为企业提供了对未来资金需求的清晰认识，有助于制订合理的投资计划，支持企业的战略发展。

（4）提升管理效能：资金预算作为财务管理的一部分，有助于提升企业的管理效能，加强对财务状况的监控和控制。

（三）资金预算的基本原则

1.综合性原则

（1）全面性原则

资金预算应该全面涵盖企业各个方面的资金活动，包括日常运营、投资、融资等，确保对所有资金流向都能够得到充分考虑。

（2）综合性原则

资金预算需要考虑各种因素的综合影响，包括市场变化、经济环境、政策法规等，以确保预算的科学性和合理性。

2.可操作性原则

（1）具体明细原则

资金预算应该具体到各个具体的项目和部门，使其成为操作性强的管理工具，便于实际执行和监控。

（2）可调整性原则

随着外部环境的变化，资金预算应该具备一定的可调整性，能够灵活应对不同情况，以确保企业的财务活动能够适应市场变化。

3.长期性原则

（1）长期规划原则

资金预算不仅要考虑短期内的资金需求，还要根据企业的长期战略规划，对未来较长时期内的资金流动进行充分估算和规划。

（2）持续性原则

资金预算是一个持续性的过程，需要企业在不同时期不断进行修订和更新，以确保与实际情况的契合度。

4.灵活性原则

（1）弹性原则

资金预算应该具备一定的弹性，能够适应不同的经济环境和市场变化，以防范潜在的风险。

（2）多样性原则

在资金预算中应考虑多种筹资和投资方式，以降低企业的财务风险，增加灵活性，提高对市场的适应性。

（四）资金预算的实施步骤

1.制订预算计划

首先，企业需要明确预算的期限，制订具体的预算计划，包括资金的收入和支出。在这一步骤中，需要考虑到企业的战略目标、市场需求以及外部环境的变化。

2.收集信息和数据

收集与资金有关的信息和数据，包括过去的财务数据、市场趋势、经济指标等。这些信息将为预算的制定提供重要的参考依据，确保预算的合理性和科学性。

3.制定具体预算

根据计划和收集的信息，制定具体的预算。这包括日常运营的资金预算、投资计划的资金需求、融资计划等方面。预算要具体到每个项目和部门，必须确保每个环节的资金需求都得到充分考虑。

4.制定实施方案

在制定预算的同时，也需要制定相应的实施方案。这包括明确责任人、制定预算执行的时间表、建立预算执行的监控体系等。实施方案的制定有助于确保预算得以有效贯彻，提高预算的可操作性。

5.定期监控和调整

资金预算的实施不是一成不变的，而是需要定期进行监控和调整。企业应该建立起完善的监控机制，能够及时了解资金执行情况，对比实际和预算的差异，分析原因，并在必要时调整预算，确保其始终符合企业的实际状况和市场环境。

6. 风险管理

在资金预算的实施过程中，企业还需要关注潜在的风险。这包括市场风险、信用风险、利率风险等。通过风险管理，企业可以在预算执行过程中能够更好地应对各种风险，降低潜在损失。

（五）资金预算的作用和意义

1. 提高资金使用效率

资金预算有助于企业合理规划和使用资金，避免出现资金空闲或紧张的情况，提高资金使用的效率。

2. 改善企业财务状况

通过科学制定和实施资金预算，企业可以更好地掌握财务状况，优化资金结构，提高偿债能力，还能改善企业的整体财务状况。

3. 促进经营决策

资金预算为企业提供了对未来资金需求的清晰认识，有助于管理层制定更明智的经营决策，包括投资计划、扩张计划等。

4. 防范风险

通过风险管理和对市场变化的及时反应，资金预算有助于企业预防潜在的财务风险，也能够降低企业的经营风险。

5. 提高企业竞争力

具有科学制定和执行资金预算的企业更能够灵活应对市场变化，更具备投资和创新的能力，从而提高企业的竞争力。

6. 促进企业可持续发展

资金预算作为企业财务管理的一项基本工作，有助于企业在长期内保持良好的财务状况，也可以促进企业的可持续发展。

（六）资金预算的挑战和应对策略

1. 不确定性因素

企业在制定资金预算时，面临市场、经济等因素的不确定性，这可能会导致预算的不准确。应对策略包括加强信息收集、建立预算调整机制，以及合理考虑不确定性因素。

2. 数据准确性

资金预算的准确性依赖收集到的数据，而数据的准确性可能受到内外部因素的影响。企业需要加强数据采集的标准化和验证机制，确保数据的可靠性。

3. 管理层支持和参与度

资金预算的制定需要得到管理层的支持和参与，但在实际操作中，管理层可能缺乏足够的理解和重视。企业应当通过培训和沟通等方式，提高管理层对资金预算的认识和重视程度。

4. 系统建设和技术支持

一些企业可能缺乏先进的财务管理系统和技术支持，这会影响资金预算的制定和实施。企业应该投资于先进的财务管理系统，提升技术支持水平，确保资金预算的科学性和实用性。

资金预算作为企业财务管理的一项重要工作，对于企业的稳健经营和可持续发展具有重要意义。在资金预算的制定过程中，企业需要遵循一系列的基本原则，包括综合性原则、可操作性原则、长期性原则和灵活性原则等。通过明确的实施步骤，包括预算计划、信息收集、具体预算的制定、实施方案的制定、定期监控和调整，企业可以更好地落实资金预算。

资金预算的作用和意义在于提高资金使用效率、改善企业财务状况、促进经营决策、防范风险、提高竞争力以及促进企业可持续发展。然而，在实际操作中，企业还需要面对一系列挑战，包括一些不确定性因素、数据准确性、管理层支持和参与度以及系统建设和技术支持等。通过科学应对这些挑战，企业可以更好地实现资金预算的目标，来确保企业财务管理的稳健性和可持续性。

二、资金预算与战略规划的协同

资金预算和战略规划是企业管理中两个关键的概念，两者的协同作用对于企业的健康发展至关重要。资金预算是对企业在一定时期内资金收支的规划，旨在能够确保企业有足够的资金支持各项运营和投资活动。而战略规划则是企业为实现长期目标而设计的一系列综合性计划，包括市场定位、竞争战略、发展方向等。本节将深入探讨资金预算与战略规划的协同关系，分析两者在企业管理中的互动和相互支持。

（一）资金预算的基本概念和作用

1. 资金预算的定义

资金预算是企业根据其经营计划和战略目标，在一定时期内对资金收支情况进行估算和计划的过程。通过资金预算，企业可以合理规划和分配资金，确保在经营活动中有足够的流动性，支持各项业务运营和投资决策。

2. 资金预算的作用

（1）确保流动性：资金预算有助于确保企业随时能够满足运营活动的流动性需求，避免出现因资金短缺而导致业务中断的情况。

（2）优化资金结构：通过资金预算，企业可以优化资金结构，降低财务成本，提高资金的利用效率。

（3）支持投资决策：资金预算为企业提供了对未来资金需求的清晰认识，有助于制订合理的投资计划，支持企业的战略发展。

（4）提升管理效能：资金预算作为财务管理的一部分，有助于提升企业的管理效能，加强对财务状况的监控和控制。

（二）战略规划的基本概念和作用

1.战略规划的定义

战略规划是企业为实现长期目标而设计的综合性计划。它涵盖了企业的愿景、使命、价值观，以及在未来一段时间内如何应对外部环境、选择市场定位、确定竞争战略、制定发展方向等方面的战略决策。

2.战略规划的作用

（1）明确方向：战略规划不仅有助于企业明确自身的发展方向，还有助于确定未来的战略目标和愿景，为企业提供长期的发展指引。

（2）提高竞争力：通过精心设计的战略规划，企业能够更好地把握市场机会，提高自身在行业中的竞争力。

（3）资源配置：战略规划帮助企业明晰资源配置的重点，确定关键业务领域，有助于更有效地配置人力、物力和财力。

（4）风险防范：战略规划可以帮助企业预测和防范潜在的风险，提前做好准备，还能减轻不确定性带来的影响。

（三）资金预算与战略规划的协同关系

1.互为支持的关系

资金预算和战略规划是互为支持的关系。战略规划确定了企业的长期目标和发展方向，而资金预算为实现这些目标提供了财务支持。战略规划提供了资金预算的依据，而资金预算则为战略的实施提供了保障。

2.资金预算服务于战略目标

资金预算应当紧密服务于战略规划中的目标。例如，在战略规划中明确了市场扩张的目标，资金预算就需要确保有足够的资金用于市场推广、产品开发等支持市场扩张的活动。

3.资金预算与战略决策的协同

在战略规划中的决策通常会影响到资金的需求和分配。企业需要根据战略规划的不同阶段，可以及时调整资金预算，确保能够支持不同阶段战略的有效实施。

4.长期和短期的协同

战略规划往往是长期的，而资金预算涉及更为具体的、短期的财务活动。两者需要协同工作，以确保短期的资金规划与长期的战略目标保持一致，相互支持。

（四）资金预算与战略规划协同的实现方式

1. 共同的信息平台

为了实现资金预算与战略规划的协同，企业需要建立一个共同的信息平台，以确保战略规划中的目标和计划能够无缝对接到资金预算中。这可以通过引入先进的信息技术和财务管理系统来实现，以确保两者之间的信息流通和数据共享。

2. 制订整合计划

企业在制定资金预算和战略规划时，应该考虑到两者之间的关联性。制订一个整合计划，将战略规划中的各项目标和计划与相应的资金需求相匹配，确保在执行过程中有足够的资金支持。

3. 跨部门协同

资金预算和战略规划涉及企业内部的各个部门，需要确保这些部门之间的协同合作。建立跨部门的协同机制，使战略目标的实现不仅仅是一个部门的责任，更是整个企业的共同努力。

4. 联动决策过程

资金预算和战略规划的决策过程应该是联动的，而不是孤立的。在制定资金预算时，要考虑战略规划的方向和目标，以确保资金的分配与战略的实施保持一致。同时，战略规划的调整也应该及时反馈到资金预算中，以保持两者之间的协同。

5. 风险管理的一体化

资金预算和战略规划都需要考虑到潜在的风险，因此在风险管理方面也需要实现一体化。在制定战略规划时，要考虑可能存在的财务风险，而资金预算中的风险管理也需要与整体战略规划相协调，可以形成全面的风险管理机制。

（五）资金预算与战略规划的协同效益

1. 优化资源配置

资金预算与战略规划协同能够帮助企业更好地优化资源配置。战略规划明确了企业未来的发展方向，资金预算则将这一方向转化为具体的财务需求，帮助企业更有效地配置有限的财务资源。

2. 提高执行力

资金预算和战略规划之间的协同关系有助于提高企业的执行力。明确为战略规划提供了清晰的方向，而良好的资金预算确保了在执行过程中有足够的财务支持，从而有效推动战略的实施。

3. 降低财务风险

协同的资金预算和战略规划有助于降低企业的财务风险。在资金预算中的风险管理与战略规划的风险预测相结合，使企业能够更全面地应对各类潜在风险，降低战略实施过程中的财务不确定性。

4. 提升企业竞争力

良好的资金预算与战略规划的协同可以提升企业的竞争力。此为，还有充足的财务支持能够更好地推动创新、市场拓展和产品开发，从而增强企业在市场中的竞争力。

5. 支持可持续发展

资金预算和战略规划的协同关系有助于支持企业的可持续发展。通过财务资源的合理分配，企业能够更好地应对外部变化，保持稳健经营，实现长期可持续发展。

（六）挑战与应对策略

1. 信息不对称

信息不对称可能是资金预算和战略规划协同过程中的一大挑战。为了应对这一挑战，企业需要建立完善的信息共享机制，以确保各部门和层级之间的信息流通畅通无阻。

2. 部门利益冲突

不同部门之间的利益冲突可能影响到资金预算与战略规划的协同。企业应该建立有效的沟通渠道和协同机制，能够协调不同部门之间的利益关系，使战略和资金预算的制定更为统一。

3. 不确定性因素

外部环境的不确定性因素可能对战略规划和资金预算的协同产生影响。企业需要建立敏感度分析模型，及时调整战略和资金预算，以适应外部环境的变化。

4. 组织文化差异

企业组织文化的差异可能妨碍资金预算和战略规划的有效协同。企业应该加强文化建设，促进团队协同工作，可以确保战略规划和资金预算的制定符合组织的共同价值观和理念，以提高协同效率。

5. 技术平台不足

技术平台的不足可能影响到战略规划和资金预算的信息整合。企业需要投资于先进的财务管理系统和战略规划工具，以提升信息处理和分析的效能，确保战略规划与资金预算的协同能够基于准确而及时的数据。

6. 预算管控难度

战略规划中的目标可能受到多方面因素的影响，使资金预算的实施难以精准管控。企业需要建立灵活的预算调整机制，随时能够根据战略目标的调整变化对资金预算进行相应的调整。

资金预算与战略规划的协同关系对于企业的可持续发展至关重要。两者之间的密切合作能够优化资源配置、提高执行力、降低财务风险，从而提升企业的竞争力。为实现资金预算与战略规划的协同，企业需要建立共同的信息平台、制订整合计划、实现跨部门协同、联动决策过程以及整合风险管理。这将有助于形成一个紧密联系、相互支持的财务管理和战略规划体系。

然而，企业在实现资金预算与战略规划的协同时面临一系列挑战，包括信息不对称、部门利益冲突、不确定性因素、组织文化差异、技术平台不足以及预算管控难度等。为应对这些挑战，企业需要采取相应的应对策略，如建立完善的信息共享机制、加强沟通与协调、建设灵活的预算调整机制、投资于先进技术平台等。

但是总体而言，资金预算与战略规划的协同关系不仅是企业管理中的一项必要举措，更是推动企业战略目标实现的关键。通过良好的协同机制，企业能够更好地应对外部环境的变化，实现长期战略目标，提高竞争力，促进可持续发展。

第三节 筹资方式

一、债务融资与股权融资

企业在发展过程中通常需要融资来支持其各项活动，而债务融资与股权融资是两种主要的融资方式。债务融资是通过借款的方式获取资金，企业承诺在未来的某个时点偿还本金和支付利息。而股权融资则是通过发行股票的方式，吸引投资者购买公司的股权。本节将深入比较债务融资与股权融资的特点、优劣势，并探讨在不同情境下的应用和选择。

（一）债务融资的特点与优劣势

1. 债务融资的特点

（1）固定回报：债务融资的投资者是债权人，企业对支付固定的利息，并承诺在债务到期时偿还本金。这为投资者提供了相对稳定的回报。

（2）债务成本：利息是债务融资的主要成本，而这一成本通常是可在企业税前扣除的，有助于降低企业的税负。

（3）债务杠杆：债务融资可以增加企业的资本结构中的债务部分，从而提高杠杆比率。适度的债务杠杆可以增加资本的效率，但也带来了财务风险。

2. 债务融资的优劣势

（1）优势

1）稳定回报：债务融资的利息是固定的，不受企业盈利状况的影响，为投资者提供相对稳定的回报。

2）维持控制权：债务融资不涉及股权的转让，企业可以保持对自身的控制权。

3）税收优惠：利息支出通常是可在企业税前扣除的，有助于降低企业税负。

（2）劣势

1）偿债压力：债务需要在规定的时间内偿还，企业必须承担偿还本金和支付利息的压力，尤其在经济不景气或企业盈利下滑时，可能增加偿债风险。

（2）固定成本：利息是固定成本，与企业盈利能力无关，可能导致财务负担过重，尤其是在营收波动大的行业。

（二）股权融资的特点与优劣势

1. 股权融资的特点

（1）权益投资：股权融资的投资者成为公司的股东，享有一定比例的所有权，并参与公司的经营决策。

（2）无固定回报：与债务融资不同，股权投资的回报并不固定，而是与公司的盈利情况和股价的涨跌有关。

（3）永久性融资：股权投资没有到期日，投资者持有股票的时间是不限的，因此属于永久性融资。

2. 股权融资的优劣势

（1）优势

1）无偿债压力：与债务融资不同，股权融资不需要在特定时间偿还本金或支付固定利息，这降低了企业的偿债压力。

2）灵活性：股权融资提供了更大的灵活性。股东没有固定的权益要求，而且他们与企业的关系更为灵活，投资者对公司的参与程度可以根据协议进行调整。

3）分享风险：股权融资使投资者与企业共担风险，特别是在经济不景气或企业面临困境时，投资者愿意分享风险，也在一定程度上减轻了企业的财务负担。

（2）劣势

1）失去控制权：股权融资可能导致企业管理层失去一部分控制权，因为股东有权参与公司的决策。

2）未来分红压力：股东有权分享公司的利润，未来可能就会需要支付股息或分红，增加了企业财务负担。

3）市场波动：股权融资的回报与市场的股价波动有关，股东的权益可能会受到市场的影响而波动。

（三）债务融资与股权融资的选择因素

1. 公司财务状况

公司的财务状况是选择债务融资还是股权融资的关键因素之一。如果公司具有稳健的财务状况，则盈利能力强，债务融资可能是一个较为合适的选择。而财务状况较弱的公司可能更倾向股权融资，主要是减轻偿债压力。

2. 偿债能力

公司的偿债能力是选择债务融资的重要考虑因素。企业需要评估自己未来的现金流状况，以确保能够按时偿还债务，避免出现财务危机。如果偿债能力较强，债务融资可以成为获得廉价资金的有效途径。

3. 控制权考虑

如果企业创始人或管理层希望保持对公司的控制权，债务融资可能是更好的选择，因为它不涉及股权的转让。相反，如果他们愿意分享决策权，那么股权融资可能是更合适的选择。

4. 行业特点

不同行业的特点也会影响融资方式的选择。例如，对于研发型公司，其盈利周期可能较长，债务融资的偿还期限可能紧张，而股权融资则更符合其发展特点。

5. 税收影响

税收政策对融资方式的选择也有较大影响。在一些地区，利息支出可以作为税前扣除的支出，这使债务融资在税收方面具备优势。所以企业需要仔细评估税收政策对两种融资方式的影响。

（四）债务融资与股权融资的结合应用

1. 混合融资结构

很多企业采取混合融资结构，既通过债务融资获取负债，又通过股权融资引入股东。这种方式既可以充分利用债务融资的税收优势，又能够分散风险、提高灵活性。

2. 阶段性应用

企业在不同的发展阶段可能选择不同的融资方式。初创期通常更倾向股权融资，因为此时盈利能力尚不明确，吸引投资者通过股权参与公司的发展。随着企业成熟，债务融资可能成为融资结构的一部分，以获取一些相对廉价的资金。

3. 项目融资

对于一些特定项目，企业可以选择采用项目融资的方式，即为特定项目发行债务或股权，以获取与该项目相关的资金。这有助于降低整体融资成本，同时可以确保资金专门用于特定目的。

债务融资与股权融资是企业融资中两种主要的方式，它们各有优劣势。债务融资提供了固定的利息成本和维持企业控制权的优势，但也带来了偿债压力和财务风险。股权融资具有无固定回报、灵活性和分享风险的优势，但可能会导致企业失去一定的控制权。

在选择融资方式时，企业需要综合考虑自身的财务状况、偿债能力、对控制权的考虑以及行业特点等因素。在实际应用中，许多企业采取混合融资结构，并根据不同阶段和项目的需要选择合适的融资方式。合理的融资结构能够更好地平衡债务和股权融资的优势，以降低企业的财务风险，提高资金使用的灵活性。

此外，企业在决策时应该密切关注市场环境、税收政策以及行业发展趋势等外部因素。不同的时期和环境可能对债务和股权融资的适用性产生影响，因此及时调整融资策略是保持企业财务健康的关键。

总体而言，债务融资与股权融资并非对立的选择，而是应该根据企业自身情况和需求进行合理搭配。在融资决策中，企业需要谨慎评估自身的财务状况、未来发展计划以及市场环境，确保选择的融资方式符合企业长期发展的战略目标。通过灵活应用不同的融资工具，企业能够更好地实现资本结构的优化，推动业务发展，提高竞争力，实现可持续发展。

二、短期融资与长期融资

企业在经营过程中需要用不同形式的融资来支持其日常经营和长期发展。短期融资和长期融资是企业融资中的两种主要方式，它们在期限、用途、成本等方面存在显著的差异。本节将深入比较短期融资和长期融资的特点、优劣势，并探讨在不同情境下的应用和选择。

（一）短期融资的特点与优劣势

1. 短期融资的特点

（1）期限短暂：短期融资的主要特点是借款期限相对较短，通常在一年以内，包括但不限于短期贷款、商业票据等。

（2）应急性强：短期融资通常用于应对短期经营资金需求，如应付账款、季节性生产经营等，具有灵活性和迅速获取资金的特点。

（3）利率较低：由于期限较短，借款方能够更迅速地还款，风险相对较低，因此利率通常相对较低。

2. 短期融资的优势与劣势

（1）优势

1）灵活性强：短期融资适用于企业短期资金需求，其灵活性使企业能够更迅速地获取资金，应对突发资金需求。

2）成本相对较低：由于期限短，短期融资的成本相对较低，适用于短期项目或资金周转。

3）减轻负担：由于还款期限较短，企业在短时间内能够迅速还清债务，减轻了长期负担。

（2）劣势

1）偿还压力：短期融资的还款期限较短，可能会导致企业在短时间内需要集中还款，增加了还款的压力。

2）不适用于大额资金需求：对于需要较大额度资金的项目，短期融资可能不适用，因为其融资额度通常较小。

3）无法满足长期资金需求：对于企业的长期投资和发展计划，短期融资并不能提供足够的资金支持。

（二）长期融资的特点与优劣势

1. 长期融资的特点

（1）期限较长：长期融资的借款期限通常超过一年，包括长期贷款、债券发行等。

（2）用途广泛：长期融资适用于企业的长期投资和发展计划，如购置固定资产、扩大生产规模等。

（3）利率较高：由于期限较长，长期融资的利率通常相对较高，反映了更长时间内的资金使用成本和风险。

2. 长期融资的优势与劣势

（1）优势

1）适用于大额资金需求：长期融资适用于企业需要大额资金投入的项目，如新厂建设、技术研发等。

2）降低偿还压力：由于还款期限较长，长期融资降低了企业在短时间内偿还债务的压力，使企业能够更灵活地安排还款计划。

3）资金成本相对较低：长期融资的利率相对较高，但由于较长的借款期限，企业能够分摊利息支出，从而在每期还款中承担较低的资金成本。

（2）劣势

1）资金使用灵活性较低：由于长期融资的借款期限较长，企业在一段时间内需要承担较长的还款责任，还降低了资金的使用灵活性。

2）更高的利息成本：由于期限较长，长期融资的利率通常较高，企业在长期内需要支付更多的利息，增加了融资成本。

3）较高的融资风险：长期融资可能面临更多的不确定性和风险，如利率波动、市场变化等，对企业的经营和财务状况提出了更高的要求。

（三）短期融资与长期融资的选择因素

1. 资金需求用途

企业在选择融资方式时，首先需要考虑资金的具体用途。如果是应对短期经营资金需求，那么短期融资可能更为合适；而如果是用于长期投资和发展项目，那么长期融资则更具有优势。

2. 企业财务状况

企业财务状况是选择融资方式的重要考虑因素。如果企业财务状况相对稳健，有足够的偿债能力，较低的财务风险，则更容易获得长期融资；相反，若财务状况相对薄弱，可能更适合选择短期融资。

3. 市场利率水平

市场利率的水平对短期融资和长期融资的选择也有很大影响。在市场利率较低的情况下，长期融资的成本相对较低，可能更受企业青睐；而在市场利率上升时，短期融资的灵活性和相对较低的成本可能更有优势。

4. 行业特性

不同行业的特性也会影响相应融资方式的选择。对于需要频繁调整资金以适应市场波动的行业，则短期融资可能更合适；而对于长期项目多、资金使用相对固定的行业，则长期融资可能更适用。

5. 风险偏好

企业对风险的偏好也是选择融资方式的关键因素。对于风险偏好较低、更注重稳定性的企业，可能更倾向选择长期融资，以降低短期波动带来的不确定性；而风险偏好较高、更注重灵活性和短期回报的企业可能会更愿意选择短期融资。

（四）短期融资与长期融资的结合应用

1. 匹配资金用途

企业在实际应用中可以根据资金用途的不同，可以灵活选择短期融资和长期融资的组合。例如，对于经营性资金需求，可以选择短期融资；对于固定资产投资和长期项目，可以选择长期融资。

2. 制订合理的融资计划

企业可以根据自身的发展战略和资金需求，制订合理的融资计划。通过合理分配短期和长期融资的比例，使其更好地适应企业的资金结构和运营需求。

3. 制定风险管理策略

对于市场波动和风险的管理，企业需要制定相应的策略。在短期融资和长期融资的选择上，可以根据市场情况和公司风险承受能力，而采取适当的组合，以降低潜在风险。

短期融资和长期融资是企业融资中的两种主要方式，它们各自具有一系列的特点、优劣势，适用于不同的企业情境和资金需求。在实际应用中，企业应根据自身的财务状况、资金用途、市场环境以及风险偏好等因素，能够综合考虑选择合适的融资方式或其组合。

灵活运用短期融资和长期融资，制订合理的融资计划，有助于企业更好地满足不同期限和用途的资金需求，降低融资成本，提高资金使用效率。以下是一些总体的建议和结论。

1. 建议

（1）根据资金用途选择融资方式：对于短期性、紧急性的资金需求，可以选择短期融资，以满足企业日常运营资金的需求。而对于长期投资和发展计划，长期融资更为适用。

（2）综合考虑融资成本与灵活性：在选择融资方式时，企业需要综合考虑融资成本和资金使用的灵活性。短期融资成本较低，但灵活性更高；而长期融资成本相对较高，但有助于降低偿还压力。

（3）定期评估市场环境和财务状况：由于市场环境和企业财务状况的变化，一般建议企业定期评估融资计划，根据实际情况调整短期和长期融资的比例，以适应外部环境的变化。

（4）灵活运用混合融资结构：对于一些中小型企业，可以灵活运用混合融资结构，既包括短期融资，又包括长期融资，以更好地平衡资金结构，还能兼顾灵活性和成本效益。

2. 结论

短期融资和长期融资各有其独特的优劣势，但并非对立的选择，而是可以根据企业的具体需求和情境进行合理搭配。企业在融资决策中应该根据资金用途、财务状况、市场环境以及风险承受能力等因素进行综合评估，可以制订符合自身发展战略的融资计划。

在实际应用中，企业需要根据经营计划、投资规划以及市场预测等方面的信息，制定清晰的融资策略。能够定期进行融资计划的评估和调整，及时应对市场变化，是企业保持财务健康和灵活性的关键。

总体而言，短期融资和长期融资的合理运用有助于提高企业的资金管理水平，确保企业在不同经济环境下能够灵活应对，实现可持续发展。

第四节　资本成本

资本成本是企业为获取资金而支付的成本，它在企业的投资决策中扮演着重要的角色。资本成本直接影响到投资项目的可行性和盈利能力，因此，深入理解资本成本与投资决策之间的关联对企业的长期发展至关重要。本节将探讨资本成本在投资决策中的作用、影响投资决策的因素，以及如何优化资本成本以支持更有效的投资决策。

一、资本成本在投资决策中的作用

1. 决定投资项目的可行性

资本成本是企业投资决策中至关重要的一个因素。当企业考虑投资新项目或扩大现有业务时，就需要评估投资项目的可行性。资本成本直接影响到投资项目的现金流量，进而影响着项目的净现值（NPV）、内部收益率（IRR）等财务指标。通过计算这些指标，企业可以评估投资项目是否值得进行，资本成本的高低直接关系到了项目的经济效益。

2. 影响项目的融资结构

资本成本不仅与权益资本相关，还与债务资本有着直接的联系。企业在进行投资决策时，需要考虑如何融资项目。资本成本的高低将直接影响到企业选择权益融资还是债务融资，以及两者的比例。不同的融资结构会对项目的风险和资金成本产生重要影响。

3. 支持投资项目的持续发展

资本成本还与企业的持续发展密切相关。通过优化资本结构和有效控制资本成本，企业可以更好地支持投资项目的实施，并确保项目的长期盈利能力。资本成本的降低意味着更高的资本效益，有助于企业在市场竞争中占据优势地位。

二、影响投资决策的因素

1. 资本成本水平

资本成本的水平能够直接影响到投资项目的现金流量和财务指标。较低的资本成本意味着更低的融资成本，提高了项目的净现值和内部收益率，使投资更有吸引力。

2. 预期市场回报率

预期市场回报率是投资者要求的最低回报率，也是资本成本的一个参考。当预期市场回报率较高时，企业需要支付更高的成本来获取资金，从而提高了项目的资本成本。

3. 项目风险

不同的投资项目具有不同的风险水平。风险较高的项目可能需要支付更高的资本成本，以吸引投资者对项目进行融资。企业在投资决策中需要充分考虑项目的风险，以确定适当的资本成本水平。

4. 融资结构

企业的融资结构对资本成本有直接的影响。债务融资通常具有较低的成本，但伴随较高的财务风险。权益融资虽然成本较高，但可以降低财务杠杆。企业还需要根据项目的性质和市场条件，灵活选择合适的融资结构。

5. 税收政策

税收政策是影响债务资本成本的关键因素。在通常情况下，利息支出是可以在税前扣除的，因此债务融资的税收优惠有助于降低债务资本的实际成本。企业在投资决策中需要考虑当前的税收政策对资本成本的影响。

6. 市场环境

市场环境的变化也会对资本成本产生影响。经济周期、行业竞争状况、货币政策等因素都可能会导致市场利率的波动，从而影响到企业的融资成本。企业需要密切关注市场变化，以便灵活调整资本成本的预期。

三、优化资本成本以支持更有效的投资决策

1. 优化融资结构

通过合理配置权益和债务的比例，企业可以实现融资结构的优化。合理的融资结构能够降低资本成本，提高项目的融资效益。企业应该综合考虑融资结构的风险和收益，从而选择最适合自身情况的方案。

2. 提高公司治理水平

良好的公司治理有助于提高企业的信誉，降低投资者的风险预期，进而降低权益资本的成本。企业应该加强公司治理，以确保透明度、公正性，并建立健全的内部控制机制，以提高投资者对企业的信任度，降低企业的融资成本。

3. 制定科学的投资评估体系

企业在进行投资决策时，应该建立科学的投资评估体系，包括细致的财务分析、风险评估、市场前景等方面的考量。通过对项目的全面评估，企业能够更准确地估算项目的未来现金流，并更好地确定项目的合理资本成本。

4. 多元化融资渠道

企业应该灵活运用不同类型的融资工具，包括股权融资、债务融资、银行贷款、债券发行等。通过多元化融资渠道，企业可以更好地适应市场的变化，降低融资成本，并提高融资的灵活性。

5. 注重财务杠杆管理

财务杠杆是企业债务与权益的比例，对资本成本有直接的影响。合理管理财务杠杆，以确保管理债务水平在企业承受范围内，有助于降低总体资本成本。企业在制定财务杠杆策略时，需要综合考虑债务成本、财务风险和投资回报等因素。

6. 持续监控市场条件

市场条件的不断变化可能影响资本成本的水平。企业应该持续监控市场利率、行业竞争、通货膨胀率等因素，以便及时调整资本成本的预期。通过对市场条件的敏感性分析，企业能够更好地应对不确定性，制定更具弹性的资本成本策略。

第四章 投资管理

第一节 投资概述

一、投资的定义与分类

投资是指将资金或其他资源投入到特定的资产或项目中，以期望在未来获得收益或回报的行为。投资是一个权衡风险与回报的过程，它涉及资本的配置和管理。投资的目的通常是增值资产、实现财务目标或获得未来的经济利益。投资可以分为多种类型，包括金融市场投资、房地产投资、创业投资等。

（一）金融市场投资

1. 股票投资

股票投资是指购买公司的股票，成为公司的股东。股票投资的回报主要来自股价的上涨和分红，但也伴随市场波动和风险。投资者需要关注公司的财务状况、行业前景等因素。

2. 债券投资

债券投资是指购买债券，成为债务的持有者。债券投资的回报来自利息收入和债券到期时的本金返还。相较于股票，债券通常风险较低，但回报也相对较稳定。

3. 衍生品投资

衍生品包括期货合约、期权等金融工具，其价值源于标的资产的变动。衍生品投资通常具有较高的杠杆效应，会带来更高的回报和更大的风险。

（二）房地产投资

1. 商业地产投资

商业地产投资涉及购买和管理商业用途的房地产，如写字楼、购物中心等。回报主要来自租金和资产值的增长。

2. 住宅地产投资

住宅地产投资是指购买和管理住宅用途的房地产，如公寓、别墅等。回报主要来自租金和房价的涨幅。

（三）创业投资

创业投资是指投资者向初创企业提供资金，以换取股权或期权。创业投资的回报与公司的成功紧密相关，有较高的风险。

（四）天使投资

天使投资是指个人投资者为初创企业提供早期资金支持，通常在企业刚刚起步阶段投资。天使投资者除提供资金外，还可能为企业提供经验和导师支持。

（五）其他投资形式

1. 外汇投资

外汇投资是指投资者参与国际货币市场，通过汇率的变动来获取利润。外汇市场的波动性较大，需要投资者具备较高的风险意识和市场分析能力。

2. 大宗商品投资

大宗商品投资包括黄金、原油等自然资源的投资。大宗商品价格受全球经济和政治因素影响，投资者需要密切关注市场动态。

无论是哪种类型的投资，投资者在做出决策时需要考虑以下因素。

（1）风险承受能力：不同的投资类型具有不同的风险水平，投资者需要根据自身的风险承受能力做出相应的选择。

（2）市场分析：投资者需要对相关市场进行深入的研究和分析，了解市场趋势、行业前景等因素。

（3）财务状况：投资者应评估个人财务状况，以确保有足够的资金用于投资，并能够承受潜在的亏损。

（4）投资目标：不同的投资目标可能需要采取不同的投资策略，例如追求长期增值或短期收益等。

（5）市场流动性：投资者需考虑所选择投资的市场流动性，以确保能够在需要时轻松买卖资产。

（6）全球经济环境：全球经济和政治状况对投资市场有着深远的影响，投资者需要关注国际宏观经济因素，以便更好地理解市场的整体走势。

（7）管理团队：对于股票、创业投资等形式的投资，管理团队的素质和经验是一个关键因素。一个优秀的管理团队有可能推动企业的发展，从而影响投资的回报。

（8）税收影响：投资决策还需要考虑税收因素。不同类型的投资可能有不同的税收规定，投资者需要了解并合理规划税务策略。

（9）通货膨胀：通货膨胀对投资的影响也是重要的考虑因素。一些投资可能能够对抗通货膨胀，而另一些则可能受到较大影响。

（10）技术和创新：特别是在金融市场和创业投资领域，技术和创新的发展可能对投资产生深远的影响。了解行业的前沿技术和创新动态有助于做出更具前瞻性的投资决策。

（11）社会和环境因素：投资者越来越关注企业的社会责任和环境可持续性。一些投资者可能更倾向支持符合社会和环保标准的企业，这也是影响投资决策的因素之一。

（12）投资周期：不同类型的投资可能适合不同的投资周期。长期投资者可能更关心长期增值，而短期投资者可能更关注短期收益。

投资与风险息息相关，因此风险管理是投资过程中至关重要的一环节。以下是一些常见的风险管理策略。

（1）分散投资：将资金分散投资于不同的资产类别、行业或地区，有助于降低一定风险。

（2）定期投资：采用定期投资策略，不仅可以减缓市场波动对投资组合的影响，还可以平均购买成本。

（3）止损：设定合理的止损点，及时割肉以限制亏损，是一种有效的风险管理方法。

（4）保险工具：使用一些金融衍生品或保险产品，可以帮助投资者在特定情况下保护资产。

（5）深入研究：充分了解投资标准，包括公司的财务状况、行业前景等，有助于降低由于信息不足而带来的风险。

（6）灵活调整：随着市场变化，投资者需要灵活调整投资组合，以适应新的市场环境。

（7）持续学习：不断学习和更新投资知识，了解市场动态，有助于投资者更好地做出决策。

投资作为一种复杂而又充满挑战的行为，需要投资者具备丰富的知识和良好的决策能力。在不同类型的投资中，风险和回报的权衡是一个永恒的主题。通过深入了解各类投资形式、谨慎分析市场和制定科学的风险管理策略，投资者可以更好地应对市场的波动，实现自身的财务目标。在投资的过程中，持续学习和不断改进投资策略是投资者取得成功的关键。

二、投资与企业价值的关系

投资与企业价值之间存在密切的关系，投资是企业实现价值增长的关键驱动力之一。企业价值通常通过多个方面体现，包括股东权益、市值、盈利能力等。本节将深入探讨投资与企业价值的相互关系，并介绍在投资过程中如何影响和评估企业的价值。

（一）投资对企业价值的影响

1. 资本注入与扩张

投资是企业获得资本的主要途径之一，通过股权融资、债务融资等方式，企业可以获得更多的资金来用于扩大规模、开展新的业务或进行研发。资本注入有助于提高企业的生产能力和市场份额，从而在长期内对企业价值产生积极影响。

2. 提升企业盈利能力

良好的投资决策有助于企业提升盈利能力。投资可以用于引入新的技术、提升生产效率、拓展市场份额等，从而增加企业的销售收入和盈利水平。通过有效的资本配置，企业可以实现成本控制，提高竞争力，最终对企业价值产生正面影响。

3. 提高企业市值

投资也直接关联到企业的市值。市值是企业在股票市场上的总体估值，受到市场对企业未来盈利潜力的认可和期望的影响。良好的投资决策、稳健的经营管理能够提高市场对企业的信心，进而提升企业的市值。

4. 投资者信心与企业声誉

投资者对企业的信心和对企业的投资决策息息相关。一家企业如果能够通过透明的财务报告、良好的治理结构和有益的社会责任实践，提升投资者对企业的信心，那么它很可能会更容易获得投资，并在市场上取得更高的估值。良好的企业声誉和社会责任履行也会对投资者的投资决策产生积极的影响。

（二）投资者视角下的企业价值评估

1. 财务指标分析

投资者在评估企业价值时通常会关注一系列的财务指标，如利润增长率、ROE（股东权益回报率）、毛利率等。这些指标能够提供企业在财务维度上的表现，并为投资者提供决策的依据。

2. 现金流量分析

现金流是企业生存和发展的关键。投资者会关注企业的自由现金流，以确保企业有足够的现金来支付债务、分红、进行投资等。稳健的现金流管理对于提高企业价值至关重要。

3. 行业地位和竞争力

企业所处的行业地位和竞争力也是投资者需要考虑的重要因素。在同一行业中，领先的企业通常更有可能产生持续的盈利和稳健的财务状况，进而对其市值和企业价值产生正面影响。

4. 长期战略规划

投资者关注企业的长期战略规划，以判断企业是否有清晰的成长路径和发展方向。

有着良好长期战略规划的企业更容易获得投资者的信任，从而提升其企业价值。

5. 风险管理

投资者也会关注企业的风险管理能力。一家能够有效管理各类风险的企业，包括市场风险、运营风险、法律风险等，则更有可能受到投资者的青睐。

（三）企业如何提升投资价值

1. 持续创新

企业需要保持对市场和技术的敏感性，持续进行创新。创新可以通过研发新产品、优化服务、提升生产效率等形式实现。持续创新有助于提高企业的市场份额，增强竞争力，从而推动企业价值的增长。

2. 良好的治理结构

良好的公司治理结构对于投资者来说是一个重要的信号。透明、负责任、独立的治理结构有助于降低投资风险，提高投资者信心，从而提升企业的价值。

3. 持续改善财务状况

企业需要保持财务状况的稳健和持续改善。通过合理的财务规划和管理，确保企业有足够的流动性，降低财务杠杆，提高企业的偿债能力，从而增强企业的投资吸引力。

4. 有效的风险管理

企业需要建立健全的风险管理体系，全面了解和管理各类风险，包括市场风险、操作风险、法规风险等。有效的风险管理有助于降低不确定性，提高企业的抵御能力，从而增强投资者对企业的信任，推动企业的投资价值。

5. 持续改善运营效率

高效的运营是提高企业价值的关键。通过不断改善运营流程、采用先进的生产技术、控制成本等手段，企业能够提高生产效率，降低经营成本，从而提升企业的盈利能力和投资价值。

6. 积极履行社会责任

企业的社会责任履行不仅对社会有积极的影响，还有助于提升企业的声誉和形象，对投资者产生正面影响。投资者越来越关注企业的可持续性和社会责任，因此积极履行社会责任有助于吸引更多的投资，以提高企业的投资价值。

7. 战略合作与收购

通过战略合作和收购，企业可以扩大市场份额、整合资源，提升竞争力。这种战略性的行动有助于增值企业，对于投资者来说，合理且成功的战略合作和收购往往意味着更多的市场机会和潜在的价值增长。

（四）投资与企业价值的挑战

尽管投资对企业价值有积极影响，但也面临一些挑战：

1. 不确定性与风险

投资往往伴随市场的不确定性和各种风险。市场波动、经济衰退、政治不稳定等因素可能对投资产生负面影响。企业需要在高度不确定的环境中做出战略决策，以提高对风险的应对能力。

2. 资本市场的变化

资本市场的变化对企业的估值和融资能力产生了直接影响。股价波动、利率变化等因素可能导致企业市值的波动，从而影响企业价值。企业需要灵活应对资本市场的变化，并制定相应的财务策略。

3. 长期价值创造的压力

投资者往往关注企业的长期价值创造能力。企业需要在持续竞争的环境中不断提升自身的创新能力、市场占有率、盈利水平等，以保持或提高其长期价值，从而留住投资者。

4. 竞争激烈

在全球化和数字化的时代，企业面临激烈的市场竞争。为了保持竞争力，企业需要不断适应市场变化、迎接新的挑战。对企业来说，如何在竞争中脱颖而出，提升自身价值，是一个重要的问题。

5. 管理挑战

企业需要有效的管理团队来执行战略和决策。管理团队的能力、领导力、战略眼光等因素会对企业的发展和投资者的信心产生深远的影响。管理层需要面对各种挑战，包括人才管理、组织变革、技术升级等。

综合来看，投资与企业价值之间存在着紧密的关系。投资是推动企业价值增长的关键因素之一，而企业的长期价值创造也会影响投资者的投资决策。企业通过持续创新、有效的运营、战略合作等方式，以提升自身的投资价值。然而，企业在面对市场挑战、竞争压力、管理困难等方面时也需要时刻保持敏锐的洞察力，灵活应对各类风险，以确保企业价值的持续增长。在这个相互关联的过程中，企业和投资者共同构建了一个互利共赢的生态系统。

第二节 固定资产投资整体预测

一、固定资产投资的规划与管理

固定资产投资是企业在生产经营中为了长期使用、积累价值的资产投资，包括土地、建筑物、设备、机械等。固定资产投资规划与管理对于企业的长远发展和经济效益至关重要。本节将深入探讨固定资产投资的规划与管理，包括投资规划的步骤、固定资产的选择与购置、资产管理与维护等方面，以帮助企业更有效地进行固定资产投资。

（一）固定资产投资规划的步骤

1.定义投资目标

在进行固定资产投资规划时，首先需要明确投资的目标。企业可能追求提高生产效率、扩大市场份额、降低生产成本等不同的目标，因此在规划过程中需要明确投资的具体目的，以便更好地指导后续决策。

2.分析市场需求和行业趋势

在明确投资目标的基础上，企业需要进行市场分析，了解市场需求和行业趋势。这有助于确定投资的方向和规模，确保固定资产的投资与市场需求相匹配，避免投资过剩或不足。

3.制定投资预算

根据投资目标和市场分析，制定合理的投资预算。预算应包括固定资产的购置成本、相关设备的安装费用、培训费用、预计的维护和保养费用等各项支出，以确保投资的全面考虑。

4.评估资金来源

确定投资预算后，企业需要评估资金来源。资金可以来自自有资金、债务融资、股权融资等多种途径，企业需要根据自身财务状况和资本结构来选择合适的融资方式，以确保资金的可持续性和合理性。

5.进行风险评估

在制定固定资产投资规划时，企业需要进行风险评估，识别可能影响投资实施和效果的风险因素。这包括市场风险、技术风险、政策风险等，通过评估风险，企业可以采取相应的风险管理策略，从而降低投资的不确定性。

6.制订实施计划

最后一步，企业需要制订详细的实施计划。实施计划应包括项目启动时间、各项工作的时间节点、责任人的分工、投资进度的监测和评估等内容。以确保规划的顺利实施，实现投资目标。

（二）固定资产的选择与购置

1.技术与设备选型

在进行固定资产投资时，技术与设备的选型至关重要。企业需要根据生产需求和技术水平选择适当的设备，以确保其具备先进的生产技术、高效的性能，同时要考虑设备的可维护性和升级性，以降低未来的运营成本。

2. 市场调研与供应商选择

在选择固定资产时，进行市场调研是不可或缺的一步。通过对市场上相关设备的供应商、品牌、价格等进行全面的比较，企业可以选择出性价比较高的固定资产，并与供应商建立合作关系，以确保设备的质量和售后服务。

3. 考虑环保和可持续性

随着社会对环保和可持续性的关注日益增强，企业在固定资产投资时也需要考虑设备的环保性。选择符合环保标准、能源效率高的设备有助于企业降低对环境的影响，提高企业的社会责任感。

4. 资产生命周期成本

除了购置成本，企业还需考虑固定资产的生命周期成本，包括设备的运营成本、维护费用、升级成本等。全面了解资产生命周期成本有助于企业更全面地评估投资回报，并在长期内降低运营成本。

（三）资产管理与维护

1. 资产管理系统

为了更好地管理固定资产，企业可以引入先进的资产管理系统。这种系统可以帮助企业了解固定资产的位置、状态、价值等信息，提高资产利用率，减少资产闲置和遗失。

2. 定期检查和维护

为了保证固定资产的长期使用和性能稳定，企业需要制订定期的检查和维护计划。定期检查可以及时发现潜在问题，减少由于设备故障带来的停工和生产损失，延长设备的使用寿命。

3. 数据分析和优化

通过对固定资产的数据进行分析，企业可以了解资产的利用率、维护状况、故障频率等信息，从而进行优化。数据分析可以帮助企业做出更明智的决策，比如调整设备使用计划、提前进行设备维护、优化设备配置等，以提高固定资产的整体效能。

4. 培训与技能提升

确保员工具备足够的技能和知识，能够熟练操作和维护固定资产，对于保障资产的正常运行至关重要。因此，企业需要进行培训，使员工了解新引入资产的操作方式，提高操作技能，以减少因人为原因而造成的设备故障。

5. 技术升级与更新

随着科技的不断发展，企业需要关注固定资产的技术更新。时刻关注行业的最新技术动态，定期进行设备的技术升级，有助于提高生产效率、降低能耗，并使企业更具竞争力。

（四）资产报废与处理

1. 制定合理的报废标准

在固定资产使用寿命结束后，企业需要制定合理的报废标准。这包括设备的年限、使用寿命、技术陈旧程度等因素。制定明确的报废标准有助于企业及时淘汰老化的资产，为新设备的引入和使用提供空间。

2. 确保安全环保的处理方式

废弃的固定资产需要进行合理的处理，以确保在报废过程中不对环境造成负面影响。企业需要选择可靠的废物处理机构，以确保废弃设备的合规处理，遵守环保法规，减少对环境的污染。

3. 评估资产残值

在报废决策时，企业需要对固定资产的残值进行评估。这涉及资产在剩余寿命内的估值，有助于企业更全面地了解固定资产的价值，从而更好地考虑是否进行报废。

4. 优化报废决策

企业在报废决策时，应该综合考虑资产的残值、维护成本、新设备的投资成本等因素。通过权衡这些因素，企业可以做出更为优化的报废决策，并最大限度地保障资产的经济效益。

（五）固定资产投资规划与管理的挑战

尽管固定资产投资规划与管理对企业的长远发展至关重要，但在实践中仍然面临一些挑战：

1. 不确定性

市场环境的不确定性是固定资产投资的常见挑战。因为市场瞬息万变，经济波动、政策调整、新技术的出现等都可能影响投资的效果，使投资规划的制定和执行更加困难。

2. 资金压力

投资需要大量的资金支持，而企业在面临资金紧张的情况下，可能无法按计划进行固定资产投资。如何有效解决资金问题，确保投资计划的顺利执行是一个常见的挑战。

3. 技术变革

技术的快速变革可能导致旧设备提前过时，需要更频繁的更新和升级。这对企业而言可能增加了投资的不确定性和更高的成本。

二、固定资产投资与企业竞争力的提升

固定资产投资在企业竞争力的提升中起着至关重要的作用。企业通过有效的固定资产投资规划和管理，可以实现生产力的提升、技术水平的提高、市场份额的扩大等

目标，从而增强其在市场竞争中的地位。本节将深入探讨固定资产投资与企业竞争力提升的关系，包括投资对企业核心竞争力的影响、投资与生产效率的关联、技术创新与固定资产的结合等方面。

（一）固定资产投资与企业核心竞争力

1. 技术水平提升

固定资产投资通常涉及更新、升级或引入先进的生产设备和技术，这有助于提升企业的技术水平。拥有先进的技术水平可以使企业在产品质量、生产效率等方面具备竞争优势，从而在市场竞争中占据有利地位。

2. 生产能力增强

通过固定资产投资，企业可以扩大其生产能力。生产能力的提高意味着企业能够更好地满足市场需求，提高订单履行能力，增加销售收入。这种增强的生产能力是企业在市场竞争中立于不败之地的关键因素之一。

3. 降低生产成本

引入新的生产设备和技术通常能够带来生产效率的提升，从而降低生产成本。降低生产成本有助于企业提高产品的竞争价格，并在市场中占有更多的份额。这也是通过固定资产投资实现企业竞争力提升的途径之一。

4. 品牌影响力加强

固定资产投资不仅是设备和技术的引入，还包括对企业形象、品牌影响力的提升。更新的设备和现代化的工厂有助于提高企业的形象，为品牌树立更加专业、先进的形象，进而提升在市场上的优势。

5. 差异化竞争优势

固定资产投资有助于企业在产品设计、生产流程、服务等方面实现差异化。通过提供独特的产品或服务，企业可以脱颖而出，吸引更多的客户，从而在竞争中取得优势地位。

（二）固定资产投资与生产效率的关联

1. 自动化与智能化提升生产效率

固定资产投资往往伴随对自动化和智能化技术的引入。自动化和智能化的生产设备能够更快速、更准确地完成生产任务，提高生产效率。这种高效率的生产方式有助于企业更快地响应市场需求，降低生产周期，提高交货速度。

2. 工艺优化提高产能

通过固定资产投资，企业可以对生产工艺进行优化。这包括改进生产线布局、优化工作流程、提高设备利用率等方面。工艺的优化有助于提高产能，确保生产过程更为流畅，从而提升整体的生产效率。

3. 资源整合促进生产协同

固定资产投资还涉及资源整合，包括设备、人力、信息等资源的协同运用。通过科学合理的资源配置，企业可以实现生产过程的协同，提高资源利用率，进而推动生产效率的提升。

4. 质量控制降低次品率

引入先进的生产设备和质量控制技术有助于降低产品次品率。通过降低次品率，企业可以减少废品损失，提高生产效益，同时能够提高产品质量，增强市场竞争力。

（三）投资与技术创新的结合

1. 研发与固定资产投资

技术创新是企业提升竞争力的关键驱动力之一。固定资产投资与研发紧密结合，有助于企业引入最新的生产技术和设备，推动产品的不断升级和创新。通过加大研发力度，企业可以更好地应对市场的变化，提高产品的附加值。

2. 引入新兴技术

随着科技的迅猛发展，企业在固定资产投资中越来越注重引入创新技术，如人工智能、大数据、物联网等。这些新兴技术的应用有助于提高生产效率、降低成本，并在一定程度上改变行业格局，使企业在技术创新方面保持竞争优势。

3. 灵活的技术升级策略

在进行固定资产投资规划时，企业需要制定灵活的技术升级策略。技术发展的速度快，新技术不断涌现，因此企业需要具备敏锐的洞察力，及时调整技术升级计划，确以保持续引入最先进的技术，保持在市场中的竞争力。

4. 提升研发创新能力

除了引入新技术，企业还需要加强自身的研发创新能力。通过建设研发团队、与科研机构合作、鼓励员工提出创新想法等方式，企业可以更好地适应市场需求的变化，保持在技术领域的领先地位。

（四）投资与环境可持续性

1. 节能减排与环保标准

固定资产投资应当注重环境可持续性。引入节能设备、采用环保工艺，不仅可以降低企业的运营成本，还能够提升企业的社会责任形象。符合环保标准的生产方式对企业的可持续发展和长期竞争力提升具有积极的影响。

2. 循环经济理念

投资决策应当考虑循环经济理念，即通过资源的有效回收和再利用，减少对自然资源的过度开发。采用可循环利用的生产材料和设备，有助于减少废弃物的产生，降低环境消耗，同时有助于企业的节能减排目标的实现。

3. 社会责任与企业形象

投资与环境可持续性的结合还涉及企业的社会责任。企业通过投资环保设备、参与社会公益事业等方式，可以提升自身的社会形象，赢得公众的信任和支持。这对于企业在市场中的竞争地位和品牌形象的提升都具有积极的影响。

（五）固定资产投资规划与管理的挑战

1. 长期回报与短期考量的平衡

固定资产投资通常需要较长的周期才能实现回报，这就需要企业在制订投资计划时平衡短期和长期的考量。短期内可能需要承担较大的资金压力，长期来看，合理的固定资产配置是提升竞争力的重要途径。

2. 投资决策的不确定性

市场环境的不确定性、政策变化等因素可能对投资决策产生影响。企业在进行固定资产投资时，需要更为谨慎地进行风险评估和策划，以应对外部环境的不确定性。

3. 资金限制与投资需求的匹配

企业在进行固定资产投资时，常常会面临资金限制的问题。因此，企业需要合理评估自身资金状况，确保投资计划与资金的实际情况相匹配，避免因资金不足而影响投资计划的实施。

4. 技术更新的速度

科技的飞速发展意味着固定资产的技术更新周期可能较短。企业需要在投资决策中考虑技术更新的速度，以确保投资的设备和技术保持在行业的前沿。这可能涉及更为灵活的技术升级计划、与供应商的紧密合作以获取最新信息等方面，以适应技术变革对企业的挑战。

5. 管理困难

固定资产投资规划与管理需要企业具备一定的管理能力。对大规模的固定资产项目进行有效的管理，包括协调不同团队、资源的整合、合理的时间安排等，以及和可能面临管理难题。因此，企业需要建设高效的项目管理体系，以确保固定资产投资计划的顺利执行。

6. 竞争对手的影响

市场竞争激烈，竞争对手的行动也可能对企业的固定资产投资产生影响。竞争对手的技术创新、市场扩张等行为可能迫使企业调整自己的投资计划，以更好地保持竞争力。因此，企业需要时刻关注竞争对手的动态，灵活调整自己的投资策略。

7. 法规政策的变化

法规政策的变化可能对固定资产投资产生直接影响。环保、质量标准、税收政策等方面的变化都可能导致企业需要重新调整固定资产的配置和管理。企业需要密切关注相关法规政策的变化，以便及时做出相应的调整。

固定资产投资规划与管理是企业实现长期竞争力提升的关键环节。通过科学合理的投资决策，企业可以不断提升技术水平、提高生产效率、加强环保和社会责任，从而在市场中取得更有利的竞争地位。然而，固定资产投资也面临着众多挑战，包括不确定性、资金压力、技术更新等方面的问题。企业需要灵活应对这些挑战，制订全面的投资计划，不仅关注短期效益，更要考虑长期的可持续发展。在这个过程中，科学的管理、战略的眼光以及对外部环境变化的敏感性都是确保投资计划成功实施的关键。通过不断优化固定资产投资规划与管理，企业可以更好地适应市场变化，提高竞争力，实现可持续的发展。

第三节　投资决策

一、投资项目评价与选择

投资项目评价与选择是企业决策过程中至关重要的环节。正确的项目选择可以使企业充分利用有限的资源，获取更高的回报，同时降低潜在的风险。本节将深入讨论投资项目评价与选择的主要步骤、关键指标、常用方法以及在实际操作中的挑战和应对策略。

（一）投资项目评价的步骤

1. 确定投资目标和策略

在进行投资项目评价之前，企业需要明确定义投资的目标和战略。这包括确定投资的目的（如扩大市场份额、提高生产效率、进军新领域等），以及与之相适应的策略。明确的目标有助于在后续的评价过程中更好地筛选出符合企业发展战略的项目。

2. 收集项目信息

企业需要全面收集与投资项目相关的信息，包括市场状况、竞争对手、潜在风险、法规政策等。这有助于企业对投资项目的外部环境有一个清晰的了解，为后续的评价提供充分的依据。

3. 制定评价标准和指标

在评价投资项目时，企业需要制定清晰的评价标准和指标。这些标准和指标可以包括财务指标（如投资回报率、净现值、内部收益率等）、市场指标、风险指标等。不同类型的项目可能需要侧重不同的评价指标。

4. 进行初步筛选

在收集到足够的信息后，企业可以进行初步的项目筛选，将那些不符合企业目标和策略、或者风险较高的项目排除在外。初步筛选的目的是缩小评估范围，可以更加集中在最有潜力的项目上。

5. 评估项目成本和收益

对于选定的项目，企业需要评估项目的成本和收益。这包括项目的投资金额、运营成本、预期收益、现金流等。通过对成本和收益进行详细评估，企业可以更全面地了解项目的经济效益。

6. 进行风险评估

风险评估是投资项目评价中至关重要的环节。企业需要识别项目可能面临的各种风险，包括市场风险、技术风险、政策风险等。通过对风险的评估，企业可以制定相应的风险管理策略，降低不确定性。

7. 综合评估和决策

在完成各项评估后，企业需要进行综合评估，综合考虑项目的各个方面，包括经济效益、风险、市场影响等。最终，企业需要根据评估结果做出是否投资的决策。

（二）投资项目评价的关键指标

1. 投资回报率（ROI）

投资回报率是评价项目经济效益的关键指标之一。它表示投资在项目中所获得的利润与投资成本的比率。ROI 的高低直接反映了项目的盈利能力，是企业判断项目是否值得投资的重要参考指标。

2. 净现值（NPV）

净现值是用于评估项目的现金流入和流出之差的指标。它考虑了时间价值的影响，将未来的现金流量折现到今天的价值。如果净现值为正，说明项目在现值上是盈利的，反之为负。

3. 内部收益率（IRR）

内部收益率是使净现值等于零的折现率。它表示投资项目的收益率，是企业判断项目是否超过预期收益率的一个重要指标。通常，IRR 与企业的资本成本进行比较，以确定项目是否值得投资。

4. 回收期

回收期是指投资项目从开始运作到回收投资成本所需要的时间。较短的回收期通常被认为是投资项目吸引的标志，因为它意味着投资能够更快地得到回报。

5. 成本效益比（Cost-Benefit Ratio）

成本效益比是项目的总成本与总收益的比率。它可以帮助企业了解每一单位成本所带来的经济效率，从而更好地评估项目的经济性。

6. 利润率

利润率是指项目的利润与总收入的比率。高利润率意味着项目能够创造更多的价值，是企业判断项目盈利能力的一个关键指标。

（三）投资项目评价的常用方法

1.财务分析法

财务分析法是一种以财务指标为主要依据进行投资评价的方法。它包括投资回报率、净现值、内部收益率等指标。通过对项目未来现金流量的估算和折现，企业可以得到关于项目经济效益的详细财务分析。

2.敏感性分析

敏感性分析是一种通过调整某些关键参数，观察这些参数对项目评估指标的影响的方法。这有助于企业了解在不同情境下项目的稳定性，特别是在面临不确定性因素的情况下。

3.实地考察和尽职调查

实地考察和尽职调查是通过直接走访项目所在地、与相关方面沟通，获取实地信息的方法。这有助于企业更全面地了解项目的环境、市场情况、潜在问题等，提高投资决策的准确性。

4.SWOT 分析

SWOT 分析（Strengths, Weaknesses, Opportunities, Threats）是通过分析项目的内部优势、劣势，以及外部机会和威胁，全面评估项目的可行性。这有助于企业在投资决策中更好地把握项目的优势和面临的挑战。

5.实物资产评估

实物资产评估是一种通过评估项目的实物资产（如土地、建筑物、设备等）来确定项目价值的方法。这有助于企业更加直观地了解项目的实际状况，从而更好地做出投资决策。

6.综合评价模型

综合评价模型是综合考虑多个因素，包括财务、市场、技术、管理等，通过对这些因素进行权衡，得出一个综合的评价结果。这有助于企业更全面地了解项目的各个方面，降低决策的风险。

（四）实际操作中的挑战与应对策略

1.不确定性与风险

1）挑战：市场环境、技术变革、政策法规等因素带来的不确定性和风险使项目评价面临很大挑战，投资决策难以准确预测未来。

2）应对策略：在项目评价中，企业应当充分考虑不确定性因素，通过敏感性分析、风险评估等方法来辨识和量化风险。建立灵活的决策机制，随时根据市场情况做出调整。

2. 缺乏准确信息

1）挑战：在项目评价初期，可能会因为信息不足或不准确而难以进行准确的评估，导致决策的不确定性。

2）应对策略：企业可以通过加强信息收集、建立专业团队进行尽职调查、与行业专家合作等方式，提高对项目信息的准确性和全面性。

3. 短期收益与长期发展平衡

1）挑战：追求短期回报与长期发展之间存在平衡问题。某些项目可能在短期内获得较高回报，但对长期发展战略可能不利。

2）应对策略：企业需要在短期收益和长期发展之间做出明智的平衡。在评价项目时，考虑其对企业长期战略目标的贡献，而不仅仅是眼前的经济效益。

4. 技术变革带来的不确定性

1）挑战：随着技术的迅猛发展，可能面临新技术迅速过时的风险，使项目的长期可行性受到挑战。

2）应对策略：在投资决策中，企业需要对项目中的关键技术进行深入评估，考虑技术更新的速度和可能的变革。选择具备灵活性、可升级的技术方案，以降低技术变革风险。

5. 资金限制

1）挑战：企业可能面临资金有限的挑战，企业无法同时投资所有潜在有利项目。

2）应对策略：企业需要在不同项目之间进行资金的合理分配，优先选择符合核心战略、风险可控、回报高的项目。同时，可以考虑寻求外部融资、与其他企业合作等方式解决资金压力。

投资项目评价与选择是企业决策中至关重要的环节。企业在进行投资项目评价时需要综合考虑财务、市场、技术、风险等多个因素，通过科学的评价方法和细致的尽职调查，以确保决策的科学性和准确性。同时，面对不确定性和挑战性，企业需要具备灵活性，随时调整决策以适应市场环境的变化。通过合理的项目评价和选择，企业可以提高资源利用效率，降低投资风险，实现长期的可持续发展。

二、投资决策与风险管理

投资决策是企业经营过程中至关重要的环节，它直接关系到企业的盈利能力、竞争力以及长期可持续发展。然而，投资伴随各种风险，包括市场风险、经济风险、技术风险等。因此，风险管理在投资决策中扮演着重要的角色。本节将深入探讨投资决策的定义、过程、关键因素，以及如何通过风险管理来降低潜在风险，以保障企业的投资决策的稳定性。

（一）投资决策的定义与过程

1. 投资决策的定义

投资决策是指企业对可行性项目进行评估、选择和决策的过程。这包括对潜在投资项目的分析、对投资回报的估算，以及最终决策是否投资。投资决策涉及配置有限资源以获取最大化效益的过程。

2. 投资决策的过程

（1）确定投资目标：在进行投资决策之前，企业需要明确投资的目标。这可能包括扩大市场份额、提高生产效率、进入新市场等。

（2）寻找潜在项目：企业需要在市场中寻找符合投资目标的潜在项目。这可能包括内部研发、并购、合作等多种方式。

（3）项目评估：对潜在项目进行全面评估，包括市场分析、财务分析、风险评估等，以确保对项目的全面了解。

（4）投资决策：在评估完成后，企业需要根据评估结果做出最终的投资决策。这可能包括投资金额、投资方式等方面的决策。

（5）项目执行：一旦决策投资，企业需要将投资计划付诸实施。这包括资源配置、团队组建、项目管理等。

（6）监控与反馈：在项目执行过程中，企业需要不断监控项目的进展，对比实际情况与预期，及时进行调整和改善。

（二）投资决策的关键因素

1. 财务因素

（1）投资回报率（ROI）：衡量投资项目盈利能力的指标，是投资决策中的核心考量因素。

（2）净现值（NPV）：用于评估项目的现金流入和流出之差，考虑时间价值，为投资决策提供了财务上的指导。

内部收益率（IRR）：表示项目的收益率，帮助企业判断项目是否符合预期收益率。

2. 市场因素

（1）市场需求：了解市场对产品或服务的需求程度，确保投资项目能够满足市场需求。

（2）竞争分析：评估市场竞争格局，了解潜在竞争对手的实力和市场份额。

（3）市场趋势：预测市场未来的发展趋势，确保投资项目在长期内具有可持续性。

3. 技术因素

（1）技术创新：评估投资项目是否包含先进的技术，以确保企业在技术上具备竞争优势。

（3）技术风险：考虑新技术的不稳定性和市场接受程度，降低潜在的技术风险。

4.法律与政策因素

（1）法规遵从：了解投资项目所在地的法规政策，确保项目的合法性和合规性。

（2）政策变化风险：考虑政策的不确定性对项目的潜在影响，制定相应的风险管理策略。

5.风险管理因素

（1）市场风险：考虑市场变化对项目的影响，通过多元化投资或合适的避险工具降低市场风险。

（2）经济风险：考虑宏观经济环境的不确定性，制订灵活的投资计划应对经济波动。

（3）技术风险：通过技术评估和保障措施，降低技术问题导致的风险。

（4）政治风险：了解所在地政治环境，对于存在较高政治风险的地区，需谨慎投资或采取相应措施。

（三）风险管理在投资决策中的作用

1.风险识别

在投资决策的初期阶段，风险管理帮助企业全面识别潜在的风险，包括市场风险、经济风险、技术风险、政治风险等。通过对各种风险因素的深入分析，企业可以更全面地了解投资项目的可行性和潜在问题。

2.风险评估与定量分析

风险管理有助于对各类风险进行评估与定量分析。通过使用各种风险评估工具和方法，企业可以量化风险的可能性和影响程度。这有助于企业更准确地判断各种风险对投资项目的潜在影响，以及采取相应的措施进行降低风险。

3.风险规避与缓解

在投资决策中，企业可以通过回避和缓解风险来保护自身。规避风险包括在选择投资项目时避免那些潜在风险较高的项目，或者选择多样化的投资组合以分散风险。缓解风险则是通过实施一系列措施来减轻风险的影响，例如购买保险、签订合理的合同、建立备用计划等。

4.风险转移

企业还可以通过风险转移的方式来应对风险。风险转移包括购买保险、使用衍生品工具等，将一部分风险转移到第三方。这样可以在一定程度上减轻企业自身承担的风险，提高企业的稳定性。

5.持续监控与调整

风险管理不仅是投资决策的一部分，更是一个持续的过程。企业需要在项目执行过程中持续监控各种风险的变化，并根据实际情况及时调整风险管理策略。这有助于企业更加灵活地应对不断变化的市场环境和外部条件。

6. 学习与改进

成功的风险管理还需要企业具备学习和改进的能力。通过对已经发生的风险事件进行分析，企业可以获取宝贵的经验教训，为将来的投资决策提供更为有效的参考。在不断学习和改进的过程中，企业能够逐渐提高风险管理的水平，提高应对未来挑战的能力。

（四）风险管理工具与方法

1. 敏感性分析

敏感性分析是通过调整关键参数，观察这些参数对项目评估指标的影响，从而了解项目在不同情境下的表现。这有助于企业发现潜在的薄弱环节和关键风险因素。

2. 蒙特卡罗模拟

蒙特卡罗模拟是一种通过随机抽样的方式进行多次模拟，从而得到项目不同可能性下的结果分布。这有助于企业更全面地了解项目的风险概率分布，为决策提供更为准确的信息。

3. 事件树分析

事件树分析是一种图形化的分析方法，用于表示不同事件和决策之间的关系，帮助企业识别可能的风险事件及其潜在影响。通过建立事件树，企业可以更好地了解和评估各种风险因素。

4. 多因素分析

多因素分析是将多个因素同时考虑在内的一种方法。通过综合考虑多个因素对项目的影响，企业可以更全面地了解项目的风险状况，有助于制定更为全面的风险管理策略。

5. 风险地图

风险地图是通过图形化的方式展示项目的各种风险和相互关系。这有助于企业清晰地了解整体风险格局，更好地制定风险管理策略，从而提高风险识别的效率。

（五）投资决策与风险管理的挑战

1. 不确定性的复杂性

投资决策和风险管理往往面临不确定性的复杂性，因为市场、经济、技术等方面的变化都可能对决策产生重大影响。企业需要具备辨识和应对不确定性的能力。

2. 风险的动态性

市场环境和经济状况的动态变化使风险也具有动态性。企业需要建立灵活的风险管理机制，及时调整风险管理策略，以适应不断变化的风险环境。

3. 信息的不对称性

在投资决策中，信息的不对称性可能导致企业无法了解潜在的风险。企业需要通过强化信息收集和透明度，以减少信息不对称性对决策的影响，提高决策的准确性。

4. 项目复杂性

一些大型项目可能涉及多个领域，包括技术、市场、法律等多个方面的因素，导致项目的复杂性增加。这使项目评估和风险管理变得更加复杂，需要更多的专业知识和资源。

5. 长期决策的挑战

对于一些长期投资项目，其影响可能在数年甚至十几年之后才能显现。这使长期决策中的不确定性和风险更为显著，企业需要具备长期战略规划和灵活的调整机制，以适应未来的变化。

6. 综合性的决策难题

投资决策和风险管理需要综合考虑财务、市场、技术、法律等多个因素，对企业提出了综合性的决策难题。企业需要有能力整合各方面的信息和资源，做出综合性、全局性的策略。

（六）成功的投资决策与风险管理策略

1. 清晰的战略规划

成功的投资决策需要建立在清晰的战略规划基础上。企业需要明确自身的长期目标和发展方向，确保投资项目与战略规划目标相一致。

2. 多元化投资组合

通过在不同行业、不同地区、不同类型的项目中分散投资，企业可以降低特定风险对整体业务的影响。多元化投资组合有助于提高整体投资组合的韧性。

3. 强化风险管理团队

构建专业的风险管理团队，具备深厚的行业知识和风险管理经验，能够全面识别和评估各类风险。强化团队的培训和更新，以适应快速变化的市场环境。

4. 制定灵活的风险管理策略

企业需要制定灵活的风险管理策略，随时根据市场和项目的变化进行调整。制订响应灵活的计划，使企业能够在快速变化的环境中保持敏捷性。

5. 加强信息透明度

提高信息透明度，包括内部信息共享和对外的信息泄露。透明的信息流通有助于降低信息不对称性，提高投资决策的准确性。

6. 建立学习机制

建立学习机制，对投资决策的过程和结果进行反馈和总结，及时吸取经验教训。通过持续的学习和改进，企业可以逐步提高投资决策和风险管理的水平。

投资决策与风险管理是企业成功经营的重要组成部分。在竞争激烈、市场不断变化的环境中，企业需要具备科学的投资决策方法和有效的风险管理策略。成功的投资决策不仅需要全面考虑财务、市场、技术、法律等多个因素，还需要建立清晰的战略规划，多元化投资组合，强化风险管理团队，制定灵活的风险管理策略，提高信息透明度，以及建立学习机制。综合这些因素，企业可以更好地应对市场的不确定性和风险，实现长期的可持续发展。

在投资决策中，企业需要认识到风险是不可规避的，并且在追求高回报的同时，必须对潜在的风险保持警惕。通过科学的风险管理，企业能够在竞争中保持灵活性和抗风险能力，提高投资项目的成功概率，确保资源的有效利用。

最终，成功的投资决策和风险管理需要企业在制定战略、执行计划、评估风险等方面保持平衡。企业需要不断改进和适应市场的变化，灵活地调整战略和风险管理策略，以适应不断变化的商业环境。通过认真思考和科学决策，企业可以实现投资决策的准确性和风险管理的有效性，从而为企业的可持续发展创造更有利的条件。

第四节　企业内部长期投资

一、内部投资的战略意义

企业内部投资，指的是企业在其自身范围内进行的资本投资，包括对生产设备、研发项目、员工培训等方面的投资。这种形式的投资通常涉及企业的内部资源和能力，并与企业的战略目标密切相关。本节将深入探讨企业内部投资的战略意义，包括对企业创新能力、竞争优势、组织文化以及长期可持续发展的影响。

（一）提升创新能力

1. 研发投资

企业内部投资最直接的体现就是对研发领域的投资。通过增加在新产品、新技术的研发上的投入，企业能够不断提升自身的创新能力。这种创新能力不仅表现在产品和技术上，也表现新的商业模式、市场营销策略等方面。

2. 创新文化建设

企业内部投资有助于培养创新文化。通过鼓励员工提出新的想法、试验新的方法，企业能够激发员工的创造力和创新潜力。内部投资的过程中，企业可以建立激励机制，奖励那些提出创新点子并成功实施的团队和个人，从而营造一个有利于创新的工作氛围。

3. 技术人才培养

企业内部投资也包括对技术人才的培养和发展。通过内部培训、技能提升项目等形式，企业可以提高员工的专业水平，增强整个组织的技术实力。这对于企业长期的技术创新和竞争力的提升至关重要。

（二）构建竞争优势

1. 生产效率提升

内部投资有助于改善生产过程和提升生产效率。创新设备、引入先进的生产工艺，可以降低生产成本，提高产品质量，从而在市场竞争中占据有利地位。

2. 供应链优化

通过内部投资，企业能够优化供应链，提高供应链的灵活性和影响速度。这对于适应市场需求的变化、降低库存成本具有重要意义，有助于企业更好地应对市场波动。

3. 品牌建设

内部投资还涉及品牌建设和市场推广。通过对产品品质、服务水平的提升，企业可以树立更为良好的品牌形象，从而在市场上赢得更多的认可和信任，提升可持续的竞争优势。

（三）塑造组织文化

1. 员工培训与发展

企业内部投资不仅关注硬性的资本支出，还包括对员工的培训与发展。通过对员工的培训，企业可以提升员工的综合素质，培养具备创新精神和团队协作精神的人才。这有助于构建积极向上、学习型的组织文化。

2. 共享价值观

内部投资也为企业提供了打造共享价值观的机会。通过对员工的激励和培养，企业可以将企业的核心价值观传递给每一位员工，形成共同的价值认识。这有助于凝聚组织力量，提高员工对企业的认同感。

3. 创新驱动文化

通过对创新投入的持续推动，企业可以塑造创新驱动的文化。这种文化鼓励员工不断尝试新的方法、勇于冒险，从而使企业更具有应对市场变化和挑战的能力。

（四）实现长期可持续发展

1. 长期战略规划

内部投资是企业实现长期可持续发展的战略手段之一。通过制定长期战略规划，企业能够在内部投资中更好地对资源进行配置，确保企业在未来能够持续保持竞争力。

2. 风险管理与稳健运营

内部投资还有助于企业建立更为稳健的运营体系和风险管理机制。通过对内部投资项目的全面评估，企业可以更好地识别潜在的风险，并采取相应的措施进行回避和应对，从而降低不确定性，确保企业能够在长期内稳定经营。

3. 品牌和声誉建设

企业内部投资对于品牌和声誉的建设有着深远的影响。通过对产品质量、服务水平的提升，企业可以在市场上赢得良好的口碑，形成良好的品牌形象。一个受欢迎的品牌和良好的声誉将使企业更具竞争力，为其吸引客户、合作伙伴和优秀的人才提供了有力支持，从而有利于企业长期的可持续发展。

4. 制定长远发展目标

内部投资也促使企业更加注重制定长远的发展目标。通过对内部资源和能力的投资，企业可以更好地规划未来的发展方向，提高对市场变化的应对能力，确保在行业中长期占有有利地位。

（五）实例分析

1. 苹果公司

苹果公司是一个成功运用内部投资战略的典范。其对研发的持续投资使苹果成为全球科技创新的领导者，推出了一系列具有颠覆性的产品，例如 iPhone、iPad、Mac 等。通过内部投资，苹果不仅在技术上取得了显著的优势，也树立了优秀的品牌形象，实现了长期的市场占有率和盈利增长。

2. 谷歌（Alphabet Inc.）

谷歌作为全球最大的互联网公司之一，也致力内部投资的战略。其对于搜索引擎技术、人工智能、自动驾驶等领域的大量投入，使谷歌成为全球领先的科技创新公司之一。谷歌不断加大对内部研发和创新的投资，不仅推动了自身的发展，也推动了整个科技行业的进步。

3. 丰田汽车公司

丰田汽车公司通过对生产流程和技术的内部投资，不断提高汽车质量、生产效率和环保性能。丰田的生产体系（Toyota Production System）成为世界上最成功的生产方式之一，为其在全球汽车市场上赢得了卓越的声誉。通过对内部投资的精心规划，丰田实现了持续创新和可持续发展。

（六）面临的挑战与应对策略

1. 资本预算限制

企业在进行内部投资时，可能面临资本预算的限制。在这种情况下，企业需要制订慧智的资本预算计划，根据投资项目的优先级和回报预期进行选择，确保有限的资本得到最优的利用。

2. 技术变革的不确定性

科技行业的快速发展和技术变革使企业在内部投资时面临更大的不确定性。企业需要保持敏锐的洞察力，及时调整内部投资方向，以适应新技术的发展趋势。

3.员工培训与激励

企业内部投资涉及员工的培训和发展，但在实际操作中，可能会面临员工流动、培训成本等问题。为应对这一挑战，企业需要建立有效的培训机制和激励体系，以留住优秀员工，并保证员工能够不断提升自我能力。

4.风险管理与不确定性

内部投资往往伴随一定的风险，包括市场风险、技术风险等。企业需要建立完善的风险管理体系，通过对风险的认知和有效的控制措施，降低潜在风险对投资决策的影响。

企业内部投资在实现创新、构建竞争优势、塑造组织文化和实现长期可持续发展方面发挥着重要的战略意义。通过对研发、生产、员工培训等方面的投资，企业能够提升自身的核心竞争力，以更好地适应市场的变化。成功的内部投资战略不仅需要企业具备敏锐的市场洞察力，还需要明确的战略规划、有效的风险管理机制，以及对员工培训与发展的重视。通过科学合理的内部投资，企业将更有可能在竞争激烈的市场中脱颖而出，实现可持续的业务增长策略。

二、内部投资与企业可持续发展

企业可持续发展是一种综合性的经营理念，强调在满足当前需求的同时，要保护环境、关注社会责任，并确保未来也能够满足其需求。内部投资，作为企业内部资源的有效配置方式，与可持续发展密切相关。本节将深入探讨内部投资与企业可持续发展之间的关系，包括内部投资在推动创新、提高生产效率、塑造企业文化、应对环境挑战等方面的作用。

（一）内部投资对创新的推动

1.研发投资

内部投资在研发领域的应用，是企业推动创新的重要手段。通过对新技术、新产品的研发投资，企业能够不断推出具有竞争力的创新产品，满足市场不断变化的需求。这种创新不仅促使企业在市场上占据优势地位，也有助于推动整个行业的发展。

2.技术人才培养

内部投资包括对员工的培训与发展，尤其是技术人才的培养。通过提高员工的技术水平，企业能够更好地应对日益激烈的市场竞争，推动技术创新。培养具有创新精神和团队协作能力的技术人才，对企业长期的可持续发展具有积极的作用。

3.创新文化建设

内部投资也促进了创新文化的建设。通过鼓励员工提出新的想法、尝试新的方法，企业能够营造一个鼓励创新的企业文化。这有助于激发员工的创造力，形成对变革的积极态度，推动企业不断更新、不断创新。

（二）内部投资提升生产效率

1. 更新设备与工艺

内部投资通常包括对生产设备和工艺的更新。通过引入先进的生产工艺和高效的设备，企业能够提高生产效率，降低生产成本。这对于企业在市场上保持竞争力、实现可持续盈利具有关键作用。

2. 供应链优化

内部投资也能够优化企业的供应链管理。通过引入先进的供应链技术和管理方法，企业可以提高供应链的透明度、灵活性和响应速度等。这有助于降低库存成本、减少资源浪费，从而更好地满足市场需求。

3. 节能减排

内部投资还包括对生产过程中的节能减排投资。通过引入清洁生产技术、优化能源利用，企业可以降低对环境的影响，提高资源利用效率。这不仅符合企业社会责任，也有助于提升企业在可持续发展领域的声誉。

（三）内部投资塑造企业文化

1. 员工培训与发展

内部投资涵盖了对员工的培训与发展，有助于塑造积极向上的企业文化。通过培养员工的团队协作能力、创新精神，企业可以建立一支具备高度执行力和适应力的团队，从而更好地应对市场挑战。

2. 共享价值观

内部投资也为企业建立共享价值观提供了契机。通过对员工的激励和培养，企业可以将企业的核心价值观传递给每一位员工，形成共同的价值认识。这有助于形成团结一致的企业文化，增强员工对企业的归属感。

3. 创新驱动文化

内部投资的创新项目推动了企业创新驱动文化的形成。这种文化鼓励员工不断尝试新的方法、勇于冒险，有助于企业更好地应对市场变化和挑战。创新驱动文化是企业在不断变化的市场中保持活力和竞争力的重要基础。

（四）内部投资应对环境挑战

1. 节能减排与环保技术

内部投资在节能减排和环保技术方面的投入，有助于企业应对环境挑战。通过引入清洁生产技术、改善废弃物处理方式，企业可以减少对环境的不良影响，降低企业的环境风险。

2. 可再生能源投资

内部投资也包括对可再生能源的投资，如太阳能、风能等。通过转向可再生能源，企业不仅能够降低能源成本，还能减少对环境的污染，实现更为可持续的能源利用。这种投资不仅符合社会的环保期望，也有助于企业建立绿色形象，提升可持续发展的信誉。

3. 社会责任投资

企业在内部投资中还可注重社会责任投资，关注社会环境和社区的发展。通过在员工福利、教育、医疗等方面进行投资，企业不仅提升了员工的幸福感，也加强了企业与社会的紧密联系。这有助于稳固企业在社会中的良好声誉，为可持续发展奠定基础。

（五）内部投资与长期可持续发展的关系

1. 长期战略规划

内部投资与企业的长期可持续发展密切相关。通过科学合理的长期战略规划，企业能够在内部投资中更好地对资源进行配置，确保企业在未来能够持续保持竞争力。长期战略规划帮助企业更好地把握市场机遇，降低未来的经营风险。

2. 风险管理与稳健运营

内部投资有助于企业建立更为稳定的运营体系和风险管理机制。通过对内部投资项目的全面评估，企业可以更好地识别潜在的风险，并采取相应的措施进行规避和应对，从而降低不确定性，确保企业能够在长期内稳健经营。

3. 长期利益最大化

内部投资不仅关注短期的经济利益，更注重长期的利益最大化。通过对技术、人才、环保等方面的内部投资，企业能够在未来保持竞争力，实现长期的可持续发展。这种长期利益最大化符合可持续发展理念，有助于企业在竞争中保持领先地位。

（六）内部投资的成功案例

1. 资本支出案例：特斯拉

特斯拉是一家成功运用内部投资实现可持续发展的企业。特斯拉通过大量的资本支出，不断进行技术研发和生产设备的更新。其在电动汽车领域的创新引领了整个行业的发展，不仅实现了市场份额的增长，也推动了电动汽车技术的进步。特斯拉的成功案例表明，对高科技产业进行大规模内部投资可以带来巨大的创新和市场影响。

2. 研发投资案例：谷歌（Alphabet Inc.）

谷歌一直以来在内部投资中保持着高额的研发投入。通过对人工智能、云计算、自动驾驶等领域的持续研发，谷歌在科技创新方面始终处于领先地位。这种研发投资不仅帮助谷歌保持了在搜索引擎领域的市场霸主地位，也使其成为全球科技领域的引领者之一。

3. 社会责任投资案例：可口可乐

可口可乐一直致力社会责任投资。通过在教育、环保、社区发展等方面的投资，可口可乐不仅提升了自身企业形象，也对社会产生了积极的作用。这种社会责任投资有助于企业在长期内建立起良好的品牌声誉，实现可持续发展。

（七）面临的挑战与应对策略

1. 资金限制

企业在进行内部投资时可能面临资金限制的挑战。在资金有限的情况下，企业需要制订明智的资本预算计划，根据投资项目的优先级和回报预期进行选择，确保资金得到最优的利用。

2. 不确定性与风险

内部投资往往伴随一定的不确定性和风险，尤其是在技术创新领域。企业需要建立完善的风险管理体系，通过对风险的认知和有效的控制措施，降低潜在风险对投资策略的影响。

3. 长期回报周期

一些内部投资项目可能具有较长的回报周期，这对于追求短期经济回报的企业来说可能构成挑战。在这种情况下，企业需要具备较强的战略目光，坚持长期发展目标，同时适度考虑短期回报和长期可持续发展的平衡。

4. 技术变革的不确定性

内部投资中涉及的技术创新面临着快速变化的技术环境。企业需要保持敏锐的洞察力，及时调整内部投资方向，以适应新技术的发展趋势。在不确定性的环境中，企业可以采取开放创新的策略，与外部创新生态系统建立合作关系，共同推动技术创新，降低技术风险。

5. 社会责任压力

随着社会对企业社会责任的关注度增加，企业在内部投资中需要更加注重社会影响。社会责任投资可能会面临来自社会的高期望，企业需要在确保商业效益的同时，谨慎处理社会责任事务，建立真实可信的社会责任形象。

企业内部投资与可持续发展之间存在着紧密的联系。通过对创新、生产效率、企业文化和环境挑战的投资，企业能够实现更为全面的可持续发展目标。成功的内部投资战略需要企业具备长期战略规划、风险管理、社会责任等多方面的能力。面对挑战，企业应制订科学合理的资本预算计划，建立完善的风险管理机制，积极回应社会责任，以确保内部投资的成功和可持续发展的实现。

在未来，随着科技、社会、环境等方面的变化，企业将继续面临新的挑战和机遇。通过不断优化内部投资策略，提升内部运营效率，注重创新与社会责任，企业能够更好地适应变化，实现长期的可持续发展。内部投资不仅是企业实现经济增长的手段，更是企业实现社会责任、创造社会价值的途径，以促进企业与社会的共同繁荣。

第五节　证券投资

一、证券投资的基本原则

证券投资是一种风险与收益并存的金融活动，投资者通过购买股票、债券、基金等金融工具来获取收益。在进行证券投资时，遵循一些基本的原则是至关重要的，这有助于降低风险、提高投资效益。本节将深入探讨证券投资的基本原则，包括风险与收益的平衡、分散投资、长期投资、信息充分和谨慎决策等方面。

（一）风险与收益的平衡

1. 风险与收益的关系

在证券投资中，风险与收益通常是正相关的，高风险往往伴随高收益，反之亦然。投资者应该根据自身的风险承受能力和投资目标，合理配置资产组合，寻找风险与收益的平衡点。不同的投资者由于风险偏好的不同，可能会选择不同的投资工具，一般而言，风险越大的投资，其潜在的收益也就越大。

2. 投资目标的明确

在进行证券投资前，投资者需要明确自己的投资目标，是追求长期稳定增长还是短期高收益。根据不同的投资目标，选择相应的投资工具和策略。对于追求稳健增长的投资者，可能更偏向于选择低风险的价值投资；而对于追求短期高收益的投资者，则可能更愿意承担一定的高风险，选择成长性较强的股票等。

3. 投资组合的优化

风险与收益的平衡不仅仅体现在单一投资标的物上，更体现在整个投资组合的构建上。通过分散投资于不同行业、不同资产类别，可以有效降低整个投资组合的系统性风险，提高整体的投资收益。优化投资组合需要投资者考虑不同资产之间的相关性，使其在市场波动时能够达到更好的风险效果。

（二）分散投资

1. 行业分散

分散投资的一个关键方面是在不同的行业中分配资产。不同行业的股票在面对市场变化时表现可能存在差异，因此投资者通过将资金分散到不同行业，可以有效回避特定行业的风险。行业分散有助于构建更为均衡的投资组合，降低单一行业风险对整体投资的影响。

2. 资产类别分散

除在股票市场中分散投资外，还可以通过不同资产类别的分散来降低风险。股票、债券、房地产等资产类别具有不同的收益和风险特性，投资者可以通过合理配置不同类别的资产，实现对市场整体风险的有效分散。这种多元化的投资策略有助于提高整个投资组合的韧性，减轻特定市场条件下的冲击。

3. 地理分散

在全球化的背景下，投资者还可以通过地理分散来降低风险。将资金投资于不同国家和地区的市场，可以减少政治、经济周期等因素对投资组合的不利影响。国际分散投资也有助于抓住全球经济增长的机会，提高整体投资回报。

（三）长期投资

1. 时间价值的认识

长期投资是证券投资中的一项重要原则。投资者需要认识到时间价值的重要性，避免过于频繁的买卖行为。时间可以为投资者积累复利效应，长期持有优质资产有助于实现更为可观的投资收益。过于频繁的交易可能导致高交易成本和税收影响，同时也提高了因市场波动而做出错误决策的可能性。

2. 坚持长期投资战略

坚持长期投资战略的投资者更容易经受住市场的波动，克服短期的市场噪声，更好地抓住长期投资机会。通过定期定额投资、持有稳健增长的股票或基金，投资者可以在市场上长期积累财富，实现财务目标。

3. 持有优质股票

在长期投资的过程中，选择持有优质股票是至关重要的。优质股票通常具备稳定的盈利能力、良好的管理团队、健康的财务状况等特性。持有这样的股票有助于投资者分享企业长期的成长和利润，减少因行业波动带来的不稳定性。

（四）信息充分

1. 做好基础研究

在进行证券投资时，信息的充分性是确保投资决策准确的基础。投资者应该做好基础研究，了解所投资资产的基本面情况，包括公司财务状况、管理层团队、行业前景等。通过对公司业绩报告、财报、行业研究等信息的仔细分析，可以更全面地评估投资标的物的潜在风险和收益。

2. 及时获取市场信息

及时获取市场信息对于做出聪慧的投资决策至关重要。投资者可以利用各种信息渠道，包括财经新闻、专业投资媒体、经济数据等，了解市场动态、政策变化、国际形势等因素对投资的影响。通过保持对市场信息的敏感性，投资者可以更迅速地做出反应，以便及时调整投资策略。

3. 利用研究报告和专业建议

投资者可以参考专业的研究报告和专业建议，以获取更为深入的行业和公司分析。金融机构、证券公司、独立研究机构等会发布各类研究报告，这些报告对于投资者做出明智的投资决策提供了有价值的参考。

（五）谨慎决策

1. 避免过度自信

投资者在做出投资决策时应保持谨慎，避免过度自信。市场的变化常常超出人们的预期，投资者应认识到市场存在不确定性和风险，不过分依赖自己的个人主观判断。

2. 量力而行

投资者需要做到量力而行，根据自身的投资知识、经验和风险承受能力来选择适合自己的投资工具和策略。过于冒险的投资可能导致损失，因此谨慎决策是避免风险的关键。

3. 纠正错误及时调整

在证券投资中，错误是难以避免的。投资者需要有勇气承认错误，及时纠正投资策略。及时调整投资组合，割损亏损股票，是确保投资组合长期稳定增长的一部分。

（六）风险管理

1. 设置风险控制指标

在证券投资中，风险管理是保障投资者利益的关键。投资者可以通过设置风险控制指标，如止损点、仓位控制比例等，来规避不可预测的风险。这有助于在市场大幅波动时，保护投资组合的价值。

2. 分散投资降低系统性风险

通过分散投资，投资者可以降低投资组合的系统性风险。系统性风险是整个市场所面临的风险，通过将资金投资于不同行业、不同资产类别，可以减少对单一行业、单一资产的过度依赖，提高整体风险的分散效果。

3. 关注流动性风险

流动性风险是指投资者在市场中买卖资产时，由于市场交易量不足，导致无法顺利完成交易或面临较大的价格波动。投资者在投资时应考虑资产的流动性，避免过于依赖于流动性较低的资产，以免在市场波动时难以迅速调整仓位。

证券投资是一项充满挑战的活动，而遵循基本的投资原则有助于投资者更好地应对挑战，提高投资的成功概率。总结而言，证券投资的基本原则包括风险与收益的平衡、分散投资、长期投资、信息充分和谨慎决策等。

在进行证券投资时，投资者首先应当清晰明确自己的投资目标和风险承受能力。其次通过分散投资于不同行业、不同资产类别、不同地理区域，实现整体投资组合的风险分散。长期投资策略有助于克服短期市场波动，实现更为可观的长期收益。最后及时获取和分析市场信息、进行充分的基础研究，有助于制定明智的投资决策。

谨慎决策是投资者成功的基石，包括避免过度自信、量力而行、纠正错误及时调整等。风险管理是投资过程中不可忽视的一环节，通过设置风险控制指标、分散投资、关注流动性风险等手段，可以有效回避潜在的风险。

最终，投资者需要理性看待市场，对于市场的波动和不确定性保持冷静，同时保持对投资组合的动态调整。成功的证券投资不是一蹴而就的过程，而是需要投资者不断学习、调整和适应市场的变化，以实现长期的财务目标。

总的来说，证券投资是一门综合性的学科，是需要投资者具备一定的金融知识、市场洞察力以及理性决策的能力。遵循基本原则，不仅有助于规避潜在风险，提高投资效益，还能够使投资者更好地应对市场的不确定性和变化。在投资过程中，始终保持谨慎、理性的态度，将是投资者取得成功的关键。

二、证券投资与企业财务稳健性的平衡

（一）概述

证券投资与企业财务稳健性的平衡是企业管理中至关重要的课题之一。企业通过证券投资获取资金回报，在追求投资回报的同时，也必须谨慎考虑企业的财务稳定性，以确保企业能够稳健经营、防范风险，达到长期可持续发展的目标。本节将深入探讨证券投资与企业财务稳健性之间的平衡关系，涵盖企业投资决策、财务风险管理、流动性管理等方面。

（二）证券投资对企业的影响

1. 资金来源

证券投资是企业获取资金的一种重要途径。通过发行股票或债券，企业可以吸引外部资金，用于扩大生产、研发创新、并购重组等活动。然而，不同的证券类型对企业的财务状况和经营活动有不同的影响。

（1）股票融资：通过发行股票，企业可以吸引股东投资，无须偿还本金，但会面临股权稀释的问题。股东对企业的投资期望通常较高，企业需要在经营活动中创造股东价值，保持良好的业绩表现，以维护股价和市值。

（2）债券融资：发行债券为企业提供了债务融资的途径，但企业需要按期支付利息和最终偿还本金。债务融资能够增加企业负债，提高资本结构的灵活性，但也增加了财务风险。

2. 投资决策

企业进行证券投资时，需要谨慎进行投资决策，选择符合企业战略和财务状况的投资标的。投资决策的质量直接影响到企业未来的盈利能力和财务保障。

（1）股权投资：企业通过购买其他公司的股票进行战略性投资，以实现战略合作、资源整合等目标。然而，股权投资也伴随市场波动风险，企业需要充分评估潜在的投资风险，以确保投资决策符合企业整体战略。

（2）债务投资：企业可以通过购买债券等固定收益工具获取稳定的投资回报，但也需要关注信用风险和市场利率波动对债券价值的影响。

（三）企业财务稳健性的重要性

1. 长期可持续发展

企业财务稳健性是企业长期可持续发展的基石。稳健的财务状况有助于企业更好地应对市场变化、经济波动和行业竞争，提高企业的抗风险能力。

2. 信任与声誉

稳健的财务状况对企业信任和声誉的建立至关重要。投资者、客户、供应商等利益相关方更倾向于与财务稳定的企业合作，这有助于扩大企业的业务规模和市场份额。

3. 灵活应对机会与挑战

财务稳健性赋予企业更大的灵活性，使其能够更好地把握市场机遇，同时在面临挑战时又有更多的手段进行有效的应对。企业在财务稳健的基础上能够更灵活地进行战略调整、投资扩张或应对不利市场情况。

（四）平衡证券投资与财务稳健性的关键因素

1. 财务规划和预算

企业需要建立完善的财务规划和预算体系，明确投资的资金来源、用途和预期回报。通过合理的财务规划，企业能够在证券投资中保持资金的相对充裕，降低因资金不足而导致的财务压力。

2. 风险管理

有效的风险管理是平衡证券投资与财务稳健性的关键。企业需要识别、评估和管理与证券投资相关的各种风险，包括市场风险、信用风险、流动性风险等。制定科学的风险管理策略，确保企业在证券投资中能够最大限度地控制风险。

3. 流动性管理

企业在进行证券投资时需要关注资金流动性。过度投资可能导致资金紧张，影响企业正常的经营活动。因此，企业需要合理安排资金的流动性，确保有足够的现金流来应对短期的应急需求。流动性管理涉及企业的资产负债结构，以确保企业在证券投资的同时保持足够的流动性。

4.财务透明度与沟通

维护良好的财务透明度对于平衡证券投资与财务稳健性至关重要。通过及时、准确地披露企业的财务状况，企业能够提升投资者、债权人和其他利益相关方对企业的信任度。沟通是关键，企业应当积极主动地与利益相关方沟通，让各方了解企业的战略、财务状况以及证券投资的策略，以减少信息不对称带来的风险。

5.投资组合的多样性

为了降低证券投资的风险，企业可以通过构建多样化的投资组合来实现财务稳健性。不仅要关注股票和债券等传统的金融工具，还可以考虑其他投资形式，如房地产、基础设施等。多样化的投资组合有助于分散风险，减缓单一投资标的物可能带来的财务影响。

6.财务指标监控

企业需要建立有效的财务指标监控体系，对企业的财务状况、经营绩效、投资回报等方面进行定期监测和评估。这有助于及时发现潜在问题，采取相应措施进行调整。一些关键的财务指标包括流动比率、偿债能力、盈利能力等，通过监控这些指标，企业可以更好地掌握自身财务状况。

（五）案例分析：平衡证券投资与财务稳健性的成功经验

1.谷歌（Alphabet Inc.）

谷歌作为一家全球领先的科技公司，其成功经验为平衡证券投资与财务稳定性提供了有益启示。谷歌通过不断的科研创新和战略投资，实现了公司业务的不断拓展。谷歌母公司 Alphabet In3.它不仅注重技术创新，还通过对各类证券的投资，包括股票、债券和其他金融工具，有效管理资金，实现了财务的稳固。

2.宝马集团（Bayerische Motoren Werke AG）

宝马集团是一家以汽车制造为主的跨国公司，其成功经验体现在对证券投资和财务稳健性的平衡。宝马通过巧妙的资本结构管理，灵活运用股权和债务融资工具，确保了企业在进行证券投资的同时保持了相对较低的财务风险。宝马不仅在汽车业务中取得了成功，也通过多元化的证券投资为公司财务健康提供了坚实的保障。

在当前复杂多变的经济环境下，企业在追求证券投资回报的同时，必须平衡好财务稳健性。通过合理的财务规划和预算、有效的风险管理、流动性管理、财务透明度与沟通、多样化的投资组合以及财务指标的监控，企业能够更好地应对市场波动，确保财务稳健性，为长期可持续发展打下坚实的基础。

成功的企业往往能够灵活应对市场变化，善于利用证券投资工具实现战略目标。案例分析表明，像谷歌、宝马这样的企业通过平衡证券投资与财务稳健性，取得了长期的成功。企业在不同行业和背景下可以借鉴这些成功经验，根据自身的特点和战略目标，找到适合自己的平衡点，实现证券投资与财务稳健性的协同发展。

第五章　财务管理信息化建设

第一节　财务管理信息化的理论基础

一、信息化与财务管理的关系

信息化和财务管理之间存在着密切的关系，信息化对财务管理的影响涵盖多个方面，从财务数据的处理到决策支持系统的建设，都对组织的财务管理产生了深远的影响。在信息化时代，财务管理已不再是简单的账务核算，而是需要更加精密、高效的手段来适应复杂多变的商业环境。以下是信息化与财务管理关系的几个方面，详细阐述了两者之间的互动关系。

（一）数据处理与财务信息化

信息化技术为财务管理提供了更加高效、准确的数据处理手段。传统的手工账务处理方式逐渐被计算机化、自动化的财务信息系统取代。这使企业能够更及时地获取、处理和分析财务数据，提高了数据的准确性和可靠性。通过信息化的数据处理，企业能够更加迅速地获得财务报告，为决策提供了更为大力的支持。

（二）决策支持系统与财务管理

信息化技术在决策支持系统（DSS）的建设中发挥了重要作用。财务管理需要在复杂多变的市场环境中做出各种决策，包括投资、融资、成本控制等方面的决策。信息化通过建设 DSS，为财务管理提供了更全面、准确的信息，使决策者能够更科学、理性地做出决策。这有助于降低决策的风险，提高企业的经营效率。

（三）财务风险管理与信息化

信息化技术对财务风险管理起到了积极的促进作用。财务风险包括市场风险、信用风险、流动性风险等多个方面。信息化通过建设风险管理系统，提供实时、全面的财务信息，使企业能够更好地识别、评估和应对各类风险。这有助于企业在面对不确定性的经济环境中更加灵活地调整经营策略，降低财务风险。

（四）财务透明度与信息化

信息化提高了财务管理的透明度。通过建设财务信息系统，企业的财务信息更容易被内部和外部的利益相关者获取。这有助于提高企业的透明度，加强与投资者、监管机构、合作伙伴之间的沟通与信任。财务透明度的提高对于企业的融资、合作以及社会责任等方面都有积极的影响。

（五）成本控制与信息化

信息化技术在财务管理中有助于成本控制。通过建设先进的成本管理系统，企业能够更精准地了解各项成本的构成和分布情况，有针对性地进行成本控制。这对于提高企业的盈利能力和竞争力具有重要意义，尤其在市场竞争激烈的行业中更为突出。

（六）信息安全与财务管理

信息化时代，财务信息的安全性成为一个极其重要的问题。财务数据的泄露或篡改可能对企业造成巨大的经济损失和声誉风险。因此，信息化的财务管理需要高度关注信息安全。通过建设安全的信息系统、加强内部控制和审问，可以有效地保障财务信息的安全性，维护企业的经济稳定和声誉。

（七）财务会计与信息化

信息化对财务会计产生了深刻的影响。传统的财务会计主要依赖手工操作，容易出现错误和滞后性。而信息化技术的引入使财务会计更加自动化、智能化。电子化的财务报表、电子记账等都大大提高了工作效率，并降低了人为因素对财务数据准确性的影响。

综上所述，信息化与财务管理之间存在着紧密的互动关系。信息化为财务管理提供了高效的数据处理手段、先进的决策支持系统、有效的风险管理工具，提高了财务透明度、成本控制效率，同时带来了对信息安全的新挑战。在信息化时代，企业需要不断优化财务管理体系，充分发挥信息化的优势，以更好地适应和引领市场的变革，实现可持续发展。

二、技术创新与财务信息化的协同

技术创新与财务信息化的协同发展是当代企业管理中至关重要的环节。随着科技的飞速发展，企业需要不断迭代和升级财务信息系统，以适应变化的商业环境。本节将深入探讨技术创新和财务信息化之间的协同关系，分析两者相互促进、相互影响的机制和效果。

（一）技术创新对财务信息化的推动

1. 先进技术的引入

技术创新不断为财务信息化提供新的工具和平台。例如，人工智能、大数据、区块链等先进技术的引入，使财务信息化系统更加智能、高效。人工智能可以用于财务数据的自动分析和预测，大数据技术可以处理大量的财务信息，区块链则提供了更安全、透明的财务数据管理方式。

2. 云计算与灵活性

云计算技术的发展为财务信息化带来了更大的灵活性。企业可以通过云计算将财务信息系统部署在云端，随时随地进行访问和管理。这不仅提高了财务数据的可用性，还降低了维护和升级的成本。云计算还支持弹性伸缩，使企业能够根据需要灵活调整财务信息系统的规模。

3. 移动技术的应用

移动技术的普及为企业提供了更便捷的财务信息获取途径。财务管理人员可以通过移动设备随时随地访问财务信息系统，实时监控企业的财务状况。这种便捷的移动应用有助于提高决策的实时性和灵活性，以适应快速变化的市场需求。

（二）财务信息化对技术创新的反馈

1. 数据驱动创新

财务信息化系统积累了大量的财务数据，这为企业的技术创新提供了丰富的数据资源。通过对这些数据的分析，企业可以更好地了解市场趋势、客户需求等信息，从而指导技术创新的方向。数据驱动的创新模式使技术研发更加具有针对性和高效性。

2. 创新项目的资金支持

财务信息化系统为企业提供了更为准确和及时的财务数据，有助于企业更好地进行财务规划和资金管理。通过财务信息化系统，企业能够更清晰地了解自身的财务状况，更准确地评估创新项目的投资风险和回报，从而为创新项目提供更充足的资金支持。

3. 创新团队的协同合作

财务信息化系统使企业内部各部门之间的信息传递更加迅速和透明。创新团队可以更方便地获取和分享财务信息，有助于形成协同合作的氛围。财务信息化系统的协同作用可以促进创新团队更加高效地开展项目，提高创新的成功率。

（三）协同效应的案例分析

1. 创新型企业的财务信息化实践

以一些典型的创新型企业为例，它们在财务信息化方面的实践通常与其技术创新密不可分。这些企业通过先进的财务信息系统，实现了对财务数据的实时监控和分析。这使它们能够更灵活地调整投资策略，及时应对市场变化。与此同时，这些企业通过财务信息系统对创新项目进行资金管理，确保了创新活动的顺利进行。

2. 传统行业的数字化转型

在一些传统行业，数字化转型往往伴随技术创新和财务信息化的协同进行。通过引入先进的技术，如物联网、人工智能等，企业改善了生产、销售等方面的效率。同时，财务信息化系统为企业提供了数字化管理的基础，实现了对整个价值链的财务数据的集中监控和管理。

（四）挑战与应对策略

1. 安全与隐私问题

随着财务信息化和技术创新的深入，信息安全和隐私问题成为亟须解决的挑战。企业需要加强对财务信息和技术创新数据的安全保护，采用加密、权限控制等手段确保信息不被恶意获取和利用。

2. 人才短缺

技术创新和财务信息化需要具备高水平的专业人才。企业面临着吸引、培养和留住这些人才的挑战。建立完善的人才培训和激励机制，加强与高校、研究机构的合作，以及拓宽招聘渠道，都是应对人才短缺的策略。因此，企业还可以通过提供具有吸引力的创新项目、培养内部人才等方式，促使员工在技术创新和财务信息化领域积极发展。

3. 成本压力

技术创新和财务信息化可能需要较多的投资，对企业的财务会带来一定的压力。企业需要在投资决策中进行谨慎评估，确保投入产出比的合理性。同时，可以通过选择更适合企业规模和实际需求的解决方案，控制项目的规模和成本。

4. 信息断层

技术创新和财务信息化可能导致信息断层的问题，即不同部门或系统之间的信息不同步、不一致。为解决这一挑战，企业可以采用集成化的信息系统，确保数据的一致性和流畅的信息流通。同时，建立跨部门的协同机制，促使各个环节的信息共享和协同工作。

（五）未来趋势与展望

1. 强化数字化战略

未来，技术创新和财务信息化将更加深度地融合，企业需要强化数字化战略。这包括加强对数字技术的研究与应用，以及通过财务信息化系统实现数字化管理。数字化战略将成为企业在竞争激烈的市场中脱颖而出的关键因素。

2. 加强智能化应用

随着人工智能技术的发展，智能化应用将在财务信息化中发挥越来越重要的作用。自动化的财务流程、智能化的数据分析和预测，都将成为企业提高效率、降低成本的机器。

3.加速创新与财务的融合

未来企业需要更加紧密地将创新和财务相结合，通过财务信息化系统为创新提供更多支持。这包括对创新项目的资金支持、对新技术的评估和应用，以及对创新团队的协调与管理。

4.着力解决安全与隐私问题

随着信息化和技术创新的深入，安全与隐私问题将成为企业面临的持续挑战。未来，企业需要加强信息安全管理，采用先进的技术手段保障财务信息和创新数据的安全。

技术创新与财务信息化的协同发展已经成为企业持续发展的不可或缺的环节。通过先进技术的引入，财务信息化得以更加智能、高效地支持企业的财务管理和决策。同时，财务信息化为技术创新提供了充足的数据资源和资金支持，推动了企业在市场中的创新和竞争。面对挑战，企业需要制定明智的战略，以应对安全与隐私问题、人才短缺等方面的挑战，从而更好地实现技术创新和财务信息化的协同发展，为企业带来更可持续的竞争优势。

第二节 财务管理信息化建设的必要性与目标

一、信息化建设对财务管理的促进作用

信息化建设对财务管理的促进作用是当代企业发展中至关重要的环节。随着科技的迅猛发展，信息技术在企业的财务管理中扮演了越来越重要的角色。本节将深入探讨信息化建设对财务管理的促进作用，从多个角度分析其对财务数据处理、决策支持、风险管理、成本控制、透明度提升等方面的积极影响。

（一）财务数据的高效处理

信息化建设使财务数据的处理更加高效、准确。传统的手工账务处理方式逐渐被计算机化、自动化的财务信息系统取代。通过电子化的财务流程，企业能够更迅速地记录、分类、分析和存储财务数据。这有助于降低错误率，提高数据的准确性，同时减少了烦琐的手工操作所需的时间和成本。

（二）决策支持系统的建设

信息化建设为财务管理提供了更为先进的决策支持系统（DSS）。这些系统能够基于大数据分析、人工智能等技术，为决策者提供全面、准确的信息。通过历史财务数据和市场趋势的分析，决策支持系统能够帮助企业更科学、理性地做出各种财务决策，

包括投资、融资、成本控制等方面。

（三）财务风险管理的提升

信息化建设提升了财务风险管理的能力。通过建设风险管理系统，企业能够更及时、全面地识别和评估各种风险，包括市场风险、信用风险、流动性风险等。这有助于企业更灵活地应对不稳定的市场环境，降低财务风险带来的不确定性。

（四）成本控制的效率提高

信息化建设为成本控制提供了更为高效的手段。通过先进的成本管理系统，企业能够更精准地了解各项成本的构成和分布情况。这使企业能够通过对成本结构的深入分析，找到降低成本的潜在空间，提高运营效率，增强竞争力。

（五）财务透明度的提高

信息化建设有助于提高财务透明度。财务信息系统的建设使财务数据更易被内部和外部的利益相关者获取。这包括股东、投资者、监管机构等。提高财务透明度有助于增加投资者信任，降低信息不对称的风险，从而提高企业的融资能力。

（六）提高工作效率和减轻工作负担

信息化建设大幅提高了财务团队的工作效率。传统的手工处理财务数据需要大量的人力和时间，容易出现错误。而信息化系统的使用能够自动完成烦琐的数据录入、核对、汇总等任务，从而减轻了财务人员的工作负担，使他们能够更专注于战略性的财务管理活动。

（七）精准的财务报告

信息化系统能够生成更加精准、及时的财务报告。通过对数据的实时监控和分析，企业可以迅速获得最新的财务状况，及时发现问题并采取措施。这有助于提高财务报告的可信度，使管理层能够更准确地制定战略决策。

（八）改进审计和合规性

信息化建设改进了审计和合规性方面的工作。财务信息系统能够记录和跟踪所有的财务活动，为审计提供翔实的数据支持。同时，系统的内部控制功能有助于确保财务活动的合规性，减少违规风险，提高企业的信誉。

（九）促进全球化经营

信息化建设有助于企业更好地适应全球化经营的需求。通过互联网和信息化技术，企业可以更轻松地管理分布在全球范围内的财务活动，实现远程协同工作。这促进了全球化战略的顺利实施，提升了企业的国际竞争力。

（十）财务创新与新业务模式

信息化建设推动了财务创新和新业务模式的出现。例如，区块链技术的应用使财务信息更加透明、安全，同时推动了智能合约的发展。这些新技术和新业务模式为企业提供了更多创新的空间，使其能够在财务管理中开创新局面。

（十一）数据驱动的经营决策

信息化建设使企业更加注重数据的价值。通过信息化系统收集、存储和分析大量的财务数据，企业能够实现数据驱动的经营决策。这种数据驱动的决策模式基于对财务数据的深入挖掘，使管理层更具洞察力地了解企业的经济状况、市场趋势以及客户需求。这进一步增强了管理层对业务运营和财务状况的把握，有助于制定更具前瞻性和战略性的决策。

（十二）财务数字化转型

信息化建设推动了财务数字化转型的进程。传统的财务管理以纸质文档和手工操作为主，而信息化建设引入了数字化工具、电子化流程，实现了财务管理的数字化、智能化。这种数字化转型不仅提高了工作效率，还促使了企业财务管理模式的全面升级。

（十三）提高客户满意度

信息化建设也直接关系到企业与客户的关系。通过财务信息系统，企业能够更加迅速、准确地响应客户的财务需求。例如，电子发票、在线支付等数字化财务服务，提高了客户体验，提升了客户满意度，有助于建立更紧密的客户关系。

（十四）精细化管理和精益制造

信息化建设推动了财务管理的精细化和精益制造。通过实时监控财务数据，企业能够更加精细地管理各项成本，优化资源配置，降低浪费，提高生产效率。这有助于企业实现精益制造，提高盈利水平。

（十五）革新审计和财务报告

信息化建设改变了审计和财务报告的方式。先进的财务信息系统能够实现对财务数据的全程追踪和实时监控，从而提高审计的效率和准确性。同时，信息化系统也支持更灵活、更具实时性的财务报告，为内外部利益相关者提供更透明、可靠的财务信息。

（十六）环保和可持续发展

信息化建设也有助于企业更好地履行社会责任。通过数字化的财务流程，能够减少纸质文档的使用，降低了对环境的影响。同时，信息化系统的智能化管理也有助于提高资源利用效率，推动企业迈向更可持续发展的方向。

（十七）增强抗风险能力

信息化建设提高了企业的抗风险能力。通过风险管理系统，企业能够更好地识别和评估潜在的财务风险。及时获取财务信息和数据分析的能力使企业更具有应对市场波动、政策变化等风险的灵活性。

（十八）加强国际合规性

在国际贸易和金融体系中，信息化建设对于企业加强合规性也起到了重要作用。通过建设符合国际财务会计准则（IFRS）等标准的财务信息系统，企业能够更好地适应国际市场的需求，提高与国际合作伙伴的合规性，降低因合规性问题带来的风险。

信息化建设对财务管理的促进作用是多方面的，包括财务数据的高效处理、决策支持系统的建设、风险管理的提升、成本控制的效率提高、透明度的提高等多个方面。企业在信息化建设中应该注重系统的整合和创新，合理运用先进的技术手段，不断提升财务管理水平。随着科技的不断发展，信息化对财务管理的促进作用将更加深入，同时对企业的经营和竞争力将产生更为显著的影响。因此，企业应该在信息化建设中注重长远规划，全面考虑财务管理的各个方面，以适应未来商业环境的变化。

二、设定明确的信息化目标与指标

设定明确的信息化目标与指标是企业在信息化建设过程中至关重要的一项任务。通过合理设定目标和指标，企业可以更有针对性地制定信息化战略，确保信息化建设对业务和组织产生积极的影响。本节将深入探讨设定信息化目标与指标的重要性，以及相应的方法和原则，并分析合理设定目标与指标对企业信息化建设的促进作用。

（一）信息化目标的重要性

1.指导企业战略方向

设定明确的信息化目标有助于指导企业战略方向。信息化不仅仅是一项技术投资，更是与企业整体战略紧密关联的重要组成部分。设定目标有助于明确信息化的战略定位，确保信息技术与业务战略相一致，促使信息技术更好地支持企业的长期发展。

2.优化业务流程

明确的信息化目标有助于优化业务流程。通过设定目标，企业可以深入分析现有业务流程的痛点和不足，明确信息化在流程优化中的作用。设定的目标可以推动业务流程的重构，提高效率，减少资源浪费，实现更高水平的业务运作。

3.提高组织运作效能

设定明确的信息化目标有助于提高组织运作效能。设定的目标应涵盖组织内各个层面，包括财务、人力资源、供应链等多个方面。通过信息化建设，企业可以实现资源的集中管理、信息的即时共享，从而提高整体运作效能，使组织更具竞争力。

4. 增强客户体验

明确的信息化目标有助于增强客户体验。在数字化时代，客户体验已经成为企业竞争的关键因素之一。通过设定目标，企业可以借助信息技术改善客户服务流程，提高服务质量，加强与客户的互动，提升客户满意度。

（二）设定信息化目标的方法和原则

1. 制定 SMART 原则

设定信息化目标时，可以采用 SMART 原则，确保目标具有明确性、可衡量性、可达性、相关性和时限性。SMART 原则包括以下几点。

具体性（Specific）：目标应该明确具体，而非模糊不清。

可衡量性（Measurable）：目标应该能够量化，以便进行监测和评估。

可达性（Achievable）：目标应该是实际可达到的，避免过于理想化而难以实现。

相关性（Relevant）：目标应与企业整体战略和需求相关，有助于推动业务发展。

时限性（Time-bound）：目标应设定明确的时间框架，有助于推动实施进程。

2. 明确长期和短期目标

在设定信息化目标时，需要明确长期和短期目标。长期目标通常关联企业的发展战略，而短期目标则更注重即时的业务需求。明确这两个层次的目标有助于更好地规划信息化建设的步骤和取得阶段性成果。

3. 结合业务需求

信息化目标应该与业务需求紧密结合。企业在设定目标时，需要充分了解业务的特点和要求，确保信息化建设真正服务于业务的发展和优化。

4. 全员参与

设定信息化目标的过程应该实现全员参与。不仅需要从高层管理层获取对目标的支持，还需要考虑到各个部门和团队的需求和期望。通过团队合作的方式，可以更全面地了解企业内部的各方面需求，确保设定的信息化目标更加全面、合理。

5. 参考行业最佳实践

在设定信息化目标时，可以参考行业内的最佳实践。了解同行业内其他企业的成功经验和失败教训，可以为企业提供宝贵的借鉴和经验，有助于设定更为合适和有效的信息化目标。

6. 持续优化和调整

信息化目标不是一成不变的，而是需要在实施过程中进行持续优化和调整。随着业务环境的变化、技术的进步，企业可能需要对信息化目标进行调整，以确保目标仍然与企业整体战略保持一致，并能够更好地适应变化的外部环境。

（三）信息化指标的重要性

1. 量化业务绩效

信息化指标的设定可以帮助企业量化业务绩效。通过选择合适的指标，企业可以更直观地了解信息化建设对业务各个方面的影响。这有助于管理层更好地评估信息化投资的回报，优化资源配置，实现业务目标。

2. 监控进度和效果

信息化指标有助于监控信息化建设的进度和效果。通过设定关键的信息化指标，企业可以随时了解项目实施的情况，及时发现问题并采取措施，确保信息化建设按计划推进，达到预期效果。

3. 激励团队

设定信息化指标可以激励团队，增强员工的执行力。明确的指标为团队提供了明确的方向和目标，有助于凝聚团队的力量，提高工作效率。通过与目标挂钩的激励机制，可以激发员工的积极性，推动信息化建设的落地。

4. 指导资源分配

信息化指标对于指导资源的合理分配非常关键。通过设定不同方面的指标，企业可以更科学地分配人力、财力、技术等资源，确保每个方面都得到合理的支持，提高信息化建设的整体效益。

5. 评估供应商和合作伙伴

在信息化建设中，企业通常会与各种供应商和合作伙伴进行合作。通过设定明确的信息化指标，企业可以更好地评估供应商和合作伙伴的绩效，确保他们能够按照合同约定提供高质量的服务和支持。

（四）设定信息化目标与指标的案例分析

1. 业务流程优化目标

目标：实现采购和供应链管理的数字化和自动化，缩短采购周期，提高供应链的效率。

指标：采购流程时间缩短至原来的一半，供应链周转时间减少 20%。

这个目标和指标的设定明确了企业希望通过信息化建设优化采购和供应链管理，通过具体的指标来衡量这一优化的效果。

2. 客户体验提升目标

目标：通过数字化渠道提供更便捷、个性化的客户服务，提高客户满意度。

指标：在线服务响应时间降低至 5 分钟以内，客户投诉率减少 30%。

这个目标和指标的设定凸显了企业在信息化建设中关注客户体验的重要性，通过实际的指标来衡量数字化渠道对客户服务的影响。

3. 成本控制目标

目标：通过财务信息系统优化成本管理，降低运营成本，提高利润率。

指标：成本控制系统实施后，每季度运营成本降低5%。

这个目标和指标的设定凸显了企业在信息化建设中追求成本效益的意愿，并通过具体的指标来评估成本控制系统的实际效果。

（五）设定信息化目标与指标的挑战与应对策略

1. 战略与目标对齐的挑战

挑战：信息化目标可能与企业整体战略不一致，导致信息化建设无法做到真正支持业务发展。

应对策略：在设定信息化目标前，与企业高层管理层充分沟通，确保信息化目标与企业整体战略保持一致。需要考虑业务规模、市场需求、竞争环境等因素，确保信息化目标能够更好地支持企业长远发展。

2. 指标量化与实施的挑战

挑战：设定具体可衡量的指标可能面临困难，特别是对一些复杂业务流程和软性目标的量化。

应对策略：在设定指标时，应充分了解业务流程，与相关部门进行深入沟通，确保能够找到可衡量的数据和指标。对于软性目标，可以采用客观评估、用户满意度调查等方法，将其转化为可量化的数据从而完成挑战。

3. 全员参与的挑战

挑战：全员参与的实现可能会受到团队成员的不同理解和接受程度的制约。

应对策略：在设定信息化目标时，进行广泛的内部沟通，解释目标的重要性和意义。确保各个层级的员工都能理解目标，并明确他们在实现目标过程中的角色和责任。促使团队形成共识，提高员工的积极性。

4. 评估与调整的挑战

挑战：信息化目标的评估和调整需要实时的监控和反馈机制，但建设中可能会面临数据不准确、信息滞后等问题。

应对策略：在信息化建设过程中建立健全的监控体系，确保能够及时获取关键数据。引入信息化项目管理工具、数据分析工具等，以支持对目标的实时评估。定期进行绩效评估，发现问题及时调整信息化目标和策略。

5. 业务需求变化的挑战

挑战：业务环境变化可能导致信息化目标不再符合实际需求，需要及时调整。

应对策略：在设定信息化目标时，考虑业务环境的不确定性，设定灵活性较强的目标。定期进行战略评估，以了解业务环境的变化。在发现信息化目标与业务需求不符时，及时进行调整，保持信息化建设的适应性。

设定明确的信息化目标与指标是企业信息化建设的基础和关键，对于实现信息化战略、提高业务效能和创造价值具有重要作用。在设定目标时，应遵循 SMART 原则，确保目标具有明确性、可衡量性、可达性、相关性和时限性。同时，需要明确长期和短期目标，结合业务需求，实现全员参与，参考行业最佳实践，并持续优化和调整目标。

在设定信息化指标时，应考虑量化业务绩效、监控进度和效果、激励团队、指导资源分配、评估供应商和合作伙伴等方面的需求。通过合理设定信息化指标，可以更好地评估信息化建设的效果，提高整体业务运作的效率。

同时，企业在面对设定信息化目标与指标的挑战时，需要采取相应的应对策略，包括确保战略与目标对齐、解决指标量化与实施的难题、促进全员参与、建立评估与调整机制、灵活应对业务需求变化等。

通过科学合理地设定信息化目标与指标，企业可以更加有效地推动信息化建设，提升自身的整体竞争力，实现可持续发展。

第三节　企业财务管理信息化存在的问题及对策研究

一、信息安全与数据隐私问题

信息安全与数据隐私问题是当今数字化时代面临的重要挑战。随着信息技术的迅速发展和企业日益数字化的运营，数据安全和隐私保护变得尤为关键。本节将深入探讨信息安全与数据隐私的定义、重要性、面临的挑战，以及应对措施等方面内容，从而更好地理解并应对这一重要议题。

（一）信息安全与数据隐私的定义

1. 信息安全

信息安全是指保护信息系统及其中的信息资源免受未经授权的访问、使用、泄露、破坏、修改、干扰或者中断的能力。信息安全涵盖硬件、软件、网络和数据等多个层面，旨在确保信息的机密性、完整性和可用性。

2. 数据隐私

数据隐私是指个体或组织在使用信息系统的过程中，其个人身份、交易记录、偏好等敏感信息受到保护，不被未经授权的访问、使用或泄露。数据隐私影响到个体对其个人信息的控制权，以及在信息社会中保护个体免受滥用的权益。

（二）信息安全与数据隐私的重要性

1. 维护用户信任

在数字化时代，用户信任是企业成功的关键因素之一。用户对企业能够妥善保护其个人信息的信任程度直接关系到其是否愿意使用该企业的产品或服务。一旦发生数据泄露或安全漏洞，用户对企业的信任将受到极大影响，可能导致用户流失、品牌形象受损等消极现象。

2. 法律合规

随着各国对个人数据保护的法规不断完善，企业需要遵守相关法规，否则将面临巨大的法律风险和处罚。例如，欧洲的通用数据保护条例（GDPR）和美国的加州消费者隐私法（CCPA）等法规要求企业妥善处理用户数据，否则可能面临严重的法律后果。

3. 保护商业机密

对于企业而言，不仅需要保护用户的个人信息，还需要保护自身的商业机密和关键业务信息。泄露核心技术、战略计划或客户资料等敏感信息可能导致竞争劣势，甚至影响企业的生存和发展。

4. 防范网络攻击

随着网络技术的不断发展，网络攻击手段也日益翻新。保持信息系统的安全性是防范网络攻击的第一道防线。数据泄露、恶意软件、勒索软件等威胁都需要企业采取措施以确保系统的安全。

5. 促进创新与发展

信息安全与数据隐私保护不仅是一项风险防范的措施，它们的存在也为创新和发展提供了基础。只有在信息安全得到保障的前提下，企业和个体才能更加放心地分享数据，参与合作，推动数字经济的快速发展。

（三）面临的挑战

1. 大规模数据收集

随着互联网的发展，企业和服务提供商越来越依赖于大规模的数据收集来进行精准的用户定制和业务分析。然而，大规模数据收集也增加了信息泄露和滥用的风险。

2. 新型威胁与攻击手段

网络攻击手段不断更新，黑客利用先进的技术手段进行攻击，如人工智能、物联网攻击等。企业需要不断提升自身的安全能力，以应对新型威胁。

3. 数据跨境传输

随着全球化的发展，企业需要跨境传输大量的数据。然而，不同国家和地区对于数据隐私的法规和标准存在差异，企业在跨境传输数据时需要同时遵守不同的法规，这无形中增加了合规的难度。

4.人为因素

人为因素是导致信息安全问题的一个重要原因。员工的疏忽、不当操作或者恶意行为可能导致信息泄露。因此，企业需要通过培训和监管等手段提高员工的信息安全意识。

5.数据所有权与访问控制

在数字化时代，数据的所有权和访问控制变得更加复杂。企业需要明确数据的所有者，并建立有效的访问控制机制，以防止未经授权的访问和使用。

（四）应对措施

1.加强技术安全措施

加密技术：使用先进的加密技术对敏感数据进行加密，确保即使数据被盗取也难以解密。

身份验证和访问控制：实施严格的身份验证机制和访问控制策略，确保只有授权人员能够访问特定的敏感信息。

网络安全：采用防火墙、入侵检测系统（IDS）和入侵防御系统（IPS）等网络安全措施，防止网络攻击和未经授权的访问。

2.制定健全的隐私政策与合规规定

制定隐私政策：企业应明确数据的收集、使用和共享政策，向用户清晰地说明数据处理的目的，并征得用户的明示同意。

合规规定：遵循国际和地区的法规，例如 GDPR、CCPA 等，确保企业在全球范围内都能够合法合规地处理用户数据。

3.增强员工培训和意识教育

培训计划：提供定期的员工培训，加强员工对信息安全和数据隐私的意识，教育他们识别和防范潜在的威胁。

模拟演练：进行定期的模拟演练，帮助员工熟悉如何应对安全事件和威胁，提高应急响应能力。

4.强化数据治理和管理

数据分类与标记：将数据进行分类和标记，确保对不同级别的数据采用不同的安全措施。

访问日志与审计：记录数据的访问日志，并进行定期审计，以便追踪敏感信息的访问记录，发现潜在的安全威胁。

5.利用技术工具进行监测和响应

安全信息与事件管理（SIEM）：使用 SIEM 工具监测系统中的异常活动，实时检测潜在的安全事件。

威胁情报分析：利用威胁情报分析工具，获取有关最新威胁和攻击的信息，以提前预防潜在的威胁。

6. 数据最小化原则

仅收集必要数据：遵循数据最小化原则，仅收集和使用业务所需的最少量个人数据，减少潜在的风险。

7. 强化供应链安全

供应商审查：审查和评估供应商的信息安全措施，确保他们符合相应的安全标准。

合同约定：在合同中明确供应商对数据安全的责任和义务，确保他们同样遵循严格的安全标准。

（五）未来趋势与展望

随着技术的不断进步和数字化的深入发展，信息安全与数据隐私问题将继续成为企业关注的焦点。以下是未来的一些趋势和展望：

1. 强化人工智能在安全中的应用

人工智能将在信息安全领域发挥越来越重要的作用。通过利用机器学习和智能分析，可以更准确地检测异常行为，实现对安全威胁的及时响应。

2. 区块链技术的应用

区块链技术的去中心化和不可篡改的特性，使其成为保护数据完整性和防范数据篡改的有效工具。未来，区块链技术可能在数据隐私领域发挥更大的作用。

3. 法规合规的不断完善

各国对于数据隐私的法规将继续完善和更新。企业需要密切关注法规的变化，确保自身的数据处理活动符合最新的法规要求。

4. 面向量子计算的加密技术

随着量子计算技术的发展，传统的加密算法可能会受到挑战。因此，未来的趋势可能包括面向量子计算的新一代加密技术的研发和应用。

信息安全与数据隐私问题在数字化时代越发凸显，对企业和个人都带来了严峻的挑战。为了有效应对这些挑战，企业需要制定全面的信息安全策略和数据隐私保护措施，以及强化技术手段、人员培训、合规规定等多方面的防护措施。随着技术的发展和法规的不断完善，未来的趋势可能会更加注重人工智能、区块链技术、法规合规等方面的创新与应用。只有通过持续的努力和创新，企业才能在信息安全和数据隐私保护方面保持竞争优势，建立起用户信任和品牌声誉。

在制定信息安全与数据隐私保护策略时，企业需要全员参与，建立起文化氛围，用以强调每位员工都是信息安全的一部分。员工培训和意识教育是确保每个人都能够理解、遵守和执行安全政策的关键。此外，企业还需要与合作伙伴和供应商共同努力，确保整个供应链的安全性。

随着信息技术的不断演进，保障信息安全与数据隐私将成为企业社会责任的一部分。企业需要在追求创新和商业价值的同时，履行对用户和社会的责任，建立起可持续的数字经济生态系统。通过综合运用技术手段、法规合规、员工培训等多方面的措施，企业可以更好地应对当前和未来的信息安全与数据隐私挑战，为数字化时代的可持续发展提供稳固的保障。

二、信息系统的集成与优化

（一）概述

信息系统在现代企业中扮演着至关重要的角色，其集成与优化不仅关系到企业内部运营的高效性，也直接影响了企业在市场中的竞争力。本节将深入探讨信息系统集成的定义、意义、挑战，以及优化的策略与方法。

（二）信息系统集成的定义与意义

1. 信息系统集成的定义

信息系统集成是指将各个独立的、不同功能的信息系统、应用程序或软硬件组件整合在一起，以实现更高层次的协同工作和数据共享的过程。这有助于消除信息孤岛，提高信息流的流动性，使企业内部各个系统能够更加协调、高效地工作。

2. 信息系统集成的意义

（1）提高业务流程效率：通过信息系统集成，企业能够将原本独立运作的系统串联起来，实现业务流程的自动化和高效执行，减少人工干预，提高业务效率。

（2）促进信息共享与协同：集成能够打破信息壁垒，实现不同部门、不同系统之间的信息共享，提升组织内协同工作的效果，有助于快速响应市场变化。

（3）降低运营成本：避免重复建设和维护多个独立系统，通过集成可以降低硬件和软件的运营成本，提高整体资源利用率。

（4）加强决策支持：集成各类数据源，使企业管理层能够更全面、准确地了解企业状况，为决策提供更可靠的支持。

（三）信息系统集成的挑战

尽管信息系统集成带来了众多好处，但在实践中也面临一系列挑战。

1. 技术异构性

企业内部可能使用多种不同的技术、平台和应用，它们的异构性使集成变得更为复杂。不同系统之间可能采用不同的数据格式、通信协议，因此需要消耗更多的资源来解决这些技术差异。

2. 数据一致性

在集成的过程中，数据一致性是一个重要问题。不同系统可能维护着相同或相似的数据，但由于更新的时机和方式不同，可能导致数据的不一致。保障数据在不同系统中的同步与一致性是一个具有挑战性的任务。

3. 安全和隐私问题

随着信息共享的增加，安全和隐私问题变得尤为重要。在集成信息系统时，必须采取措施来确保敏感数据的安全，防止出现未经授权的访问和泄露。

4. 业务流程变更

信息系统集成通常需要调整和改变企业的业务流程，这可能引起员工的抵触情绪，导致实施过程的阻力。管理这种变革过程是一项具有挑战性的任务。

5. 成本和资源限制

信息系统集成可能需要大量的资金和人力资源。对于中小型企业来说，这可能是一个巨大的挑战，限制了它们在集成方面的投资。

（四）信息系统集成的策略与方法

1. 采用标准化接口

采用标准化的接口和协议可以降低系统之间的集成难度。通用的标准能够使不同系统更容易互相通信和展开协同工作，降低了集成的技术异构性带来的挑战。

2. 选择适当的集成模式

在信息系统集成时，可以选择不同的集成模式，包括点对点集成、集线器集成、总线集成等。根据企业的实际需求和系统架构，选择最适合的集成模式。

3. 数据集成与同步

采用先进的数据集成工具，确保数据在不同系统之间的同步和一致性。这包括ETL（抽取、转换、加载）工具，消息队列系统等，能够有效地解决数据一致性的问题。

4. 采用中间件技术

中间件技术可以作为连接不同系统的桥梁，它提供了一种灵活、可扩展的方式来实现系统之间的通信。企业服务总线（ESB）是一种常见的中间件技术，用于促进系统的松散耦合。

5. 实施安全措施

在信息系统集成的过程中，安全问题必须得到重视。采用加密技术、访问控制、身份验证等安全措施，确保集成后的系统在数据传输和存储方面得到充分的保护。

6. 强调培训和变革管理

在信息系统集成过程中，培训和变革管理是至关重要的。员工需要接受有关新系统、新流程和新工具的培训，以提高他们对变化的接受度和适应性。变革管理策略应该包括沟通、参与和激励，以确保员工在集成过程中积极参与并支持变革。

7. 采用云集成解决方案

云集成解决方案可以降低集成的复杂性和成本。云平台提供了可扩展的资源，使企业可以更灵活地应对变化和需求增长。云集成还能够提供更高的可用性和弹性，有助于应对突发事件和高峰时期的需求。

8.制定清晰的集成战略

在集成之前，企业需要制定合理的集成战略，明确集成的目标、范围和时间表。战略应与企业整体战略保持一致，确保集成是有针对性、有计划的，而不是零散的、无序的过程。

（五）信息系统优化的策略与方法

1.进行系统性能评估

在进行信息系统优化之前，首先需要对当前系统的性能进行全面评估。这包括硬件性能、软件性能、数据库性能等方面的评估，以确定系统的"瓶颈"和优化的重点。

2.采用缓存和负载均衡技术

通过引入缓存技术，可以减轻系统对数据库和其他资源的压力，提高数据的访问速度。同时，负载均衡技术可以确保系统的资源被合理分配，防止出现性能"瓶颈"。

3.数据库优化

数据库是信息系统中存储和管理数据的关键组件。通过合理设计数据库结构、使用索引、优化查询语句等方式，可以提高数据库的性能，减少系统响应时间。

4.采用分布式架构

分布式架构可以通过将系统划分为多个独立的模块，使系统更容易扩展和优化。同时，采用微服务架构可以提高系统的灵活性和可维护性，更好地应对变化和需求的增长。

5.进行代码优化

对系统的代码进行优化是提高系统性能的有效途径。这包括优化算法、减少代码冗余、提高代码质量等方面。代码的优化可以减少系统资源的消耗，提高系统运行效率。

6.更新和升级

及时更新和升级系统的软件和硬件是确保系统持续高效运行的关键。新的版本通常包含性能改进、安全修复和新功能，能够帮助系统更好地适应变化的环境。

7.实施监控和性能调优

建立系统监控机制，通过监测系统的运行状况、资源利用率和性能指标，及时发现潜在问题。性能调优则是在监控的基础上对系统进行优化调整，以确保系统能够始终保持良好的性能。

8.采用自动化工具

利用自动化工具对系统进行管理和优化，可以提高效率、减少人工干预。自动化工具可以用于自动化部署、性能监控、故障诊断等方面，减轻管理员的工作负担。

信息系统的集成与优化是现代企业数字化转型的关键环节。通过集成不同系统，实现信息的协同与共享，企业能够更好地应对市场变化、提高业务效率。而信息系统的优化则能够确保系统始终保持高性能运转，提供稳定可靠的服务。在实施集成和优化过程中，企业需要综合考虑技术、人员和流程等多方面的因素，采用合适的策略与方法，不断优化和提升信息系统的整体能力。只有如此，企业才能在竞争激烈的市场中保持敏捷性和创新力，取得持续的发展。

第四节 我国企业财务管理信息化协同模式建设

一、我国企业信息化的现状与趋势

（一）概述

随着信息技术的快速发展和数字化浪潮的席卷，我国企业信息化已经成为提升竞争力、实现可持续发展的关键步骤。本节将深入分析我国企业信息化的现状，探讨信息化发展面临的挑战以及未来的发展趋势。

（二）我国企业信息化的现状

1. 信息化基础设施建设

在过去的几十年中，我国企业信息化取得了显著的进展。政府和企业加大了对信息技术基础设施的投资，网络覆盖率不断扩大，宽带接入普及，为企业提供了强大的数字基础。

2. 企业信息化应用水平

我国企业在信息化应用方面取得了显著成就，包括但不限于以下几种。

企业资源规划（ERP）系统：大中型企业普遍采用 ERP 系统，实现了企业内部各业务流程的集成与优化，提高了运营效率。

客户关系管理（CRM）系统：企业通过 CRM 系统更好地管理客户关系、提升客户满意度，实现了销售、市场和服务的一体化。

供应链管理（SCM）系统：SCM 系统的应用帮助企业优化供应链流程，提高了物流效率，降低了库存成本。

大数据与人工智能应用：一些领先企业开始在生产、销售、营销等方面应用大数据分析和人工智能技术，帮助企业更好地洞察市场、提高决策效益。

3. 电子商务和移动办公

电子商务在我国得到了快速发展，许多企业通过互联网平台进行线上销售、采购和服务。同时，移动办公也逐渐成为一种趋势，企业员工可以通过移动设备随时随地处理工作，提高了工作的灵活性和效率。

4. 制造业智能化

制造业在信息化方面取得了巨大的进步，工业互联网、智能制造等概念得到广泛应用。数字化工厂、智能生产线等使企业在生产过程中更加灵活、智能化，提高了生产效率和产品质量。

（三）我国企业信息化面临的挑战

1. 技术水平不均

尽管一些大型企业在信息化方面取得了卓越成就，但中小型企业在技术水平上仍存在较大差距。一些企业由于资金、人才等方面的限制，难以快速跟上信息技术的发展步伐。

2. 信息安全风险

随着企业信息化程度的提升，信息安全风险也日益凸显。网络攻击、数据泄露、恶意软件等威胁对企业信息资产造成潜在威胁，需要企业加强信息安全管理。

3. 人才短缺与培养

信息技术发展迅猛，但企业在信息化领域的专业人才相对短缺，尤其是具有大数据、人工智能等前沿技术知识的人才。企业需要加大对专业人才的培养和引进力度。

4. 成本压力

信息化的投入是一项长期的、高成本的投资。一些中小型企业由于资金有限，可能面临着信息化投资的压力，难以迅速实现全面的信息化升级。

（四）我国企业信息化的未来趋势

1. 数字化转型

随着物联网、大数据、人工智能等技术的发展，未来企业将更加强调数字化转型。这包括数字化产品与服务、数字化营销与销售、数字化供应链等方面，以提高企业整体的数字化发展水平。

2. 5G 技术应用

5G 技术的商用将进一步推动物联网、移动办公、智能制造等领域的发展。高速、低时延的 5G 网络将为企业提供更强大的数据传输和处理能力，助力更多创新应用的落地。

3. 智能制造

制造业将进一步推动智能制造的发展，包括工业互联网、工业大数据、智能工厂等方面的应用。智能制造将提高生产效率、降低生产成本，推动制造业的升级。

4. 信息安全加强

随着信息化程度的提高，信息安全问题将更加凸显。未来企业需要加强信息安全管理，包括建立健全的信息安全体系、使用先进的安全技术、加强员工培训，确保企业信息资产得到有效的保护。

5. 人工智能与大数据

人工智能和大数据技术将在企业信息化中发挥越来越重要的作用。通过大数据分析，企业可以更好地理解市场趋势、用户需求，制定更科学的决策。人工智能技术将在客户服务、流程优化、智能决策等方面提供更多解决方案，提高企业的智能化水平。

6. 云计算与边缘计算

云计算将继续在企业信息化中发挥关键作用。企业可以通过云服务灵活部署和管理应用，实现资源的弹性配置。边缘计算则能够满足实时性和低时延的需求，为物联网、智能设备等应用提供支持。

7. 区块链技术应用

区块链技术的应用将进一步推动信息化的发展。在供应链管理、金融服务、数据安全等领域，区块链技术可以提供更加安全、透明、可信的解决方案，优化现有商业模式。

8. 智能办公与灵活工作

智能办公将成为未来企业信息化的一个重要趋势。通过智能化的办公设备、协同工具、虚拟办公环境，企业员工可以更加高效地进行协同办公。灵活工作方式也将更加普及，支持员工远程办公，提高工作灵活性。

（五）推动我国企业信息化的政策支持

为促进我国企业信息化的健康发展，政府需要提供有效的政策支持：

1. 加大科技创新支持力度

政府可以加大对信息技术领域的科技创新支持力度，鼓励企业在人工智能、大数据、物联网等前沿领域进行研发，推动科技创新成果的转化应用。

2. 完善信息安全法规

政府需要不断完善信息安全法规，强化对企业信息安全的监管力度。建立健全的信息安全管理体系，对违规行为进行严格惩处，提高企业信息安全意识。

3. 加强人才培养和引进

政府可以加大对信息化领域人才的培养力度，实行更加灵活的人才引进政策，吸引更多高层次的信息技术专业人才加入企业。

4. 提供财税支持

政府可以通过税收优惠政策，鼓励企业增加对信息技术的投资。同时，建立更加灵活的财政支持体系，帮助中小型企业加速信息化进程。

5. 推动数字化产业发展

政府可以通过产业政策，推动数字化产业的发展。支持数字化服务业、数字创意产业等新兴行业的发展，促进数字化产业与传统产业的融合。

我国企业信息化正处于快速发展的阶段，取得了显著成就。然而，面对日益激烈的市场竞争和技术的不断更新，企业仍然面临着各种挑战。未来，随着5G技术、人工智能、大数据等新一代信息技术的广泛应用，我国企业信息化将进入一个更加智能、数字化的新时代。政府、企业和社会各界需要共同努力，加强相互合作，以推动我国企业信息化的可持续发展，为经济社会的进步做出积极贡献。

二、协同模式对企业财务管理的提升

（一）概述

在当今竞争激烈的商业环境中，企业财务管理的效率和准确性对于业务的成功至关重要。协同模式作为一种在企业内部各部门和业务流程之间加强合作的方法，对财务管理的进步起到了积极的作用。本节将深入探讨协同模式对企业财务管理的影响，并分析其带来的优势和挑战。

（二）协同模式的概念与类型

1.协同模式的概念

协同模式是指不同个体、组织或系统之间相互合作，通过共享信息、资源和意见，以实现共同目标的一种工作方式。在企业中，协同模式可以涵盖组织内部不同部门之间的协同，也可以包括企业与供应商、客户以及合作伙伴之间的协同。

2.协同模式的类型

水平协同：发生在同一层次或同一业务线上的协同，涉及企业内不同部门之间的合作，例如生产部门与销售部门的协同。

垂直协同：发生在不同层次或业务线上的协同，例如企业与供应商、客户之间的协同，以及企业内部高层管理层与基层员工之间的协同。

外部协同：涉及企业与外部实体（如合作伙伴、供应商、客户等）之间的协同，目的是在整个价值链中创造出更大的价值。

（三）协同模式对财务管理的影响

1.提升财务数据的可访问性

协同模式通过打破信息孤岛，使不同部门之间的信息共享更加流畅。对于财务管理而言，各个部门产生的财务数据、成本数据等可以更快速、准确地传递给财务部门，提高了数据的可访问性。

2.优化财务流程

协同模式可以使企业内部各部门之间的协同更加紧密，财务流程得以优化。例如，在采购流程中，采购部门和财务部门可以通过协同模式实现信息的实时传递，加速采购订单的审批和付款流程，降低企业的运营成本。

3. 提高决策效率

协同模式有助于提高决策效率，使财务部门更好地参与到企业战略制定和执行的过程中。各部门之间的信息协同可以为财务决策提供更全面、实时的数据支持，使管理层能够做出更为准确的财务决策。

4. 加强内外部合作

外部协同模式使企业能够更好地与供应商、客户、合作伙伴等外部实体展开合作，促进产业链上下游的合作。在财务管理中，这意味着财务数据的共享和对账流程的优化，有助于构建更加紧密的商业伙伴关系，提高企业整体的竞争力。

5. 降低信息不对称风险

协同模式的实施有助于降低信息不对称风险。各部门之间信息的共享可以使整个企业更加透明，减少了信息在传递过程中的失真和滞后，从而降低了企业面临财务风险的可能。

（四）协同模式在财务管理中的应用实践

1. ERP 系统的应用

企业资源规划（ERP）系统是协同模式在财务管理中的典型应用。ERP 系统整合了企业内部各个部门的业务流程，包括财务、采购、生产、销售等，实现了全方位的信息共享和协同。通过 ERP 系统，财务部门可以更好地掌握企业整体状况，提高财务数据的准确性和实时性。

2. 网络化财务管理平台

采用网络化财务管理平台也是协同模式的一种应用实践。这类平台将企业的财务流程数字化，并通过网络实现各部门之间的协同。员工可以通过平台提交费用报销、财务审批等流程，实现信息的及时传递和处理，提高财务管理的效率。

3. 移动化财务管理工具

随着移动技术的发展，移动化财务管理工具成为协同模式在财务管理中的新趋势。通过移动应用，员工可以随时随地查看财务数据、提交审批申请，从而实现财务流程的快速响应和处理。

4. 云财务解决方案

云财务解决方案是基于云计算技术的财务管理工具，具有协同性和灵活性的特点。企业可以通过云财务解决方案实现财务数据的实时共享，支持多地点、多设备的访问，使财务管理更加便捷和高效。

5. 数据分析与 BI 工具

数据分析与商业智能（BI）工具的使用也是协同模式在财务管理中的重要应用。通过这些工具，企业可以对大量的财务数据进行深入分析，挖掘潜在的商业价值。财务、销售、市场等部门可以通过共享分析结果，共同制定更为科学的业务决策。

（五）协同模式在财务管理中的优势

1. 提高工作效率

协同模式的应用有助于不同部门之间的信息共享，避免信息孤岛，提高了工作效率。在财务管理中，审批流程、报销流程等通过协同模式的优化，减少了手工操作过程，降低了出错概率，提高了财务处理的速度。

2. 促进团队协作

协同模式使不同部门之间进行更加紧密地合作，促进了团队协作。在财务管理中，财务团队与其他部门的协同有助于更好地理解业务需求，提高了团队协作的效果。

3. 实现信息透明

协同模式的实施使信息更加透明，各部门可以共享实时的数据。在财务管理中，实现了财务数据的透明度，管理层可以更加清晰地了解企业的财务状况，做出更为明智的决策。

4. 降低沟通成本

通过协同模式，企业内外部的沟通更加直接和高效。在财务管理中，各个部门之间的信息传递更为迅速，审批、对账等流程的沟通成本大大降低，提高了财务管理的效率。

5. 提高数据准确性

协同模式通过信息的实时共享和流程的优化，降低了人为因素对数据的影响，提高了数据的准确性。在财务管理中，这意味着更为可靠的财务报表和分析结果，有助于企业做出更准确的财务决策。

（六）协同模式在财务管理中的挑战

1. 安全隐患

协同模式的推广与信息的共享密不可分，然而信息共享同时，也带来了安全隐患。在财务管理中，一旦涉及财务数据、公司机密等敏感信息的共享，就需要加强安全措施，防范信息泄露和攻击风险。

2. 文化差异

协同模式需要不同部门之间的合作，而不同部门可能存在文化差异。在财务管理中，财务团队通常更注重数据准确性和合规性，而其他部门可能更注重创新和灵活性。文化差异可能导致沟通障碍和理念不一致。

3. 技术整合问题

协同模式通常需要借助先进的信息技术工具，而技术整合问题可能成为一项挑战。在财务管理中，如果企业使用的财务软件与其他部门使用的工具不兼容，可能会导致信息流通不畅，影响工作效率。

4. 员工培训难度

协同模式的实施可能需要对员工进行培训,特别是对新的工具和系统的使用培训。在财务管理中,如果员工不熟悉新的协同工具,可能会导致操作不当、信息错误等情况。

（七）未来协同模式发展趋势

1. 智能化协同

随着人工智能技术的发展,未来协同模式将更加智能化。在财务管理中,智能化协同可以通过自动化流程、智能审批等方式,提高工作效率,减轻员工的操作负担。

2. 移动化协同

移动技术的普及将推动协同模式向移动化方向发展。未来,员工可以通过移动设备随时随地参与协同工作,在财务管理中实现更为灵活的操作和审批。

3. 区块链技术应用

区块链技术的应用有望解决协同模式中产生的安全和信任问题。在财务管理中,区块链可以用于确保数据的安全性和不可篡改性,提高协同模式的可信度。

4. 多云协同

未来企业可能会采用多云协同的方式,将不同云服务平台整合起来,以更好地支持协同工作。在财务管理中,多云协同可以提供更为灵活和可扩展的解决方案,使企业可以根据需要选择最适合自己的云服务提供商,同时确保协同模式的高效运作。

5. 数据隐私与合规性

随着对数据隐私和合规性要求的提高,未来协同模式的发展将更加注重对数据的安全管理和合规性。在财务管理中,企业需要保障协同模式的实施符合相关法规和标准,保护财务数据的隐私和完整性。

6. 个性化协同

未来协同模式可能会更加注重个性化,根据不同企业的需求和特点提供定制化的协同解决方案。在财务管理中,个性化协同可以更好地满足企业的独特业务流程和需求,提高协同的实际效果。

7. 生态系统建设

协同模式的发展将逐渐形成一个更加完整的生态系统,包括软件、硬件、服务等多个方面。在财务管理中,企业可以通过生态系统建设获取更全面的财务信息、工具和支持,提高整体的财务管理水平。

协同模式对企业财务管理的提升具有显著的优势,包括提高工作效率、促进团队协作、实现信息透明、降低沟通成本等。然而,实施协同模式也面临一系列挑战,包括安全隐患、文化差异、技术整合问题等。未来,随着智能化、移动化、区块链技术等的发展,协同模式将不断演进,呈现出更加智能、灵活、安全的趋势。企业在实施协同模式时需要综合考虑各种因素,充分利用新技术,建立符合自身特点的协同模式,以推动财务管理水平不断提升,适应激烈的市场竞争。

第六章 现代企业财务管理的信息化建设与创新

第一节 财务管理信息化理论基础

一、信息化与企业战略管理

信息化与企业战略管理是当今企业发展中不可忽视的重要组成成分。信息化是指将信息技术与业务流程相结合，以提高组织效率、创新和竞争力。企业战略管理则是制定、实施和评估企业长期目标的过程，以确保企业在不断变化的市场环境中保持竞争优势。本节将探讨信息化对企业战略管理的影响，以及企业如何更好地整合信息化和战略管理，实现可持续的竞争优势。

首先，信息化对企业战略管理的影响体现在多个方面。先是提高了信息收集和分析的能力。随着信息技术的不断发展，企业能够更加迅速、准确地获取市场信息、竞争对手动态以及客户需求。这使企业在制定战略时能够更全面地考虑外部环境的变化，降低了决策的不确定性。

其次，信息化促进了组织内部的沟通与协作。通过信息技术，企业可以建立更加高效的内部沟通渠道，使各部门能够更加紧密地协同工作。这有助于加强组织内部的协同能力，推动战略的顺利执行。

最后，信息化提高了企业的灵活性和敏捷性。在快速变化的市场环境中，企业需要灵活调整战略以适应新的挑战。信息化使企业能够更迅速地调整业务流程、产品和服务，以适应市场的变化，从而更好地把握机遇和应对挑战。

然而，要实现信息化与企业战略管理的有机结合，并取得最大的效益，企业需要采取一系列措施。

首先，企业需要在战略规划过程中充分考虑信息化的因素。信息化不应仅仅是一个独立的 IT 项目，而应成为整个战略制定和执行的一部分。企业领导层需要认识到信息化是实现战略目标的关键手段，将其纳入战略决策的考虑范围。

其次，企业需要建立健全的信息化基础设施。这包括完善的信息技术系统、高效的数据管理体系以及合理的网络架构。只有在有了稳固的信息化基础之后，企业才能更好地支持战略管理的实施。

再次，企业还需要培养具备信息化素养的人才。战略管理需要综合考虑各个方面的因素，而信息化则需要专业的技术人才来支持。企业需要在人才培养上下功夫，建设一支既懂战略管理又懂信息技术的团队。

最后，企业需要不断进行信息化与战略管理的绩效评估。通过建立科学的绩效评价体系，企业能够及时发现问题，调整战略和信息化的配比，确保两者之间相互支持、相互促进，共同达到协同效应。

综合而言，信息化与企业战略管理是相辅相成的关系。信息化为企业提供了更多的决策支持和执行手段，而企业战略管理则指引着信息化的发展方向。在当今竞争激烈的市场环境中，企业要想在长期中取得成功，就必须善于整合信息化和战略管理，不断优化和调整，以适应不断变化的市场需求。

二、创新理念与财务管理的融合

创新理念与财务管理的融合在当今商业环境中变得越发重要。创新作为企业持续发展的关键驱动力，与财务管理的结合可以为企业带来更好的战略执行和财务绩效。本节将探讨创新理念与财务管理的融合，以及如何实现这一融合产生的价值。

首先，创新理念对企业的财务管理提出了新的挑战和机遇。传统的财务管理更注重成本控制、财务报表和风险管理等方面，但创新理念要求企业更加注重投资于研发、技术更新和市场开拓等创新活动。这就需要财务管理在保持财务稳健的同时，更好地支持和推动创新。

其次，创新理念与财务管理的融合要求企业在财务决策中更加注重长期价值创造。传统的财务管理可能更侧重短期财务指标和股东价值，而创新理念强调长期战略、市场份额的增长和产品服务的不断创新。因此，企业需要调整财务管理的目标和指标，更注重未来的价值和可持续发展。

在实现创新理念与财务管理的融合时，以下几个方面值得重视。

（1）创新投资决策：财务管理需要更加灵活地支持创新投资，包括研发、新产品开发和市场推广等。这可能需要调整财务预算和审批流程，确保企业有足够的资金用于支持创新活动。

（2）财务与研发部门协同：财务管理需要与研发部门更密切地协同工作，了解创新项目的进展和成本情况。通过建立有效的沟通机制，可以更好地协调资源和降低创新项目的财务风险。

（3）创新绩效评估：传统的财务绩效评估可能无法全面反映创新的价值。因此，企业需要建立更全面的绩效评估体系，包括市场份额、品牌价值、客户满意度等非财务指标，以更好地衡量创新对企业的贡献。

（4）风险管理：创新往往伴随一定的不确定性和风险。财务管理需要更加注重创新项目的风险评估和管理，以确保企业在追求创新的同时能够保持财务的稳健性。

（5）人才培养：财务团队需要具备更多的战略眼光和创新思维，以更好地理解和支持企业的创新活动。培养具有财务专业知识和创新意识的人才是关键。

综合而言，创新理念与财务管理的融合对企业的长远发展至关重要。企业需要在财务决策、绩效评估、风险管理等方面进行创新，以适应不断发展变化的市场环境。通过有效的创新与财务管理的结合，企业可以实现长期的竞争优势，创造更多的经济和社会价值。

第二节　现代企业财务管理信息化建设的意义及措施

一、信息化建设对企业决策效能的提升

信息化建设对企业决策效能的提升是一个备受关注的话题。随着信息技术的飞速发展，企业逐渐认识到信息化不仅仅是一种技术应用，更是一种战略资源，能够深刻地影响企业的决策过程和效能。本节将深入探讨信息化建设对企业决策效能的影响，以及如何最大限度地利用信息化手段提升决策效能。

（一）信息化建设的基础

1. 信息系统的建设

信息化建设的核心在于构建健全的信息系统。这包括企业资源规划（ERP）、客户关系管理（CRM）、供应链管理（SCM）等系统的建设。这些系统能够整合企业各个部门的数据和业务流程，为决策提供全面、准确的信息基础。

2. 数据管理与分析能力

信息化建设还需要关注数据的质量、存储和分析能力。通过建立高效的数据管理系统，企业可以更好地挖掘数据潜力，为决策提供可靠的数据支持。数据分析工具的使用则有助于从大数据中提炼有价值的信息，为决策提供更深入的洞察。

3. 云计算和大数据技术

云计算和大数据技术的发展为企业提供了更灵活、可扩展的计算和存储资源。通过利用云平台和大数据技术，企业可以更高效地处理大规模数据，加速决策过程，并实现对数据的即时分析和响应。

（二）信息化建设对企业决策效能的积极影响

1. 实时决策支持

信息化建设使企业能够迅速获取实时数据，并在决策中得到支持。实时决策支持

有助于企业迅速应对市场变化、竞争压力和客户需求的变化，提高决策的时效性和准确性。

2. 决策智能化

人工智能（AI）和机器学习（ML）等技术在信息化建设中的应用，使决策过程更加智能化。这些技术可以通过学习和分析历史数据，为决策者提供更为精准的预测和建议，降低决策失误的风险。

3. 提升决策透明度

信息化建设带来的全面数据整合和分析，提升了决策的透明度。决策者能够更清晰地了解企业各个方面的运营状况，从而做出更为明智的决策。透明度的提升也有助于团队协同合作，共同推动决策的实施。

4. 创新驱动决策

信息化建设为企业提供了更多的创新机会。通过数字化转型和创新实验，企业能够更好地了解市场趋势和客户需求，推动产品和服务的创新。这些创新驱动的决策有助于企业保持竞争力和不断进化。

（三）实现信息化建设与决策效能提升的关键要素

1. 领导层支持和参与

信息化建设需要得到企业领导层的广泛支持和参与。领导层的决策和投资决定对于信息化建设的成功至关重要。领导层的理解和推动也能够促使企业文化的变革，更好地适应信息化的要求。

2. 人才培养和管理

企业需要具备信息化建设和决策支持的专业人才。这包括数据科学家、信息系统专家和业务分析师等。同时，企业需要建立完善的人才培养机制，确保每一位员工具备使用信息化工具的技能和意识。

3. 安全与合规

信息化建设的同时，企业必须重视信息安全和合规性。数据隐私、网络安全等问题需要得到充分的关注，以防范潜在的风险和保护企业的声誉。

4. 持续改进和创新

信息化建设是一个不断演进的过程。企业需要保持对新技术和趋势的敏感性，进行持续改进和创新。这包括更新技术基础设施、引入新的分析工具和方法，以保持信息化建设的前沿性和竞争力。

（四）成功案例分析

1. 亚马逊

亚马逊通过先进的信息系统和大数据技术，实现了高度智能化的供应链管理和订单处理。这使亚马逊能够在瞬息万变的电商市场中实现高效的库存管理和迅速的订单处理，提升了决策效能。

2. 阿里巴巴

阿里巴巴通过自身的信息技术平台，包括阿里云、大数据平台和人工智能技术，为企业提供了全方位的数字化解决方案。这不仅提高了企业在电商领域的决策效能，还推动了阿里巴巴集团的多元化发展，包括零售、云计算、物流等领域的全面布局。

3. 微软

微软以其 Azure 云平台和 Power BI 等业务智能工具，帮助企业更好地进行数据管理和决策分析。通过提供强大的云计算和分析服务，微软支持企业实现实时数据分析、预测建模等高级决策支持功能。

这些成功案例表明信息化建设对企业决策效能的提升具有显著的实际意义。通过引入先进的信息技术，这些企业成功地加强了数据的整合和分析，实现了更智能、更高效的决策过程。

（五）挑战与应对

虽然信息化建设对企业决策效能的进步带来了巨大的好处，但同时伴随一些挑战：

1. 数据质量与一致性

信息化建设涉及大量的数据，而数据的质量和一致性直接影响着决策的准确性。企业需要加强对数据的管理和清洗，确保数据的真实性和一致性。

2. 安全与隐私问题

随着信息技术的广泛应用，企业面临着越来越严峻的信息安全和隐私保护问题。合适的安全措施和合规性管理是信息化建设的重要组成部分。

3. 组织文化的变革

信息化建设通常需要伴随组织文化的变革。传统的决策模式可能需要被数字化、智能化的决策方式替代。这对于企业内部的文化调整和员工的培训都提出了挑战。

4. 技术更新与维护

信息技术的更新速度较快，企业需要不断跟进新技术的发展，保持信息系统的先进性。同时，对于已有系统的维护和升级也是一项不小的投入。

应对这些挑战，企业需要建立全面的信息化战略，整合组织内外的资源，加强对技术、人才和流程的管理。

信息化建设对企业决策效能的提升是一个全面、深远的过程。通过构建健全的信息系统、提升数据管理与分析能力、应用新兴技术等途径，企业能够实现决策过程的智能化、高效化。

成功的信息化建设不仅仅是技术的应用，更需要领导层的支持、人才的培养和组织文化的变革。企业需要认识到信息化是一项全员参与的事业，需要全面考虑技术、人员和流程的因素，形成有机的整合。

在信息时代，企业将信息化建设与战略发展相结合，将更有可能在激烈的市场竞争中占据优势地位。通过信息化，企业可以更好地把握市场机会、提高决策效能，实现可持续的发展。

二、创新措施对信息系统的支持与推动

创新是企业持续发展的关键驱动力之一，而信息系统的支持和推动在创新过程中扮演着至关重要的角色。本节将深入探讨创新措施对信息系统的支持与推动，以及如何通过信息系统促进创新的发展。

（一）创新与信息系统的关系

1. 定义创新

创新并不仅指新产品或技术的开发，更包括了新业务模式、新市场策略、新组织形式等多个层面。创新是企业适应变化、获取竞争优势的核心能力。

2. 信息系统在创新中的作用

信息系统是支持企业日常运营和管理的关键工具，也是推动创新的重要平台。信息系统可以帮助企业收集、分析和利用大量数据，提供决策支持和创新洞察。通过信息系统，企业能够更加灵活地响应市场变化、优化业务流程、提高生产效率。

（二）创新措施对信息系统的支持

1. 数据驱动创新

创新的第一步是充分利用数据。信息系统通过数据的收集、整合和分析，为企业提供了深入了解市场、客户需求、竞争对手等方面的机会。数据驱动的创新可以通过预测分析、趋势识别等方式，帮助企业做出更准确的战略决策。

2. 云计算与弹性资源

云计算为企业提供了更灵活、可扩展的计算和存储资源。通过云平台，企业可以根据需要快速扩展或缩减计算能力，降低了创新项目的实施成本和风险。云计算还支持大规模数据处理，为企业提供更强大的创新基础设施。

3. 创新协同平台

信息系统可以构建创新协同平台，以促进不同部门和团队之间的合作。协同平台提供了共享信息、实时协作和知识共享的环境，有助于激发员工的创新意识，推动创新活动的顺利进行。

4. 移动技术与灵活工作环境

移动技术使员工可以随时随地访问企业信息系统，提高了工作的灵活性和效率。

在创新过程中，这意味着员工能够更加便捷地参与到创新活动中，推动创新的跨时空发生。

（三）信息系统的推动力在创新中的应用

1.创新项目管理

信息系统可以支持创新项目的全生命周期管理。从项目的规划、执行到监控，信息系统提供了一系列工具和平台，帮助企业更好地管理创新项目。这包括项目进度跟踪、资源管理、风险评估等方面，有助于确保创新项目按计划推进。

2.创新文化建设

信息系统可以用于建设创新文化。企业可以通过内部协同平台、数字化沟通工具等方式，突破部门间的信息壁垒，促进员工间的交流和合作。信息系统还可以提供在线培训、知识分享等功能，推动员工的创新能力的提升。

3.用户体验设计

信息系统在创新中的一个关键角色是通过优秀的用户体验设计提升产品和服务的创新力。通过深入了解用户需求、使用行为，信息系统可以打造更符合用户期望的创新产品，提高用户满意度和忠诚度。

4.业务流程优化

信息系统的数字化和自动化特性可以帮助企业优化业务流程，进而提高效率和灵活性。优化的业务流程为企业提供更多的时间和资源用于创新活动，使创新不再受制于烦琐的操作和流程。

（四）成功案例分析

1.谷歌的创新文化

谷歌一直以来注重创新，其信息系统不仅仅是支持业务运作的工具，更是构建创新文化的平台。内部协同平台、员工创新项目推动系统等工具，为谷歌员工提供了广泛的创新空间，促进了一系列成功的创新项目的产生。

2.特斯拉的数字化制造

特斯拉在汽车制造过程中广泛应用信息系统，实现了数字化制造。通过实时监测和数据分析，特斯拉能够快速调整生产线，实现个性化生产和快速创新。信息系统的应用在提高生产效率的同时，推动了汽车行业的技术创新。

3.苹果的用户体验设计

苹果以其出色的用户体验设计而著称。信息系统在苹果的产品研发和设计中发挥了关键作用。通过大数据分析用户行为、偏好和反馈，苹果能够精准地设计产品，提供独特而令人满意的用户体验。信息系统为苹果的创新提供了坚实的基础，使其成为全球科技行业的领军者之一。

这些成功案例凸显了创新与信息系统相辅相成的关系，信息系统不仅是支持创新的工具，而且是创新实践中的推动力。

（五）挑战与应对

在信息系统支持创新的过程中，企业可能面临一些挑战：

1. 安全与隐私问题

随着信息系统的广泛应用，安全与隐私问题日益成为企业和用户关注的焦点。企业需要加强信息系统的安全防护，确保创新过程中敏感信息的合法使用与保护。

2. 技术更新与维护

信息系统技术的更新速度较快，企业需要不断升级系统，确保其能够满足创新的需求。同时，系统的维护和管理也需要耗费大量资源。

3. 文化和组织变革

信息系统的引入可能需要企业进行文化和组织结构的调整。员工可能需要适应新的工作方式和流程，而企业领导层也需要推动组织文化的转变，使其更有利于创新。

4. 数据治理和质量问题

充分利用数据是创新的基础，但数据的质量和治理问题可能妨碍创新的进行。企业需要建立健全的数据管理体系，确保数据的准确性和一致性，避免由于低质量数据而影响创新决策。

（六）成功实施的关键要素

1. 领导层支持

企业领导层的支持对于信息系统支持创新至关重要。领导层需要制定明确的创新战略，将创新纳入企业发展战略的核心。

2. 人才储备

企业需要具备相关的人才来驱动创新。这包括信息技术专业人才、数据科学家、设计师等。建立完备的人才储备机制，确保企业在创新过程中有足够的人才支持。

3. 敏捷的组织结构

创新通常需要快速响应市场变化，因此敏捷的组织结构对于信息系统的支持至关重要。敏捷的团队和流程能够更迅速地推动创新项目的实施。

4. 合作伙伴关系

与外部合作伙伴开展的紧密合作也是成功实施的关键。合作伙伴关系可以拓宽企业的创新视野，提供更多创新资源和思路。

创新与信息系统的密切关系是当今企业成功的重要因素之一。通过信息系统的支持，企业能够更好地进行数据驱动的创新、协同创新、项目管理等方面的工作，提高创新的效率和成功率。

在不断变化的市场环境中,企业需要理解信息系统不仅仅是支持业务运作的工具,更是创新的推动力。因此,企业应积极采取创新措施,整合信息系统,不断挖掘创新的潜力,推动企业持续创新与发展。

第三节　企业财务管理信息化协同模式的创新与探究

一、协同模式的概念与特点

协同模式是指在组织或团队中,成员通过协同合作、共享信息、资源和技能,以实现共同目标的一种工作方式。协同模式强调成员之间的互动与合作,以提高整体绩效和创造力。本章节将深入探讨协同模式的概念、特点以及在不同领域的应用。

（一）协同模式的概念

1. 定义

协同模式是一种组织成员之间相互合作、共享资源和信息的工作方式。在协同模式下,个体的工作成果不仅仅取决于个体的能力和表现,更取决于团队的整体协同效能。这种模式旨在通过协作,实现更高效、更创造性的工作结果。

2. 背景

协同模式的发展与信息技术的进步、全球化的加速以及组织管理理念的演进密切相关。随着工作环境的变化,越来越多的组织认识到传统的命令与控制模式可能无法适应复杂多变的市场需求。因此,协同模式成为许多组织追求的工作方式,旨在更好地适应快速变化的商业环境。

（二）协同模式的特点

1. 共享信息与资源

协同模式的核心特点之一是成员之间共享信息与资源。这包括知识、经验、技能、数据等方面的共享。通过共享,团队成员能够更全面地理解问题,更迅速地获取所需资源,提高解决问题的效率。

2. 互动与沟通

协同模式强调互动与沟通。团队成员之间需要建立有效的沟通渠道,分享想法、交流信息,以促进团队的共同理解和协同作业。有效的互动有助于减少信息不对称,提高工作效率。

3. 任务分工与协同

在协同模式下,任务通常被分解为更小的部分,并由不同的团队成员承担。这种任务分工后，团队成员需要通过协同合作来完成整体任务。协同工作有助于充分发挥团队成员的专业优势，提高整体工作效能。

4. 弹性和适应性

协同模式注重组织的弹性和适应性。面对快速变化的市场环境，团队需要具备适应性，能够迅速调整工作方式、任务分工，以更好地适应新的挑战和机遇。

5. 共同目标

协同模式的最终目的是实现共同的目标。团队成员需要对共同的目标有清晰的认识，并为之努力。共同的目标有助于凝聚团队成员的共识和动力，提高整体绩效。

（三）协同模式的应用领域

1. 企业管理

在企业管理中，协同模式得到广泛应用。通过协同合作，不同部门之间能够更好地协调工作，提高信息流畅度，加速决策的过程。企业管理中的团队协同也涵盖项目管理、产品开发等多个方面。

2. 创新与研发

在创新与研发领域，协同模式是推动创新的重要手段。团队成员需要共享创意、知识，通过集体智慧来解决复杂问题。协同创新有助于挖掘团队成员的潜力，促使创新的不断涌现。

3. 教育领域

在教育领域，协同模式有助于培养学生的团队协作能力。通过小组项目、团队作业等方式，学生能够学到在团队中协同工作的经验，提高沟通和合作能力。

4. 跨组织合作

协同模式也在跨组织合作中得到了广泛应用。在供应链管理、产业联盟等领域，不同组织之间需要紧密合作，以提高整体效率和降低成本。信息系统在这一过程中扮演了关键角色。

（四）协同模式的优势

1. 提高效率

协同模式通过合理的任务分工和团队协同，可以提高工作的效率。团队成员能够更专注于自己擅长的领域，充分发挥个体优势，提高整体工作效能。

2. 促进创新

协同模式有助于创新的产生。不同团队成员的多元化背景和经验，能够带来不同的视角和思考方式。在协同的过程中，新的创意和想法往往能够迅速涌现。

3. 增强团队凝聚力

协同模式有助于增强团队的凝聚力。通过共同的目标和合作经验，团队成员之间建立了紧密的联系。这种凝聚力有助于团队更好地应对挑战，共同克服困难。

4.适应快速变化

在快速变化的商业环境中，协同模式的弹性和适应性非常重要。团队能够更灵活地调整工作方式，快速响应市场变化，更好地适应新的挑战和机遇。

5.提高员工满意度

协同模式有助于创造积极的工作氛围，提高员工满意度。通过团队协作，员工能够感受到彼此的支持和合作，使工作变得更有意义和愉悦，进而提高员工的满意度和忠诚度。

（五）协同模式的挑战

1.沟通障碍

协同模式中，有效的沟通是关键因素。然而，由于团队成员之间的差异性，包括文化差异、语言差异等，沟通可能会面临障碍。不同团队成员对于信息的理解和解释可能存在差异，导致沟通不畅或误解。

2.任务协调难度

协同模式下的任务协调可能面临一定的困难。不同成员的工作进度、工作方式和优先级可能存在差异，需要合理的任务协调机制来确保整体任务的顺利进行。

3.文化差异

如果团队成员来自不同的文化背景，可能会面临文化差异的挑战。不同的价值观、沟通方式、工作习惯等都可能会导致团队合作的不适应。有效管理和融合文化差异是协同模式面临的一项重要任务。

4.团队冲突

协同模式下，团队成员之间可能因为不同的观点、利益冲突等问题而产生团队冲突。有效处理冲突，达成共识，是维护协同模式稳定运行的关键。

（六）成功实施协同模式的关键要素

1.领导层的支持

协同模式的成功实施需要来自领导层的明确支持。领导层需要制定相关政策、提供资源支持，并倡导协同文化，使协同模式贯穿整个组织。

2.有效的沟通机制

建立有效的沟通机制对于协同模式至关重要。这包括明确的沟通渠道、定期的沟通会议，以及使用协同工具等方式，确保信息畅通、沟通有效。

3.适应性的组织文化

组织文化对协同模式的实施起到了决定性的作用。适应性的组织文化需要强调团队合作、共享文化、创新文化等，鼓励员工在工作中积极合作。

4.专业的团队培训

提供专业的团队培训有助于团队成员更好地适应协同模式。培训内容可以包括团队建设、沟通技能、冲突管理等方面，以提高团队的协同性。

5.强大的信息系统支持

强大的信息系统支持是协同模式成功实施的关键。信息系统能够提供协同工具、项目管理工具、团队协同平台等，为团队提供必要的技术支持。

协同模式作为一种灵活而高效的工作方式，在当今不断变化的商业环境中得到了广泛的应用。通过共享信息与资源、互动沟通、任务分工与协同、弹性与适应性以及共同目标的特点，协同模式有助于提高团队效率、促进创新、增强团队凝聚力，适应快速变化的环境，并提高员工满意度。

然而，协同模式也面临一些挑战，如沟通障碍、任务协调难度、文化差异和团队冲突等。为了顺利实施协同模式，领导层的支持、有效的沟通机制、适应性的组织文化、专业的团队培训以及强大的信息系统支持是至关重要的。

在实践中，许多组织已经成功地采用协同模式，推动了团队协作和创新的发展。特别是在现代企业中，信息系统的广泛应用为协同模式提供了强有力的支持，使团队成员能够更便捷地共享信息、协同工作，推动整体业务的发展。

未来，随着科技的不断进步和商业环境的不断变化，协同模式将持续发挥重要作用。组织需要不断优化协同机制，适应新的技术和工作方式，以更好地适应竞争激烈的市场。

总的来说，协同模式的成功实施需要全面考虑组织文化、领导层支持、沟通机制、培训和信息系统支持等多个方面。只有通过全方位地努力，组织才能真正享受到协同模式带来的诸多优势，提高整体竞争力，应对市场变化，实现可持续发展。

二、协同模式的创新对企业运营的影响

协同模式的创新对企业运营产生深远的影响，他涉及组织结构、业务流程、团队协作以及信息技术等多个方面。本节将分析协同模式创新对企业运营的积极影响，并探讨这些影响是如何推动企业创新、提高效率、适应市场变化以及增强竞争力的。

（一）概述

在当前高度竞争的商业环境中，企业面临着不断变化的市场需求、技术革新和全球化竞争等多方面的挑战。为了更好地适应这些变化，许多企业将协同模式作为一种创新的手段，通过改变组织的运作方式，实现更灵活、高效、创新的企业运营。

（二）协同模式创新的影响

1.业务流程的优化与创新

协同模式创新通常涉及业务流程的重新设计和优化。传统的业务流程可能存在信

息孤岛、冗余步骤、低效沟通等问题，而协同模式创新通过引入先进的信息系统、协同工具以及更灵活的流程设计，能够实现业务流程的优化和创新。这有助于提高业务执行效率、降低成本，并缩短产品或服务上市时间，进而更好地满足市场需求。

2. 组织结构的灵活性与适应性

协同模式的创新往往伴随组织结构的调整和变革。传统的层级式组织结构可能会限制信息流通和决策效率，而采用协同模式，组织结构更趋向扁平化和灵活化。这种结构的变革使信息更快地在组织内流通，决策更加灵活迅速。同时，协同模式也更容易适应市场的变化，使企业更具竞争力。

3. 创新文化的培育

协同模式的创新鼓励团队成员之间的合作与共享。这种合作与共享的氛围有助于培育创新文化。在这样的文化中，员工更愿意分享自己的想法，团队成员之间形成协同创新的动力。创新文化的培育进一步激发了企业内部创新的潜力，推动了产品、服务和业务模式的不断创新。

4. 团队协作效能的提升

协同模式的创新通过引入协同工具、平台以及更加开放的沟通机制，有助于提高团队协作效能。团队成员可以更方便地共享信息、协同工作、迅速做出决策。这种高效的团队协作能力使企业能够更迅速地应对市场的变化，更好地满足客户需求。

5. 信息技术的发展与应用

协同模式创新离不开信息技术的发展与应用。随着云计算、大数据、人工智能等技术的不断成熟，企业能够更好地利用这些技术来支持协同模式的创新。信息技术的应用使企业能够更智能、更高效地运营，进而更好地适应市场变化。

（三）协同模式创新对企业运营的积极影响

1. 提升运营效率

协同模式的创新通过优化业务流程、提高团队协作效能，有助于提升企业的运营效率。通过数字化的流程管理、智能化的决策支持系统，企业能够更快速、准确地完成业务流程，降低运营成本，提高整体效率。

2. 加速产品和服务上市时间

业务流程的优化与创新以及高效的团队协作，使企业能够更快速地推出新产品或服务。通过缩短产品研发周期、提高交付效率，企业能够更迅速地响应市场需求，抢占竞争先机。

3. 适应市场变化

协同模式创新使组织结构更灵活、信息更畅通，企业更容易适应市场的变化。快速的决策反应、敏捷的业务流程调整，使企业能够更好地捕捉市场机会，应对竞争威胁，保持竞争力。

4. 提升员工工作满意度

协同模式创新改变了传统的工作方式，更关注员工之间的合作与共享。这种开放、协作的工作环境有助于提高员工的工作满意度。使员工更有归属感，更能够发挥个人的价值，从而更好地实现自身职业发展目标。

5. 增强企业竞争力

通过协同模式的创新，企业不仅能够提高运营效率、加速产品上市时间，还能够不断推动组织内部的创新，培育创新文化。这使企业更具竞争力，能够在市场竞争中占据领先地位。协同模式创新的企业通常更具有适应性和灵活性，能够更好地适应行业和市场的动态变化。

6. 降低沟通成本

协同模式创新采用了更开放、即时的沟通方式，使信息传递更为高效。相比传统的沟通方式，如邮件、传真等，新的协同工具和平台使团队成员能够更迅速地获取所需信息，减少沟通的时间和成本。这对于跨地域、跨时区的团队尤为重要，有助于促进全球化运营。

7. 提高决策质量

协同模式创新引入了更多的参与者和信息，有助于提高决策的质量。团队成员能够共享各自的观点、经验和知识，从而得出更全面、多元的决策。此外，借助先进的数据分析和决策支持系统，企业能够基于数据驱动进行决策，降低决策的风险。

8. 改善客户体验

协同模式创新不仅关注内部的运营优化，也关注企业与外部利益相关者的协同。通过更好地协同内外部资源，企业能够更好地满足客户需求，提升客户体验。共享的信息、更高效的响应机制，都有助于建立更紧密的客户关系，提高客户忠诚度。

（四）实施协同模式创新的关键要素

为了充分发挥协同模式创新的积极影响，企业需要注意以下关键要素：

1. 领导层支持与引领

协同模式创新需要来自领导层的明确支持与引领。领导层应该制定相关政策，推动组织结构的调整，鼓励创新文化的培育，并投资于先进的信息技术。领导者的参与和示范对于协同模式创新的成功非常关键。

2. 信息技术基础设施

强大的信息技术基础设施是协同模式创新的基础。企业需要投资于先进的协同工具、团队协作平台、数据分析系统等，以支持信息的快速共享、团队的高效协作，从而实现更智能、敏捷的运营。

3. 团队培训与发展

协同模式的创新需要团队成员具备相应的技能和意识。因此，企业应该进行培训，使团队成员熟练使用协同工具，理解协同文化，提高沟通和协作能力。培训还可以帮助员工更好地适应新的工作方式和组织结构。

4. 数据安全与隐私保护

随着信息共享的增加，数据安全和隐私保护成为企业难以忽视的问题。企业在实施协同模式创新时，需要制定完善的数据安全政策和隐私保护措施，确保共享的信息不被滥用，保障客户和企业的权益。

5. 持续优化与反馈机制

协同模式创新是一个持续优化的过程。企业应该建立起灵活的运营机制，能够及时获取用户和团队的反馈，不断调整和优化协同模式。定期的评估和改进有助于确保协同模式始终保持高效、创新的状态。

（五）挑战与应对

尽管协同模式创新对企业运营产生了积极影响，但企业在实施过程中仍然会面临一些挑战：

1. 文化转变难度

协同模式创新通常需要企业进行文化转变。传统的组织文化可能偏向于个人主义和层级管理，而协同模式需要强调团队合作和扁平化结构。文化转变是一个复杂而漫长的过程，需要领导层的坚定决心和全员的积极参与。

2. 技术集成复杂性

协同模式创新通常伴随先进的信息技术的引入，技术集成复杂性可能成为一个挑战。企业需要确保各种协同工具和系统能够有效集成，以保持信息的流畅和协同的高效性。这可能涉及定制化软件、数据标准化，以及确保不同系统之间的互通性。企业需要在技术层面投入足够的资源和专业人才来应对这一挑战。

3. 安全与隐私问题

随着信息共享的增加，企业需要更加重视数据安全和隐私问题。协同模式创新可能导致敏感信息的传播，增加了数据泄露和隐私侵犯的风险。因此，企业在推动协同模式创新时，必须加强数据安全措施，确保信息的合法使用和保护用户隐私。

4. 组织惯性与抵触情绪

在组织中，员工和管理层可能会因为对新模式的不适应而产生抵触情绪。传统的工作方式可能已经深入人心，员工可能对新变化感到不安。领导层需要通过充分的沟通、培训以及激励机制，打破组织的惯性，促使员工更积极地融入新的协同模式。

5. 业务流程调整困难

协同模式创新通常伴随业务流程的调整和优化。企业可能面临调整困难的问题，尤其是在业务规模较大、结构较为复杂的情况下。业务流程的调整需要全员的参与和协作，而这也可能需要较长的过渡期。

（六）案例分析：协同模式创新的成功案例

1.Slack 的团队协作平台

Slack 是一款广受欢迎的团队协作平台，通过即时聊天、文件共享、集成第三方应用等功能，提高了团队的沟通效率。Slack 的成功在于其简单直观的界面设计，以及强大的扩展性，使团队可以将多种工具集成到一个平台上，减少了信息孤岛的情况，提升了团队的协作效能。

2.Airbnb 的创新文化

Airbnb 注重建立一种创新文化，鼓励员工提出新想法、分享经验。通过定期的创新活动、内部分享会和团队合作项目，Airbnb 成功培育了一支富有创造力的团队。这种创新文化推动了 Airbnb 在共享经济领域的不断创新，成为全球领先的在线旅行平台之一。

3.亚马逊的数字化运营

亚马逊通过数字化的运营模式，实现了从电商巨头到云计算领域的多元化发展。亚马逊通过自家的云服务 AWS（Amazon Web Services）为其他企业提供云计算服务，建立了一个强大的数字化生态系统。这种数字化运营模式不仅提高了企业的效率，而且推动了亚马逊在全球范围内的业务扩展。

协同模式创新对企业运营的影响是全面而深远的。通过优化业务流程、调整组织结构、培育创新文化、提升团队协作效能，企业能够更好地适应市场变化，提高运营效率，实现可持续发展。然而，协同模式创新也面临一系列挑战，包括文化转变、技术集成、安全隐私等问题，需要企业在实施过程中认真应对。

通过案例分析，我们可以看到一些企业成功采用协同模式创新的经验。这些案例不仅为其他企业提供了借鉴，也表明协同模式创新是一个具有巨大潜力的发展方向。在未来，随着科技的不断发展和商业环境的不断变化，协同模式创新将继续成为企业提升竞争力、实现可持续发展的重要手段。

第七章 现代企业内部控制的基本概述

第一节 内部控制的产生与发展

一、内部控制的历史演变

内部控制是组织内部对资源使用和业务活动进行有效管理和监督的一种机制，旨在确保符合组织的目标并符合法规要求。内部控制的历史演变可以追溯到古代商业社会，但在近代企业管理中更为系统和重要。以下是内部控制历史演变的主要阶段：

（一）古代商业社会

在古代，商业活动主要以个体或家族为基础。由于规模较小，内部控制的需求相对较低。商人通常直接参与交易，掌握全部业务流程，并通过个人信誉来维持交易关系。

（二）工业革命前期

随着工业革命的兴起，企业规模扩大，业务复杂度增加。这导致了分工和职能的明确，为内部控制的出现创造了条件。然而，这一阶段的内部控制主要是零散的、基于个人责任的，缺乏系统性和标准化。

（三）工业革命后期至 20 世纪中叶

20 世纪初，随着公司规模的进一步增长，内部控制逐渐成为企业管理的一部分。这一时期，内部控制的关注点主要是财务报告的准确性。企业开始建立内部审计职能，以确保财务交易的真实性和可靠性。

（四）20 世纪中叶至 21 世纪初

20 世纪中叶，随着企业经营环境的复杂化，内部控制逐渐扩展到业务运营的其他方面。企业开始强调风险管理、合规性和业务流程的有效性。内部审计的职责也得到扩展，不仅关注财务方面，还关注运营和战略层面。

（五）21 世纪至今

随着信息技术的飞速发展，企业信息系统的广泛应用成为内部控制的新挑战。数字化环境中的安全性、数据隐私和网络风险成为内部控制的关键焦点。同时，企业对可持续性和社会责任的关注也推动了内部控制的演变，使其更加全面和综合。

内部控制的演变反映了企业管理环境的不断变化。从最初的个体经营到今天的大规模企业，内部控制在不同阶段都有着不同的重点和挑战。随着社会、技术和法规的不断发展，内部控制将继续适应新的挑战，以确保企业能够有效管理风险、保障业务的可持续性，并满足各方利益相关者的需要。

在这个演变的过程中，内部控制框架的不断完善也是值得关注的一点。从最早的COSO框架到目前的企业风险管理框架（ERM）、信息技术内部控制框架（COBIT）等，这些框架为企业提供了更加系统和结构化的方法来设计、实施和评估内部控制体系。

总体而言，内部控制的历史演变是一个不断适应变化、持续完善的过程。企业需要根据自身的特点和外部环境的变化，灵活调整内部控制机制，以保障组织的长期健康发展。

二、内部控制与企业治理的关系

内部控制和企业治理是两个密切关联的概念，它们共同构成了组织管理体系的关键组成部分。在当今复杂而多元化的商业环境中，强大而有效的内部控制与良好的企业治理相互支持，共同为企业的可持续发展提供了坚实的基础。本节将深入探讨内部控制与企业治理之间的关系，分析它们在推动企业成功和防范风险方面的协同作用。

（一）内部控制的定义与作用

内部控制是指组织为实现经济目标，通过建立在制度和流程基础上的一系列措施，保障资产安全、推动经济活动、确保信息可靠性以及促进运营效率的过程。内部控制的目标包括但不限于财务报告的可靠性、合规性、资产保护和业务运营的有效性。内部控制的基本要素包括控制环境、风险评估、控制活动、信息与沟通以及监督机制。

内部控制的主要作用有以下几点：

（1）风险管理：通过评估和管理内外部的各种风险，帮助企业更好地应对不确定性，降低潜在的损失。

（2）财务报告可靠性：确保财务信息的准确、真实和及时，增加投资者、债权人和其他利益相关者对企业的信任。

（3）合规性：确保企业的运营活动符合法律法规，防范法律责任风险。

（4）资源保护：通过建立有效的资产管理和保护机制，防范资产丢失、损坏或滥用的风险。

（5）业务流程优化：通过明确的业务流程和有效的内部控制，提高业务运营的效率和效果。

（二）企业治理的定义与作用

企业治理是一种组织结构和管理机制，旨在确保企业管理者在公司利益和股东权益之间平衡，并促使公司在法律法规的框架内合理、透明、负责任地运作。企业治理的主要元素包括董事会、股东权益、利益相关者关系、信息披露和公司责任。一个健康的企业治理结构能够提高公司的经济绩效，提高公司的信誉，降低投资风险。

企业治理的作用有以下几点。

（1）股东权益保护：通过建立合理的公司治理结构，保护股东权益，维护股东权利。

（2）决策效率提高：通过明确的决策程序和董事会的有效运作，提高企业决策的效率和质量。

（3）信息透明度：提高信息披露的透明度，确保公司的信息对所有利益相关者是及时可靠的。

（4）社会责任履行：增强企业社会责任意识，推动企业更好地履行其社会责任。

（5）风险管理：在公司层面推动对风险的有效管理，确保公司在不同方面的合规性。

（三）内部控制与企业治理的关系

（1）共同目标：内部控制和企业治理共同服务于企业的整体目标。企业治理通过建立决策和监督机制，保护股东权益，而内部控制则通过各种措施确保企业的正常运营、风险管理和财务报告的真实性。

（2）互相支持：强大的内部控制可以为企业治理提供支持，帮助公司实现治理的目标。反之，健全的企业治理结构为内部控制提供了合适的环境，确保内控机制的有效实施和监督。

（3）信息流通：企业治理和内部控制在信息流通方面有着协同作用。有效的企业治理要求信息披露透明度高，而内部控制则确保信息的准确、完整和及时。

（4）风险管理：内部控制和企业治理都涉及风险管理，但侧重点略有不同。内部控制主要关注业务流程中的风险，而企业治理更注重公司层面的风险，如管理层不当决策等。

（5）责任与监督：企业治理侧重建立董事会、股东会等机构，通过这些机构对公司高层进行监督。而内部控制强调在整个组织中建立有效的控制措施，确保每个层级的员工履行自己的职责。

（四）内部控制与企业治理的实践

（1）内部控制与企业文化：企业治理和内部控制在建设企业文化方面有着紧密的联系。良好的企业文化有助于塑造合规、透明、负责任的组织氛围，为内部控制提供了强大的支持。相反，强大的内部控制有助于规范员工行为，推动形成积极的企业文化。

（2）内部审计的角色：内部审计是企业治理和内部控制的桥梁。内部审计部门在监督企业治理结构方面发挥着关键作用，同时是评估和改进内部控制体系的关键力量。通过不断审计和评估，内部审计可以提供对内部控制有效性的反馈，为企业治理的不断完善提供依据。

（3）董事会和内部控制：董事会作为企业治理的核心机构，对内部控制的有效性负有直接责任。董事会需要审查和批准内部控制的策略和机制，确保其与企业治理的目标一致。董事会还需要监督管理层对内部控制的有效实施，以及对公司治理的遵守。

（4）信息技术和内部控制：随着信息技术的飞速发展，数字化环境中的信息安全和数据隐私问题成为企业面临的重要挑战。企业治理需要重视信息技术治理，而内部控制需要建立强大的信息技术内部控制机制，以确保数字化业务的安全性、可靠性和合规性。

（5）社会责任和可持续性：企业治理和内部控制在关注社会责任和可持续性方面也有交集。企业治理需要确保公司履行其社会责任，而内部控制需要对相关业务活动进行评估，以确保其符合可持续发展的原则。

（五）挑战与发展方向

（1）复杂性和全球化：随着企业规模的扩大和全球化的趋势，企业治理和内部控制面临更加复杂和多元化的挑战。组织需要适应不同国家和地区的法规，同时处理跨国经营中的各种风险和合规性问题。

（2）技术变革：新技术的快速发展，如人工智能、大数据分析等，虽为企业提供了更多的业务机会，但也带来了新的风险和挑战。企业治理和内部控制需要不断进行创新，以适应技术变革对业务和管理方式的影响。

（3）人才和文化：建立和维护有效的内部控制和企业治理需要具备相关知识和经验的专业人才。同时，企业需要培养一种积极的治理文化，使所有员工理解和积极参与内部控制和治理的实施。

（4）社会责任：随着社会对企业社会责任的关注不断增加，企业治理和内部控制需要更加强调可持续性、环境友好和社会责任履行，以满足不同利益相关者的期望。

（5）监管压力：不同国家和行业的监管要求不断变化，企业需要及时调整内部控制和治理机制，以确保符合最新的法规和标准。

内部控制与企业治理是企业管理中不可分割的两个方面，它们相互支持、互相促进，共同推动着企业向着更加稳健、透明和可持续的方向发展。企业治理提供了整体框架和指导原则，而内部控制则是具体实施这一框架的方式和机制。在不断变化的商业环境中，企业需要灵活调整和不断完善内部控制和治理机制，以适应新的挑战和机遇。

通过正确理解和实践内部控制与企业治理的关系，企业能够更好地实现经济、社会和环境的可持续发展目标。

第二节　内部控制的概念与作用

一、内部控制的定义与范畴

（一）内部控制的定义

内部控制是组织为实现经济、财务、合规等目标，通过建立在各种制度和流程基础上的一系列措施，以保障资产安全、促进经济活动、确保信息可靠性为核心的一种管理机制。内部控制旨在提供一种有序、有效的管理体系，以支持企业管理层对企业目标的实现，并确保企业在法规框架内运营，同时降低潜在的风险。内部控制是一种全面的、系统性的管理方法，其目标涵盖了财务、运营、合规等多个方面。

内部控制的定义可以从以下不同的角度进行解释。

（1）COSO框架的定义："内部控制是一个组织通过制度、程序和人员的安排，为实现企业目标提供合理保证的过程。"

（2）内部审计协会（IIA）的定义："内部控制是一种过程，由董事会、管理层和其他工作人员，通过制度、过程和文化，为达到组织目标提供合理保证的方式。"

（3）企业治理理事会（The Institute of Internal Auditors，IIA）的定义："内部控制是组织运作中的一个过程，由董事会、管理层和其他工作人员共同组成，以为实现组织目标提供合理保证。这一过程包括战略和运营目标的设定、业务风险的评估、相关内部控制活动的实施，以及监督和评估的机制。"

这些定义共同强调内部控制是一个过程，涉及组织中的各个层级和职能，以提供对实现组织目标的保证。

（二）内部控制的范畴

内部控制覆盖了多个方面，包括但不限于财务、运营、合规和信息技术等。以下是内部控制的主要范畴。

（1）财务控制：财务控制是内部控制中的一个核心范畴。它关注的是财务报告的真实性、完整性和可靠性。在这个范畴中，内部控制包括对资产和负债的管理、会计政策的制定和执行、财务报告的编制和披露，以及审计和审计准备工作等。

（2）运营控制：运营控制关注业务过程的有效性和效率。这包括对供应链、生产、销售、采购等运营活动的控制，以确保业务能够按照预期的方式运作，并实现组织的运营目标。

（3）合规性控制：合规性控制是确保组织遵守法规、法律和行业标准的一部分。内部控制需要确保企业的运营活动符合各种法规和法律的要求，以降低法律责任风险。

（4）风险管理：内部控制还包括对风险的评估和管理。这包括确定潜在风险、制定相应的风险管理策略以及监督和调整这些策略的过程。

（5）信息技术控制：随着信息技术的广泛应用，信息技术控制成为内部控制的重要组成部分。这包括数据安全、系统可用性、信息准确性等方面的控制，以确保信息系统的正常运行和信息的保密性。

（6）人力资源控制：人力资源是组织中不可或缺的资源，因此内部控制需要关注员工的招聘、培训、绩效管理等方面，以确保员工能够有效履行其职责，并形成符合组织的文化和价值观。

（7）战略控制：战略控制涉及组织如何设定和实现其长期目标。内部控制需要确保组织制定的战略是可行的，并监督战略执行的过程。

（8）监督和评估：内部控制本身也需要被监督和评估。这包括对内部控制体系的有效性、合规性以及不断改进的成果地监督和评估。

在实际应用中，上述范畴之间相互交织，共同构成了一个复杂而全面的内部控制框架。企业需要根据自身的特点和业务模式，制定适用的内部控制策略，以全面应对各类风险，并确保业务的顺利进行。

二、内部控制在企业管理中的作用

内部控制在企业管理中扮演着至关重要的角色，它不仅是一种机制，更是一种文化，通过建立合理的制度和流程，保障企业资产的安全、促进经济活动、确保信息可靠性，从而实现组织的各项目标。本节将深入探讨内部控制在企业管理中的多重作用，从财务、运营、合规和风险管理等多个维度进行剖析。

（一）财务管理的角度

（1）财务报告的真实性和可靠性：内部控制确保了企业财务报告的真实性、完整性和可靠性。通过财务控制，企业可以制定和执行财务政策，确保会计准则的遵守，从而提高财务报告的透明度，增强投资者和其他利益相关方的信任。

（2）资产管理与保护：内部控制体系有助于对企业资产的管理和保护。通过建立明确的资产管理制度和流程，防范资产丢失、损坏或滥用的风险，保障企业财富的安全。

（3）预防和检测财务舞弊：内部控制在防范和检测财务舞弊方面发挥着关键作用。制定合适的审计制度、分离职责、建立审计轨迹等措施，有助于防止和及早发现潜在的财务不正当行为。

（4）成本和效率控制：内部控制对企业的成本和效率管理起到引导和监督作用。通过建立运营控制、预算控制等机制，确保企业资源的合理利用，提高经济活动的效率。

（二）运营管理的角度

（1）业务流程的优化：内部控制有助于业务流程的规范化和优化。通过设计和实施内部控制，企业可以清晰界定业务流程，提高工作效率，降低运营风险。

（2）决策效率提升：内部控制对企业决策的效率提升起到关键作用。建立合理的信息流通和决策流程，确保信息的及时传递和准确性，有助于提高管理层的决策效率。

（3）员工绩效管理：内部控制与员工绩效管理密切相关。设立明确的目标和绩效评估标准，帮助员工理解并履行自己的职责，提高整体团队的绩效水平。

（4）供应链管理：内部控制也在供应链管理中发挥作用。确保供应商的合规性、优化供应链流程、减少运营风险，有助于提高供应链的效益和稳定性。

（三）合规管理的角度

（1）法规和法律遵从：内部控制通过制定和执行合规性控制，确保企业的运营活动符合各种法规和法律的要求，降低法律责任风险。这包括但不限于税收合规、劳动法遵守等方面。

（2）信息披露和透明度：内部控制有助于信息披露的透明度。确保信息的准确、完整和及时，帮助企业实现对外透明度，提高投资者、客户和其他利益相关方的信任。

（3）环境、社会和治理（ESG）责任：内部控制越来越被用于推动企业的环境、社会和治理责任履行。建立相关的内部控制机制，帮助企业管理层实现对 ESG 目标的监督和评估。

（四）风险管理的角度

（1）风险识别和评估：内部控制有助于对各种风险进行系统的识别和评估。通过风险管理控制，企业可以及早发现并应对潜在的威胁，减轻不确定性带来的影响。

（2）风险防范和缓解：内部控制有助于制定和实施风险预防和缓解策略。通过建立风险管理机制，企业可以规避各种风险，并在风险发生时及时做出反应，减轻损失。

（3）危机管理：内部控制在危机管理中发挥关键作用。建立应急预案、危机管理团队等机制，有助于企业在危机发生时更加迅速、有效地应对，并最大限度地减轻危机带来的负面影响。

（五）信息技术管理的角度

（1）数据安全和隐私：随着信息技术的飞速发展，内部控制在保护数据安全和隐私方面发挥着重要作用。内部控制确保在信息系统中建立强大的安全体系，防范未经授权的访问、数据泄露和其他信息安全遭到威胁。此外，它还关注对个人隐私的合法处理，以符合相关法规和法律。

（2）系统可用性和完整性：内部控制有助于确保信息系统的可用性和完整性。通过建立有效的备份和恢复机制、制订完备的系统维护计划，确保企业信息系统在需要时能够正常运行，数据得到正确保存和处理。

（3）信息系统合规性：内部控制关注信息系统的合规性，包括但不限于合规性审计、访问控制和日志监控。这有助于确保企业在信息技术方面符合各项法规和标准的要求，降低因合规性问题而导致的法律责任风险。

（4）技术创新与管理：内部控制对于技术创新的管理和监督也非常关键。在引入新技术或系统时，内部控制需要评估潜在的风险，并采取适当的控制措施，以确保技术创新不会对企业带来负面影响。

（六）企业文化和员工参与的角度

（1）内部控制文化的建设：内部控制在企业管理中促进了一种积极的管理文化。建设强大的内部控制文化可以让员工深刻理解控制的重要性，并自觉参与到内部控制体系的建设中。这种文化有助于形成企业全员参与的内部氛围。

（2）员工参与和培训：内部控制要求员工积极参与，以确保控制措施的执行。通过培训和教育，企业可以提高员工对内部控制的认识，使其更好地理解内控的目标和意义，从而更好地履行自己的职责。

（3）道德和职业操守：内部控制的建设强调了企业道德和职业操守的重要性。通过内控机制，企业可以强化员工的职业操守，减少不道德行为的发生，从而提高整体组织的道德水平。

（4）沟通和反馈：内部控制的有效实施需要建立良好的沟通渠道和反馈机制。员工在执行控制措施的过程中，能够及时反馈问题和建议，有助于实时调整和改进内部控制体系。

（七）内部审计和监督的角度

（1）内部审计的监督与评估：内部控制在企业管理中需要通过内部审计来进行监督和评估。内部审计部门独立于被审计的业务部门，对内部控制的有效性进行全面评估，为管理层和董事会提供独立的意见和建议。

（2）董事会的监督：内部控制需要董事会的积极监督。董事会负有监督内部控制体系的责任，要求其通过审查和批准内部控制策略与机制，确保其符合企业治理的目标。

（3）监督机制的建立：内部控制强调建立有效的监督机制。这包括但不限于建立监督委员会、风险管理委员会等，以确保对内部控制的监督不仅具有全面性，而且独立于被监督的业务部门，减少潜在的利益冲突。

（4）外部审计的角色：外部审计也在一定程度上参与了内部控制的监督。外部审计师通过对企业内部控制的审计，向外部利益相关方提供独立的意见，提高对企业财务报告的可信度，有助于市场的稳定和投资者的信心。

（八）企业治理与内部控制的协同作用

（1）股东权益保护：内部控制与企业治理紧密相连，共同为股东权益的保护提供保障。通过建立健全的企业治理结构，董事会对内部控制的有效性进行监督，确保公司履行其法定义务，保护股东的合法权益。

（2）透明度与信息披露：企业治理要求提高信息披露的透明度，而内部控制则通过确保财务报告的真实性和完整性，支持透明度的提高，共同推动信息披露的规范性和及时性。

（3）社会责任与合规性：企业治理关注企业的社会责任，而内部控制通过合规性控制，确保企业的运营活动符合法律法规，从而实现对社会责任的履行。

（4）监管压力的应对：内部控制与企业治理共同应对不断变化的监管压力。健全的企业治理结构有助于企业更好地理解、应对并适应监管要求，而内部控制则确保具体措施的有效实施。

（九）内部控制的实施与持续改进

内部控制实施的关键要素主要有以下几个。

（1）领导层的承诺：高层领导对内部控制的重视和承诺至关重要。领导层需要向组织中传递内部控制的重要性，并为内控的建设提供支持和资源。

（2）明确的责任和职权：内部控制需要建立清晰的责任和职权分工，确保每个岗位和部门明确自己的任务和责任，防止信息不对称和职责模糊。

（3）内部控制政策和流程的制定：制定明确的内部控制政策和流程是建设有效内控的基础。这包括但不限于审计制度、风险管理制度、信息披露制度等。

（4）培训和教育：对员工进行内部控制培训和教育，提高他们的内控意识和执行能力，促使员工积极参与内控体系的建设和执行。

（5）监督和反馈机制：建立监督和反馈机制，通过定期的内部审计、风险评估等手段，对内部控制的执行效果进行监督和评估，以便及时发现问题并进行改进。

持续改进的原则主要有以下几个。

（1）反馈机制的优化：定期评估内部控制的有效性，收集来自内外部的反馈信息，根据实际情况不断优化和改进内部控制机制。

（2）技术创新与数字化：随着科技的发展，企业应积极采用新技术，如人工智能、大数据分析等，以提升内部控制的效率和准确性。数字化技术可以加强对大量数据的监控和分析，帮助企业更及时地发现潜在问题。

（3）风险管理的整合：持续改进需要将风险管理与内部控制紧密结合，全面了解业务运作中的各类风险，并据此相应调整和优化内部控制策略，以更好地应对不断变化的商业环境。

（4）实时监控和报告：引入实时监控和报告机制，能够更及时地获取业务运作中的数据和信息，有助于迅速发现异常情况，并采取及时的纠正措施，以降低潜在的风险。

（5）员工培训与沟通：不断加强员工的内控培训，提高其对内部控制的理解程度和参与度。建立开放、透明的沟通机制，使员工更愿意报告问题，并提供改进建议。

（6）定期的内外部评估：定期进行内外部的评估，包括独立审计、风险评估等，以获取对内部控制有效性的独立意见，为持续改进提供有力的支持。

（十）内部控制的挑战与未来发展方向

（1）复杂性与全球化：随着企业规模的扩大和全球化的趋势，内部控制面临越来越多的复杂性。企业需要应对不同国家和地区的法规、文化和业务差异，加强内部控制的一体化管理。

（2）新技术的冲击：科技的迅速发展对内部控制发出了新的挑战。人工智能、区块链等新技术的应用使业务运作更加复杂，同时带来了新的风险和安全隐患。

（3）人才缺口：建设和维护有效的内部控制需要专业的人才，包括审计师、风险管理专家、信息技术专业人员等。企业在招聘、培养和留住这些专业人才方面面临一定的挑战。

（4）社会责任和可持续发展：随着社会对企业社会责任的关注不断增加，内部控制需要更加强调可持续性、环境友好和社会责任履行这些方面，以满足不同利益相关者的期望。

（5）监管压力：不同国家和行业的监管要求不断变化，企业需要及时调整内部控制和治理机制，以确保符合最新的法规和标准。

内部控制在企业管理中扮演着多重角色，从财务管理、运营管理、合规管理、风险管理到信息技术管理等多个维度都发挥着至关重要的作用。其不仅是一种制度和流程，更是一种文化，需要企业的领导层、员工和各级管理层的共同努力。

随着商业环境的不断变化和复杂化，内部控制不仅需要适应新的挑战，还需要不断进行创新和持续改进。科技的发展为内部控制带来了新的机遇和挑战，数字化、智能化的手段将为内部控制的提升提供新的可能性。在未来，企业需要继续关注新的技术、法规和社会责任的变化，不断调整和优化内部控制机制，以适应快速变化的商业环境，实现长期可持续的发展目标。通过正确理解和实践内部控制，企业将更好地保护自身利益、提高管理效率、履行社会责任，从而实现可持续发展。

第三节　内部控制的客体及要素

一、内部控制的客体划分

内部控制作为一种全面、系统的管理机制，其客体涉及企业各个方面，包括财务、运营、合规、风险管理等。在理解和实践内部控制时，可以根据其不同的客体进行划分，以更全面、有针对性地进行管理。本节将深入探讨内部控制的客体划分，以及不同客体在企业管理中的作用和实践。

（一）财务控制

财务控制是内部控制体系中的一个重要组成部分，主要涉及企业财务报告的真实性、完整性和可靠性。在财务控制的范畴内，其可以进一步划分为以下几个方面。

（1）资产管理和保护：财务控制的一个重要方面是确保企业资产的安全和保护。这包括对现金、存货、固定资产等各类资产的管理，防范资产丢失或滥用的风险。

（2）会计政策和执行：内部控制需要确保企业遵循合适的会计政策，对会计准则的执行进行监督。这包括会计估计、会计处理、会计报告准则等方面的控制。

（3）财务报告的编制和披露：财务控制的目标之一是保障企业财务报告的真实性和透明度。内部控制需要确保财务报告按照相关法规和会计准则编制，确保相关信息的准确、完整和及时披露。

（4）审计和审计准备工作：内部控制需要为内部和外部审计提供支持。这包括审计过程的规范、对审计师的协助、内部审计工作等方面。

（5）财务风险管理：财务控制也需要涉及对财务风险的管理，包括市场风险、信用风险、流动性风险等。内部控制需要确保企业具备足够强大的财务风险防范和管理机制。

（二）运营控制

运营控制是确保业务过程有效、高效运转的一部分，其客体主要涉及企业的日常运营活动。在运营控制的范畴内，可以划分为以下几个方面。

（1）业务流程的规范与优化：运营控制需要确保企业的各项业务流程能够规范、高效地运作。这包括采购流程、生产流程、销售流程等。

（2）库存管理和供应链控制：对存货的管理以及供应链的控制是运营控制的重要内容。内部控制需要确保存货的准确计量、合理管理，同时有效控制整个供应链的风险。

（3）员工绩效管理：运营控制也涉及员工的绩效管理。这包括设定明确的工作目标、实施绩效评估机制、提供培训和发展机会等。

（4）决策效率提升：运营控制需要确保决策的效率和准确性。建立清晰的信息流通和决策流程，帮助企业更迅速、更准确地做出决策。

（5）业务合作伙伴关系的管理：运营控制还包括对业务合作伙伴关系的管理，确保与供应商、客户等合作伙伴的合作关系是合规的、高效的。

（三）合规性控制

合规性控制是确保企业在运营过程中遵守法规和法律法规的一部分。在合规性控制的范畴内，其可以进一步划分为以下几个方面。

（1）法规和法律遵从：合规性控制需要确保企业在其运营活动中遵守相关的法规和法律法规。这包括税收合规、劳动法合规、环境法合规等。

（2）信息披露和透明度：内部控制需要确保企业信息的披露是透明和准确的。这涉及对财务信息、经营信息等的合规披露。

（3）环境、社会和治理（ESG）责任：合规性控制还包括对企业环境、社会和治理责任的管理。这体现在企业在环保、社会责任、公司治理等方面的合规性。

（4）知识产权和数据隐私：合规性控制需要确保企业的知识产权得到合法保护，并关注数据隐私的合规性，以降低法律责任风险。

（5）国际合规性：对于跨国企业，合规性控制还需要考虑国际合规性，确保企业在全球范围内符合各国的法规和法律法规。

（四）风险管理

风险管理是内部控制体系中至关重要的一环节，旨在识别、评估和管理各种潜在风险，以确保企业能够在复杂多变的环境中持续运营。在风险管理的范畴内，可以进一步划分为以下几个方面。

（1）风险识别与评估：风险管理的核心是对潜在风险的全面识别和评估。这包括对财务风险、市场风险、操作风险、法律风险等方面的评估，以了解风险的本质和影响。

（2）风险防范和缓解：风险管理的目标之一是采取措施防范和缓解潜在风险。这可能包括建立预防机制、制订紧急应对计划、购买保险等手段。

（3）危机管理：风险管理还需要确保企业在面临危机时能够迅速、有效地应对。建立应急预案、危机管理团队等机制，有助于企业在危机发生时能够最小化损失。

（4）内部控制与监测：风险管理需要与内部控制相结合，通过建立监测机制，确保内部控制对风险的有效应对。这包括设立风险指标、监控风险变化等内容。

（5）战略风险管理：企业还需要考虑战略层面的风险。这包括市场变化、竞争压力、技术创新等对企业长期发展的影响，风险管理需要更加战略性地思考和规划。

（五）信息技术管理

信息技术管理是现代企业内部控制体系中的一个重要组成部分，尤其在数字化时代更加突出。在信息技术管理的范畴内，其可以进一步划分为以下几个方面。

（1）数据安全与隐私：信息技术管理需要确保企业的数据得到安全的存储和传输，同时关注用户数据隐私的保护。建立强大的数据安全措施、加密技术等是关键步骤。

（2）系统可用性和完整性：内部控制需要确保企业的信息系统具有高可用性和完整性。这包括建立有效的备份和恢复机制、防止系统攻击等内容。

（3）信息系统合规性：信息技术管理需要确保企业的信息系统符合相关法规和标准的要求。这可能涉及合规性审计、访问控制、日志监控等方面。

（4）技术创新与管理：随着技术的不断创新，信息技术管理需要关注新技术的引入和管理。确保新技术的合规性、安全性，并能够为企业带来实际的效益。

（5）业务智能和数据分析：信息技术管理还包括业务智能和数据分析的应用。这有助于企业更好地理解业务情况、识别潜在的机会和风险。

（六）企业文化和员工参与

企业文化和员工参与是内部控制成功实施的基础，它直接关系到内控体系的执行和效果。在这一层面，其可以进一步划分为以下几个方面。

（1）内部控制文化的建设：企业文化应包括对内部控制的重视和承诺。领导层需要向组织中传递内部控制的重要性，并为内控的建设提供支持和资源。

（2）员工参与和培训：员工是内部控制体系中的执行者，其参与度直接影响内控效果。通过培训和教育，提高员工对内部控制的认识和参与度，其更好地理解内控的目标和意义。

（3）道德和职业操守：内部控制的建设强调了企业道德和职业操守的重要性。通过内控机制，企业可以强化员工的职业操守，减少不道德行为的发生。

（4）沟通和反馈：建立良好的沟通渠道和反馈机制，鼓励员工在执行控制措施的过程中，能够及时反馈问题和建议，有助于实时调整和改进内部控制体系。

（七）内部审计和监督

内部审计和监督是确保内部控制体系有效运行的关键环节。在这一层面，可以进一步将其划分为以下几个方面。

（1）内部审计的监督与评估：内部审计作为内部控制体系的独立评价者，其客体划分可以包括内部控制、公司治理、风险管理。

（2）审计对象的确定：内部审计需要确定审计的对象，包括业务流程、财务报告、风险管理体系等。这有助于明确审计的范围和目标。

（3）审计程序和方法：内部审计需要规定审计的程序和方法，以确保审计的全面性和有效性。包括抽样方法、数据分析工具的使用、实地调查等。

（4）内部审计报告：内部审计完成后，需要向管理层和董事会提交审计报告。报告应包括审计的发现、建议改进的措施等，为管理层提供决策依据。

（5）董事会的监督：董事会作为企业的最高治理机构，需要对内部控制体系进行监督。这包括审查和批准内部控制策略和机制，确保其符合企业治理的目标。

（6）监督机制的建立：为确保内部控制的有效性，企业需要建立一套监督机制，可能包括监督委员会、风险管理委员会团体等，以提供独立监督的角色。

（7）外部审计的角色：外部审计师作为独立的第三方，对企业的内部控制体系进行审计。外部审计的目的是向外部利益相关方提供独立的意见，增加对企业财务报告的可信度。

（八）企业治理与内部控制的协同作用

企业治理与内部控制密切相关，两者相互支持，实现了协同作用。在企业治理与内部控制的层面，可以将其进一步划分为以下几个方面。

（1）股东权益保护：企业治理关注股东权益的保护，而内部控制通过确保企业的财务报告真实性、完整性，为股东提供了可靠的信息基础，保护了其权益。

（2）透明度与信息披露：企业治理强调提高信息披露的透明度，而内部控制通过保障信息质量和合规性，支持透明度的实现。两者协同推动信息披露的规范性和及时性。

（3）社会责任与合规性：企业治理关注企业的社会责任，而内部控制通过合规性控制，确保企业的运营活动符合法规和法律法规，从而实现对社会责任的履行。

（4）监管压力的应对：企业治理结构有助于企业更好地理解、应对并适应监管要求，而内部控制则可以确保具体措施的有效实施，以降低潜在的监管压力。

（九）内部控制的实施与持续改进

内部控制的实施和持续改进是内控体系能否发挥有效作用的关键。在这一层面，可以将其进一步划分为以下几个方面。

内部控制实施的关键要素：为确保内部控制的有效实施，需要注意以下关键要素。

（1）领导层的承诺：高层领导对内部控制的重视和承诺至关重要。领导层需要向组织中传递内部控制的重要性，并为内控的建设提供支持和资源。

（2）明确的责任和职权：内部控制需要建立清晰的责任和职权分工，确保每个岗位和部门明确自己的任务和责任，防止信息不对称和职责模糊。

（3）内部控制政策和流程的制定：制定明确的内部控制政策和流程是建设有效内控的基础。这包括审计制度、风险管理制度、信息披露制度等。

（4）培训和教育：对员工进行内部控制培训和教育，提高他们的内控意识和执行能力，促使员工积极参与内控体系的建设和执行。

（5）监督和反馈机制：建立监督和反馈机制，通过定期的内部审计、风险评估等手段，对内部控制的执行效果进行监督和评估，及时发现问题并进行改进。

持续改进的原则：内部控制体系需要不断进行改进，以下是一些持续改进的原则。

（1）反馈机制的优化：定期评估内部控制的有效性，收集来自内外部的反馈信息，根据实际情况不断优化和改进内部控制机制。

（2）技术创新与数字化：随着科技的发展，企业应积极采用新技术，如人工智能、大数据分析等，以提升内部控制的效率和准确性。数字化技术可以加强对大量数据的监控和分析，帮助企业更及时地发现潜在问题。

（3）风险管理的整合：持续改进需要将风险管理与内部控制紧密结合，全面了解业务运作中的各类风险，并据此相应调整和优化内部控制策略，以更好地应对不断变化的商业环境。

（4）实时监控和报告：引入实时监控和报告机制，能够更及时地获取业务运作中的数据和信息，有助于迅速发现异常情况，并采取及时的纠正措施，以降低潜在的风险。

（5）员工培训与沟通：不断加强员工的内控培训，提高其对内部控制的理解程度和参与度。建立开放、透明的沟通机制，使员工更愿意报告问题，并提供改进建议。

（6）定期的内外部评估：定期进行内外部的评估，包括独立审计、风险评估等，以获取对内部控制有效性的独立意见，为持续改进提供有力的支持。

（十）内部控制的挑战与未来发展方向

内部控制在面临一系列挑战的同时，也需要不断适应未来的发展方向。以下是内部控制面临的挑战和未来发展方向。

（1）复杂性与全球化：随着企业规模的扩大和全球化的趋势，内部控制面临越来越多的复杂性。企业需要应对不同国家和地区的法规、文化和业务差异，加强内部控制的一体化管理。

（2）新技术的冲击：科技的迅速发展对内部控制提出了新的挑战。人工智能、区块链等新技术的应用使业务运作更加复杂，同时带来了新的风险和安全隐患。

（3）人才缺口：建设和维护有效的内部控制需要专业的人才，包括审计师、风险管理专家、信息技术专业人员等。企业在招聘、培养和留住这些专业人才方面面临一定的挑战。

（4）社会责任和可持续发展：随着社会对企业社会责任的关注不断增加，内部控制需要更加强调可持续性、环境友好和社会责任履行这些方面，以满足不同利益相关者的期望。

（5）监管压力：不同国家和行业的监管要求不断变化，企业需要及时调整内部控制和治理机制，以确保符合最新的法规和标准。

内部控制在企业管理中扮演着多重角色，从财务管理、运营管理、合规管理、风险管理到信息技术管理等多个维度都发挥着至关重要的作用。其不仅仅是是一种制度和流程，更是一种文化，需要企业的领导层、员工和各级管理层的共同努力。

随着商业环境的不断变化和复杂化，内部控制不仅需要适应新的挑战。

二、内部控制的要素与构成

内部控制是企业管理中至关重要的一环节，其目的在于提供合理的保障，确保企业能够有效运作、财务报告真实可靠、合规合法经营，并降低潜在风险。内部控制的要素与构成是一个综合性、系统性的话题，需要从不同维度来进行深入探讨。

（一）内部控制的基本概念

内部控制是一种组织的过程，包括管理层、董事会和其他人员通过设立的目标、政策和程序，以提供合理保证，确保企业的运营、财务报告和合规性方面达到既定的目标。内部控制不仅仅是一套规定、程序和流程，更是一种文化，贯穿于整个组织的管理层次，涉及全员的参与和理解。

（二）内部控制的要素

内部控制的要素是构成内部控制系统的基本组成部分，它们共同作用，确保内部控制系统的有效性。通常，内部控制的要素可以分为五个方面。

（1）控制环境：控制环境是内部控制的基础，它反映了企业管理层对内部控制的承诺和态度。控制环境包括组织文化、领导风格、员工素质等。良好的控制环境有助于员工形成对内部控制的积极态度，提高控制的有效性。

（2）风险评估：风险评估是内部控制中的核心要素之一。企业需要认识和评估其面临的各种风险，包括财务风险、运营风险、合规风险等。通过对风险的评估，企业能够有针对性地建立相应的控制措施。

（3）控制活动：控制活动是内部控制的实质，是通过规定的政策和程序来管理和缓解风险的过程。这包括了各种控制手段，如审计、监控、批准程序等，以确保企业能够达到其目标。

（4）信息与沟通：信息与沟通是内部控制系统中的关键环节，及时、准确的信息有助于企业管理层及时了解业务状况，做出明智决策。同时，建立开放透明的沟通渠道有助于员工更好地理解和参与内部控制。

（5）监督与评价：监督与评价是确保内部控制系统持续有效的关键。企业需要建立独立的审计和监督机构，对内部控制系统进行定期的审计和评估，发现问题并及时加以纠正和改进。

（三）内部控制的构成要素

内部控制的构成要素是在内部控制的框架下，具体实施和运作的各个组成部分。

根据不同的内部控制框架，具体的构成要素可能会有所不同，但通常包括以下方面。

（1）控制政策与程序：控制政策是为了明确组织在各方面的控制要求和期望，而控制程序则是具体的实施手段，包括审计、监控、批准等。控制政策与程序的建立有助于规范组织行为，提高工作的透明度和一致性，从而减少潜在风险。

（2）职责与权限：职责与权限的明确是内部控制的关键要素之一。通过规范员工的职责范围和权限分配，可以有效防止滥用权力、减少内部欺诈风险。此外，清晰的职责分工有助于确保业务流程的有效运作。

（3）信息系统与技术控制：在数字化时代，信息系统和技术控制成为内部控制不可或缺的一部分，包括数据安全、网络安全、访问控制等方面的控制措施，以防范信息泄露和网络攻击等风险。

（4）内部审计：内部审计是独立于业务运营的评价机构，负责评估和改进内部控制效果。内部审计通过对组织各方面的独立审查，为管理层提供有关内部控制有效性的可靠信息。

（5）培训和沟通：内部控制的成功执行离不开员工的理解和积极参与。培训是确保员工具备内控意识和知识的重要手段，而开放透明的沟通则有助于员工更好地理解内部控制的目标、政策和程序。

（6）风险管理：风险管理是内部控制的核心，包括风险的识别、评估、防范和应对。通过建立风险管理机制，企业可以更全面地了解潜在的威胁和机会，从而制定相应的控制措施。

（7）监控与反馈机制：建立监控与反馈机制是内部控制不断改进的动力源泉。监控机制通过实时追踪业务流程，能够及时发现问题，而反馈机制则能够将问题反馈给管理层，促使其及时采取纠正措施。

（四）内部控制的不同框架

为了更好地理解和实施内部控制，各种内部控制框架应运而生。国际上较为常见的内部控制框架包括 COSO 框架（Committee of Sponsoring Organizations of the Treadway Commission）和 COSO ERM 框架，以及企业治理框架、COBIT 框架等。这些框架为企业提供了一种有条理的方法，帮助其构建完善的内部控制系统。

（1）COSO 框架：COSO 框架是一个被广泛应用的内部控制框架，其核心在于五个要素：控制环境、风险评估、控制活动、信息与沟通、监督与评价。COSO 框架提供了一套全面的指导原则，帮助企业建立有效的内部控制系统。

（2）COSO ERM 框架：COSO ERM 框架是基于 COSO 框架的企业风险管理框架，强调风险管理与战略目标的一体化。除 COSO 框架的五个要素外，COSO ERM 框架还引入了战略目标的考虑，将风险视为战略目标实现的阻碍和推动因素。

（3）企业治理框架：企业治理框架强调的是建立透明、负责任的管理体系，保护股东权益，确保企业合规经营。企业治理框架与内部控制框架有着密切的关系，共同构建了企业的管理机制。

（4）COBIT 框架：COBIT 框架（Control Objectives for Information and Related Technologies）主要关注信息技术的控制。COBIT 框架提供了一套涵盖信息技术治理和管理的具体指导，帮助企业确保其信息技术的安全、完整性和可用性。

（五）内部控制的实施步骤

为了成功实施内部控制，企业需要遵循一系列明确定义的步骤。这些步骤有助于确保内部控制系统的有效性和适应性，以下是内部控制的实施步骤。

（1）制定内部控制政策：首先，企业需要明确定义内部控制的政策，包括对风险管理、审计、授权等方面的指导原则。这些政策将为内部控制的实施提供基础框架。

（2）进行风险评估：对企业内部和外部的各类风险进行全面评估。这包括财务风险、操作风险、合规风险等。风险评估有助于确定哪些方面需要重点关注，并制定相应的控制措施。

（3）设计内部控制措施：基于风险评估的结果，企业需要设计具体的内部控制措施。这包括设立审批程序、实施监控机制、建立信息安全措施等内容。内部控制措施的设计应当具有全面性和协同性。

（4）明确职责与权限：确保每位员工的职责和权限得到清晰的定义和划分。清晰的职责分工有助于避免职权滥用和混淆责任，从而保障内部控制的有效性。

（5）建立信息系统与技术控制：在数字化时代，信息系统的安全至关重要。企业需要建立信息系统和技术控制措施，以保护数据的安全性和完整性。这可能包括防火墙、数据加密、访问权限管理等。

（6）培训与沟通：针对员工进行内部控制培训，提高他们对内部控制的认识和理解。同时，建立开放透明的沟通机制，使员工能够理解内部控制的目标和重要性，并积极参与。

（7）实施监控与反馈机制：建立监控机制，实时追踪业务流程，及时发现问题。同时，建立反馈机制，确保问题能够及时反馈给管理层，促使其采取纠正措施。

（8）内部审计与评估：设立独立的内部审计机构，对内部控制系统进行定期的审计和评估。内部审计可以发现潜在问题，提供有关提高内部控制有效性的独立意见。

（9）持续改进：内部控制体系需要不断进行改进。企业应定期评估内部控制的有效性，收集来自内外部的反馈信息，根据实际情况不断优化和改进内部控制机制。

（六）内部控制的挑战与未来发展方向

面对复杂多变的商业环境和技术创新，内部控制也面临着一系列挑战。同时，随着社会对企业责任的关注不断提高，内部控制的未来发展方向也变得更为重要。以下是内部控制面临的挑战和未来发展方向。

（1）数字化技术的冲击：随着人工智能、大数据分析等数字化技术的广泛应用，企业信息系统变得更加庞大和复杂。内部控制需要不断适应这些新技术，加强信息系统和技术控制，以防范新的风险和威胁。

（2）全球化和复杂性：随着企业的全球化，内部控制需要更好地适应不同国家和地区的法规、文化和业务差异。企业需要建立一体化的内部控制管理，以应对不断增加的复杂性。

（3）新型风险的出现：随着社会、经济和技术的变革，新型风险不断涌现。例如，气候变化、社会责任问题等。内部控制需要不断更新，考虑这些新型风险对企业的影响。

（4）人才缺口：建设和维护有效的内部控制需要专业的人才，包括审计师、风险管理专家、信息技术专业人员等。企业在人才引进、培养和留住方面面临一定的挑战。

（5）社会责任和可持续发展：随着社会对企业社会责任的关注不断增加，内部控制需要更加强调可持续性、环境友好和社会责任履行这些方面。企业需要将这些因素纳入内部控制体系，更全面地考虑企业的长远发展。

（6）监管压力：不同国家和行业的监管要求不断变化，企业需要及时调整内部控制和治理机制，以确保符合最新的法规和标准。监管压力的增加可能需要企业投入更多资源来满足合规性的要求。

内部控制作为企业管理的基石，通过其完善的制度和机制，保障了企业的正常运营、财务报告的可靠性、合规合法经营，并有效降低了潜在风险。内部控制的要素与构成涵盖控制环境、风险评估、控制活动、信息与沟通、监督与评价等方面，通过明确的步骤和框架来实施。各种内部控制框架如 COSO 框架、COSO ERM 框架、企业治理框架、COBIT 框架等提供了企业建设内部控制体系的指导和规范。

然而，内部控制也面临着来自数字化技术、全球化、新型风险、人才缺口、社会责任和监管压力等方面的挑战。为了适应这些挑战，企业需要不断改进和优化内部控制体系，关注新型风险的出现，加强信息系统和技术控制，强化其对全球化和复杂性的应对能力，培养和留住内控领域的专业人才，关注社会责任和可持续发展，及时调整内部控制以符合不断变化的监管要求。

在未来，随着商业环境的不断演变和发展，内部控制将继续扮演着关键的角色。企业需要以开放、灵活的态度，不断创新和完善内部控制体系，以确保企业能够稳健运营、持续发展，同时履行社会责任，取得各方面的信任与支持。

第八章 企业控制活动实践

第一节 企业全面预算业务控制

一、预算控制与企业目标的协同

企业作为一个复杂的组织体系，必须在不断变化的市场环境中谋求生存和发展。为了有效管理资源、实现盈利和增长，企业需要确立明确的目标，并通过预算控制来实现这些目标。预算控制是企业管理中的一项关键的活动，它通过制定、执行和监控预算来确保企业资源的有效利用，使企业能够朝着既定的战略目标发展。本章节我们将探讨预算控制与企业目标之间的协同关系，以及它们如何共同推动企业的可持续发展。

1. 预算控制的定义与作用

预算控制是一种管理工具，通过规划和监控资金的使用，帮助企业实现财务目标。预算可以分为多个层次，包括整体预算、部门预算和项目预算。预算控制的主要目的有以下几点。

（1）资源分配：预算通过合理分配资源，确保每个部门和项目都有足够的资金支持，从而实现协同合作，提高整体效率。

（2）目标设定：预算制定过程中需要明确目标和预期结果，有助于企业明确战略方向和长期目标，使整个组织朝着共同的愿景前进。

（3）监控和控制：通过定期监测实际绩效与预算的偏差，管理层可以迅速发现问题并及时采取纠正措施，以此确保企业在经济环境的变化中保持灵活性。

（4）激励与奖惩：预算可以作为绩效评价的依据，对于达到或者超过预期绩效的部门和个人进行奖励，从而激励员工积极参与目标的实现。

2. 企业目标的制定与层次结构

企业目标是企业长期发展的方向和愿景，它通常包括战略目标、财务目标、市场目标等。企业目标的制定是企业管理中的首要任务，它需要与企业的使命、愿景以及外部环境相协调。企业目标可以分为以下几个层次。

（1）使命和愿景：企业的使命是企业存在的根本原因，愿景则是企业对未来的期望。这两者为企业制定更具体目标提供了指导方向。

（2）战略目标：战略目标通常是中长期的目标，涉及企业的竞争战略、市场份额，产品创新等方面。它们直接关系到企业在市场中的地位和竞争力。

（3）财务目标：财务目标关注企业的盈利能力、资本结构、流动性等方面。这些目标直接影响到企业的财务健康和可持续性。

（4）运营目标：运营目标关注企业的生产效率、成本控制、质量管理等方面。这些目标直接影响到企业的日常经营和效益。

3. 预算控制与企业目标的协同关系

（1）目标一致性：企业目标和预算应该保持一致。预算的制定需要考虑企业的长期战略目标，确保每个层次的预算都对实现这些目标起到积极作用。例如，如果企业的战略目标是市场份额的提升，那么销售和营销部门的预算应该反映出这一目标，包括适当的市场推广和销售渠道的投资。

（2）资源优化：预算控制可以帮助企业优化资源分配，确保每个部门都得到了足够的支持，以实现其各自的目标。通过合理分配资源，企业可以在各个方面都取得良好的绩效，实现整体的协同效应。

（3）灵活性和适应性：预算控制不是僵化的，而是应该具有一定的灵活性，以适应外部环境的变化。企业目标可能会受到市场变化、竞争压力等因素的影响，预算控制需要能够及时调整，确保企业在动荡的环境中依然能够朝着目标前进。

（4）绩效评价与改进：预算控制为企业提供了绩效评价的标准。通过对实际绩效与预算的比较，企业可以发现问题并采取相应的改进措施。这有助于确保企业能够不断学习和优化，以更好地实现目标。

4. 成功案例分析

让我们通过一个成功的企业案例来具体了解预算控制与企业目标的协同关系。假设有一家制造业公司，其战略目标是成为行业领导者，市场份额达到30%。公司的财务目标是在未来五年内实现年均利润增长20%。为了实现这些目标，公司制定了相应的预算，并在实施过程中保持与企业目标的协同关系。

首先，公司的市场部门制定了市场推广和销售渠道的预算，确保足够的投资用于提高品牌知名度和扩大市场份额。这与公司的战略目标相一致，有助于推动整体市场地位的提升。

其次，公司的财务部门负责制定财务预算，包括资本支出、成本控制和利润预测。这些预算与公司的财务目标相契合，确保了资金的合理分配，以支持盈利增长并维持财务健康。

在制定预算的过程中，公司与各个部门进行了充分的沟通和协商，确保各部门的目标与整体企业目标一致。此外，预算控制的执行阶段需要持续监测实际绩效，与预算进行比较，并及时调整预算以适应市场变化。

在实施过程中，公司不仅关注了财务绩效，还注重了运营效率。通过在生产和供应链管理方面的投资，公司实现了成本的有效控制，确保了产品质量的提升。这进一步支持了公司的整体战略目标，提高了其市场竞争力。

另外，公司在绩效评价上采用了激励机制，对于实现或者超过预期绩效的团队和个人进行奖励，激发了员工的积极性和创造力。这种激励机制使整个组织更加注重目标的实现，促进了协同合作。

在长期发展过程中，公司不断根据市场变化和企业目标的调整对预算进行修订。这种灵活性使公司能够在不断变化的经济环境中保持敏捷性，确保预算控制与企业目标的协同始终如一。

5. 挑战与解决方案

尽管预算控制与企业目标的协同关系有助于推动企业的可持续发展，但也存在一些挑战。以下是一些常见的挑战以及相应的解决方案。

（1）不确定性因素：外部环境的不确定性可能影响企业目标的实现。解决方案是建立灵活的预算模型，可以在需要时进行调整，以适应市场变化。

（2）沟通障碍：不同部门之间的沟通障碍可能导致预算制定不够一致。解决方案是建立跨部门的沟通机制，确保各部门理解并共享企业的目标，从而制定一致的预算。

（3）绩效评价不准确：预算控制的成功需要准确的绩效评价。解决方案包括建立科学的绩效评价体系，确保评价指标与企业目标紧密关联，从而避免个人主观评价的偏差。

（4）缺乏员工参与感：如果员工感到他们无法对目标的实现做出贡献，可能会降低他们的工作动力。解决方案是通过员工培训、激励机制等方式，提高员工对目标的认同感和参与度。

预算控制与企业目标的协同关系是企业成功的关键之一。通过确立一致的目标、合理分配资源、灵活调整预算，企业可以在不断变化的市场中保持竞争力。在协同的过程中，企业需要关注各个层次的目标一致性，建立有效的沟通机制，确保绩效评价的准确性，以及激发员工的参与感。通过不断优化预算控制与企业目标的协同，企业能够实现可持续的经济增长，进而取得更多的市场份额和竞争优势。

二、预算控制与业务部门的配合

企业的预算控制是一项复杂而关键的管理活动，它涉及整个组织的资源分配、绩效监控和目标实现。其中，与业务部门的密切配合是确保预算控制有效实施的关键因素之一。在本节中，我们将深入探讨预算控制与业务部门的协同合作，探讨如何实现资源的最优利用、提高业务绩效，以及推动整个企业向着既定目标迈进的问题。

1. 预算控制的基本概念

预算控制是通过规划、执行和监控预算来管理企业资源的过程。预算的制定涉及财务、运营、市场等多个方面，而预算控制则强调对实际绩效的监测和对预算与实际绩效之间偏差的纠正。这一过程不仅能够帮助企业有效利用资源，还能够推动整个组织朝着设定的目标不断发展。

2. 业务部门在预算控制中的角色

业务部门是企业中负责实际生产、销售和服务的核心组成部分。这些部门直接关系到企业的运营状况和市场竞争力。在预算控制中，业务部门扮演着至关重要的角色。

（1）资源需求提供者：业务部门需要了解其运营和发展所需的资源，包括人力、物力、财力等，是预算制定过程中的重要参与者。他们能够提供有关生产、销售和服务方面的信息，帮助确保预算的全面性和准确性。

（2）执行预算计划：业务部门是预算计划的执行者。他们负责确保预算中规划的活动得以顺利实施，同时需要在实际执行中灵活应对市场和经济变化，确保企业适应性强。

（3）绩效监测：业务部门对其绩效的监测直接影响到整个企业的目标实现。通过及时监测实际绩效与预算的差异，业务部门能够发现问题并采取措施进行调整，从而确保目标的实现。

（4）预算修订：由于业务部门直接面对市场变化和竞争压力，他们对预算的灵活性和可调整性要求较高。在必要的时候，业务部门可以提出修订预算的建议，以适应变化的环境。

3. 预算控制与业务部门的协同关系

（1）共同目标的制定：预算控制的成功首先需要企业各个部门共同明确目标。业务部门需要了解企业的整体战略目标，并将其融入各自的运营计划中。只有当企业整体目标与业务部门目标一致时，预算才能真正成为推动企业发展的有力工具。

（2）信息共享与沟通：预算控制需要及时、准确的信息。业务部门需要与财务、战略规划和其他关键部门保持密切的沟通与合作，确保所有参与预算制定的人员都能够充分理解企业目标、预算计划和资源分配。

（3）资源分配的合理性：业务部门在预算制定中应该清晰地提出资源需求，同时需要在资源分配上保持合理性。这意味着要根据企业的整体战略，合理分配资源，确保各个部门都能够在资源有限的情况下实现最优化的绩效。

（4）灵活性和适应性：业务部门在执行预算计划时需要具备一定的灵活性，以适应市场的变化。同时，他们也需要在实际执行过程中不断反馈信息，帮助企业对预算进行及时调整和修订，确保企业适应性强。

（5）共同绩效评价体系：预算控制的绩效评价需要建立在共同认可的标准上。业务部门的绩效评价与整个企业的目标和绩效指标相一致，从而确保各个层面的绩效都能够为整个企业的可持续发展做出贡献。

4. 成功案例分析

让我们通过一个成功的企业案例来具体了解预算控制与业务部门的协同关系。假设有一家制造业公司，其战略目标是提高市场份额和提升产品质量。为了实现这些目标，公司制定了整体预算，同时要求各个业务部门提出详细的预算计划。

首先，生产部门提供了详细的生产计划和资源需求，确保生产线的高效运转，同时满足市场需求。其次，销售和市场部门制订了营销策略和销售计划，以促进产品销售并提高市场份额。最后，财务部门在制定整体预算时确保了所有部门的资源需求得到充分考虑，并在资源分配上保持了合理性。

在实施过程中，业务部门积极执行预算计划，生产部门高效运作，销售和市场部门按计划推进市场活动，各个环节协同合作，从而确保了产品的高质量和市场份额的提升。

通过定期的绩效监测，公司发现销售和市场表现优异，但生产部门存在一些效率问题，导致生产成本偏高。业务部门及时反馈问题，并与财务部门一起提出了调整生产流程和优化资源配置的建议。公司采纳了这些建议进行了调整，最终实现了生产成本的降低，为公司整体财务目标的实现做出了贡献。

在整个过程中，业务部门与其他部门之间保持了良好的沟通与合作。他们理解公司的整体目标，将其融入日常工作中，并通过不断地反馈与协商，确保各个方面对整体目标的实现都起到积极作用。

5. 挑战与解决方案

在预算控制与业务部门的配合中，可能会面临一些挑战，以下是一些常见挑战及相应的解决方案。

（1）信息不透明：业务部门未能提供充分的信息，导致预算计划的不准确性。解决方案包括建立信息共享的平台，加强部门之间的沟通，确保预算制定时有足够的信息基础。

（2）目标冲突：不同业务部门之间可能存在目标冲突，影响整体目标的实现。解决方案是在目标制定阶段就进行充分的协商，确保各个部门的目标是相互协调、相互支持的。

（3）资源争夺：部门之间可能因为资源分配不均衡而产生争夺的情况。解决方案是建立公平合理的资源分配机制，确保每个部门在有限资源下都能够获得足够支持。

（4）缺乏灵活性：业务部门可能感到预算计划过于僵化，不适应市场变化。解决方案是建立灵活的预算制度，允许在执行过程中根据实际情况进行调整。

（5）绩效评价不公平：部门之间可能因为绩效评价标准不一致而感到不公平。解决方案是建立统一的绩效评价体系,确保评价标准对所有部门都是公平的、可衡量的。

预算控制与业务部门的配合是企业成功实现战略目标的重要一环节。通过共同设定一致的目标、保持信息的充分共享、合理分配资源、灵活适应市场变化,业务部门与整个企业形成了紧密的合作关系。在这个过程中,业务部门不仅是预算计划的执行者,更是整个企业目标实现的重要推动者。通过良好的沟通机制、资源协同和绩效评价,预算控制与业务部门的协同配合为企业提供了持续发展的动力,促进企业能够在竞争激烈的市场中取得优势,实现可持续的经济增长。

第二节　企业货币资金业务控制

一、现金流量控制与风险防范

企业的现金流量是经营活动中最关键的财务指标之一,直接关系到企业的健康运转和可持续发展。现金流量控制不仅涉及资金的合理运用,还需要与风险防范密切结合,以确保企业在面临各种挑战时能够保持财务稳健。在本节中,我们将深入探讨现金流量控制与风险防范的关系,以及如何有效地管理企业的现金流量,规避潜在的经营风险。

1. 现金流量控制的基本概念

现金流量是指企业在一定时间内,通过经营活动、投资活动和融资活动获取和支付的现金的净额。良好的现金流量管理对企业至关重要,它不仅能够确保企业正常运营,还可以提高企业的灵活性和抵御外部风险的能力。

（1）经营活动现金流量:涉及企业的主营业务,包括销售产品或提供服务所带来的现金流入和支付供应商、员工等所带来的现金流出。

（2）投资活动现金流量:涉及企业的资本支出和投资,包括购置资产、投资项目等活动所带来的现金流出和处置资产、出售投资所带来的现金流入。

（3）融资活动现金流量:涉及企业的融资和还债活动,包括借款所带来的现金流入和偿还债务、支付利息等所带来的现金流出。

2. 现金流量控制的重要性

（1）确保企业正常运营:良好的现金流量控制可以确保企业有足够的现金来支付日常经营开支,保障供应链的正常运转,维持业务的正常运营。

（2）提高企业灵活性:有足够的现金储备可以使企业更加灵活应对市场变化和机会,例如抢购有利时机、应对突发事件等。

（3）降低融资成本:良好的现金流管理有助于减少对外融资的需求,从而降低融资成本,提高企业盈利水平。

（4）支持投资决策：充足的现金流可以支持企业进行更多的投资，促进业务扩张和创新发展。

3. 风险防范与现金流量控制的关系

现金流量控制与风险防范紧密相连，两者相辅相成，共同为企业的稳健经营提供支持。

（1）市场风险：预测和管理现金流量有助于企业更好地应对市场风险。通过分析市场趋势，调整产品组合和市场定位，企业可以避免因市场波动而导致的现金流问题。

（2）信用风险：现金流控制也涉及与客户、供应商之间的信用关系。企业需要审慎管理应收账款和应付账款，防范信用风险，避免因为客户违约或供应商问题而导致的资金链断裂问题。

（3）资金成本风险：如果企业不能有效地管理现金流，可能会导致对外融资的需求增加，从而面临更高的资金成本风险。通过减少对外融资的需求，企业可以规避融资成本上升带来的风险。

（4）经营风险：不良的现金流控制可能导致企业无法及时支付员工薪资、供应商款项等，影响企业的声誉和员工士气，加大经营风险。通过建立有效的现金流管理机制，企业可以规避这一风险。

4. 现金流量控制与风险防范的实践策略

（1）制定合理的预算：制定详细的财务预算，包括现金流量预算、资本预算等，以明确经营活动、投资活动和融资活动的计划，从而有针对性地进行现金流控制。

（2）有效的应收账款管理：加强对客户信用的审查，采取合理的信用政策，及时催收欠款，减少坏账风险，确保企业有足够的现金流入。

（3）优化供应链管理：与供应商建立稳固的合作关系，合理安排采购和付款时间，确保供应链的稳定和正常运转，避免因供应商问题导致的现金流压力。

（4）降低固定成本：审视企业的固定成本结构，合理调整人力和设备投入，降低固定成本，以提高现金流的灵活性。这包括谨慎考虑人员招聘、设备购置和租赁等决策，以确保企业在面对市场波动时能够更灵活地应对变化。

（5）建立紧急备用基金：为防范突发状况，企业可以建立紧急备用基金，用于应对意外事件或市场不确定性。这样的基金可以充当安全垫，保障企业在危机时有足够的现金储备。

（6）采用科技手段提升效率：利用财务管理软件和信息化系统，加强对财务数据的监控和分析，提高决策效率。实时了解企业财务状况，有助于及时发现问题并采取相应措施，降低财务风险。

（7）多元化资金来源：不仅要依赖银行贷款，还可以考虑其他融资途径，如发行债券、引入投资者、合作伙伴等方式，以降低融资成本，提升筹资的灵活性。

（8）建立风险管理体系：制订详细的风险管理计划，包括对市场风险、信用风险、经营风险等进行全面评估和防范。建立风险管理委员会，确保企业能够及时识别、评估和应对各类风险。

（9）与金融机构保持密切联系：与银行和其他金融机构建立良好的合作关系，及时沟通企业的财务状况、融资需求和计划。这有助于企业获取更多金融支持，并在需要时获得更灵活的融资方案。

（10）定期进行现金流量分析：对现金流量进行定期的分析，及时发现偏差和异常。通过对现金流量的全面了解，企业可以更加迅速地做出调整，预防潜在的财务问题。

5. 成功案例分析

让我们通过一个成功的企业案例来具体了解现金流量控制与风险防范的实践。假设一家制造企业在制订年度财务计划时，经过全面的市场分析和内部资源评估，明确了稳健的财务目标。在执行过程中，该企业采用了以下措施。

（1）优化供应链：与主要供应商建立了长期稳固的合作关系，并采取了合理的供应链管理措施，确保原材料的及时供应和价格的稳定。

（2）严格的应收账款管理：制定了严格的信用政策，对客户进行仔细的信用审查，并及时催收欠款。建立有效的应收账款管理体系，确保了现金流的稳定。

（3）建立应急备用基金：将一部分资金用于建立紧急备用基金，以应对突发状况和市场波动，提高企业在风险事件发生时的抵御能力。

（4）投资科技手段：引入先进的财务管理软件，实现对财务数据的实时监控和分析。这使企业能够更准确地了解财务状况，及时发现潜在的问题。

（5）多元化融资渠道：除了传统的银行贷款，企业还通过发行债券、引入战略投资者、开展合作伙伴关系等方式多元化融资渠道。这不仅降低了企业的融资成本，还提高了企业融资的灵活性，有助于更好地应对金融市场的波动。

（6）建立风险管理团队：成立专业的风险管理团队，负责全面评估市场风险、信用风险、经营风险等，并及时提出风险防范策略。这有助于企业及早应对潜在的风险，降低经营风险的发生概率。

通过以上措施的实施，这家制造企业成功地实现了现金流量的有效控制和风险的防范。在市场波动和外部挑战面前，企业能够保持财务的稳健，确保了经营的持续性和可持续性。

在竞争激烈、市场变化不断的环境中，企业需要不断优化现金流量管理和风险防范策略，保持灵活性和适应性。只有通过科学的财务规划和有效的风险防范，企业才能在不断变化的商业环境中稳健经营，实现可持续发展。

二、银行账户管理与资金监控

在企业财务管理中，银行账户管理与资金监控是至关重要的一环节。良好的银行账户管理可以确保企业资金的安全、高效使用，而资金监控则是及时了解和管理企业的现金流，从而使企业能够更灵活地应对市场的变化、确保日常经营的正常开展。在本节中，我们将深入探讨银行账户管理与资金监控的关键要点以及实施策略。

（一）银行账户管理

1. 开设与管理银行账户

（1）选择合适的账户类型：根据企业的需求和运营特点，选择合适的银行账户类型，如基本存款账户、一般结算账户、专用存款账户等。

（2）多银行账户管理：对于规模较大或跨国企业，在分散风险的考虑下，可以在多家银行开设账户，确保更好的资金分散与安全性。

（3）定期账户审查：定期审查所有银行账户，确保账户状态正常，手续费用合理，以及账户信息的准确性。

2. 电子化银行服务的应用

（1）网上银行服务：利用网上银行服务，实现随时随地的账户查询、资金划转、交易确认等功能，提高操作的便捷性和效率。

（2）电子对账单：推动银行提供电子对账单服务，降低纸质对账单的使用，便于企业实时监控账户动态。

（3）电子支付方式：采用电子支付方式，如电汇、网银支付等，提高支付的效率和安全性。

3. 资金集中与管理

（1）资金集中：对于分支机构较多的企业，企业可以采取资金集中的方式，将分支机构的资金集中到主账户中进行集中管理，以优化资金使用效益。

（2）自动化资金划拨：利用自动化工具实现资金的定期划拨，确保账户余额的合理分配，提高资金的利用效率。

（3）流动性管理：根据企业的资金需求，合理规划流动性管理，确保在支付需求和投资收益之间取得平衡。

（二）资金监控

1. 现金流量预测与规划

（1）预测现金流：利用历史数据和市场趋势，进行现金流的预测，以便提前制定合理的现金规划。

（2）现金流规划：制定详细的现金流规划，包括日常经营、投资和融资活动，确保企业能够充分利用现金。

2. 风险控制与防范

（1）资金风险评估：定期进行资金风险评估，分析市场风险、信用风险和流动性风险等，以制定相应的应对策略。

（2）货币市场工具：利用货币市场工具进行短期资金的投资，提高资金的流动性和收益。

3. 现金流量监控与分析

（1）实时监控：利用财务软件和信息系统，实时监控企业的现金流动态，随时了解账户余额、资金流向等情况。

（2）异常分析：对于异常的现金流动态，企业要进行深入分析，找出原因，并及时采取措施进行调整。

4. 定期财务报告与外部审计

（1）定期报告：定期生成财务报告，包括现金流量表、资产负债表等，对企业的财务状况进行全面的了解。

（2）外部审计：定期进行外部审计，确保企业的财务报告真实可信，提高合作伙伴和投资者的信任度。

5. 成功案例分析

考虑一家制造业企业的案例，该企业成功地实施了银行账户管理与资金监控策略。

（1）多银行账户管理：企业在不同银行开设了多个账户，分别用于日常经营、资金集中和特定用途。这有助于分散风险，提高企业的资金安全性。

（2）电子化银行服务应用：企业推广了网上银行服务，并通过电子对账单实现了纸质账单向电子账单的转变。这降低了操作成本，提高了财务管理的效率。

（3）资金集中管理：企业实施了资金集中的策略，将各个分支机构的资金集中到主账户中进行统一管理，这使企业能够更好地监控和利用资金。

（4）现金流预测与规划： 通过对市场趋势、历史数据和业务计划的综合分析，企业建立了现金流预测模型。这有助于提前发现潜在的现金流问题，并制定合理的规划来满足企业的日常经营和未来投资需求。

（5）风险控制与防范：企业定期进行资金风险评估，针对可能的市场波动、信用风险和流动性风险，制定相应的风险防范策略。通过多元化的投资组合和灵活的资金调度，企业成功规避了一些潜在的财务风险。

（6）现金流量监控与分析：利用财务软件和信息系统，企业能够实时监控现金流动态。当出现异常情况时，财务团队能够迅速分析原因，并采取措施进行调整，确保资金的稳健运营。

（7）定期财务报告与审计：企业制订了定期报告的计划，包括现金流量表、资产负债表等。外部审计定期进行，确保财务报告的真实性和透明度，增强了企业在市场上的信誉。

通过以上策略的实施，该制造企业有效地管理了银行账户，优化了现金流动过程，成功规避了一些潜在的财务风险，为企业的可持续发展提供了有力的财务支持。

6. 挑战与解决方案

在银行账户管理与资金监控的实施过程中，企业可能面临一些挑战，以下是一些常见的挑战及相应的解决方案。

（1）账户信息安全：随着数字化的发展，账户信息安全成为一项重要挑战。解决方案包括加强网络安全措施、使用安全的网络连接、定期更新防护软件，以保障账户信息的安全。

（2）流动性不足：不同行业和季节性需求可能导致企业在某些时期面临流动性不足的问题。解决方案是企业建立紧急备用金、与金融机构建立稳固的合作关系，确保在需要时能够获得额外的流动性支持。

（3）财务系统集成：企业可能使用多个不同的财务系统，导致信息孤岛和数据不一致。解决方案包括选择能够互通的系统，进行系统集成，确保财务数据的一致性。

（4）市场不确定性：不可预见的市场变化可能对企业的现金流造成影响。解决方案是建立灵活的现金流规划，定期进行市场分析，及时调整计划以适应市场的变化。

（5）复杂的国际业务：跨国企业可能面临多种货币、法规和税收制度的复杂性。解决方案包括企业谨慎规划国际业务，寻求专业的财务和法务咨询，以确保合规性和效率性。

银行账户管理与资金监控是企业财务管理中至关重要的环节。通过选择合适的银行账户类型、利用电子化银行服务、实施资金集中与管理，企业可以优化银行账户的使用，提高效率。同时，通过现金流预测与规划、风险控制与防范、现金流量监控与分析，企业能够更好地管理现金流，规避潜在的财务风险。

在实践中，企业需要灵活应对各种挑战，如加强账户信息安全、提高流动性管理、进行系统集成等。通过不断优化银行账户管理与资金监控策略，企业能够更好地应对市场变化，保持财务的稳健与灵活，为可持续的发展奠定坚实的基础。

第三节　企业采购业务控制

一、采购流程控制与供应链合作

采购流程控制和供应链合作是企业成功经营的关键组成部分。一个高效的采购流程和紧密合作的供应链可以确保企业获得高质量的物资和服务，提高生产效率，降低生产成本，同时有助于建立稳固的供应网络。在本节中，我们将深入探讨采购流程控制和供应链合作的重要性、关键要素以及实施策略。

（一）采购流程控制

1. 采购流程概述

采购流程是指企业为满足生产和经营需求而购买产品和服务的全过程。从需求识别、供应商选择、合同签订到物资交付，每一步都需要进行合理的流程控制，以确保采购的高效、合规和经济。

2. 采购流程的关键要素

（1）需求识别：与各部门的紧密合作，准确了解物资和服务的需求，确保采购的准确性和实效性。

（2）供应商选择：通过供应商评估体系，企业进行综合考虑价格、质量、交货周期、供货能力等因素，选择合适的供应商。

（3）合同签订：制定明确的合同条款，包括价格、付款方式、交货时间、质量标准等，以规范双方权利义务，减少后期纠纷。

（4）订单执行：确保采购订单的及时执行，跟踪供应商的生产进度，防范可能的延期和质量问题。

（5）物资验收：对收到的物资进行验收，确保其符合合同规定的质量和数量标准。

（6）付款管理：确保按照合同约定及时支付供应商，维护厂商关系，同时避免超出财务计划的支出。

3. 采购流程控制的重要性

（1）成本控制：通过严格的采购流程控制，企业可以更有效地管理成本，确保物资的价格合理，避免因为采购不当而造成资源浪费。

（2）供应稳定性：稳定的采购流程有助于建立长期合作关系，提高供应商的忠诚度，确保供应链的稳定性。

（3）品质保障：严格的采购流程控制可以确保采购的物资符合质量标准，提高产品和服务的品质，降低质量风险。

（4）合规性和透明度：规范的采购流程有助于确保采购活动的合规性，提高企业的透明度，降低法律和商业风险。

4. 供应链合作

（1）供应链的概念

供应链是指涉及产品或服务的全部生产和分销环节，是从原材料采购到最终用户的销售。供应链合作强调各个环节之间的紧密协作与信息共享，以提高整个供应链的效率、降低成本、增强灵活性。

（2）供应链合作的关键要素

1）信息共享：实现供应链各环节的信息共享，包括需求预测、库存水平、生产进度等，以提高对市场的响应速度。

2）协同规划：基于共享的信息，进行供应链的协同规划，包括生产计划、物流计划等，以降低库存成本，提高资源利用率。

3）风险共担：在供应链合作中，各个环节共同面对市场风险、自然灾害等因素，企业需要建立共同的风险管理机制，以减少不确定性。

4）柔性制造：通过供应链合作，实现柔性制造，企业可以更灵活地适应市场需求的变化，降低因库存积压而导致的资源浪费。

（3）供应链合作的重要性

1）提高效率：供应链合作有助于减少信息传递时间、缩短生产周期，提高整个供应链的运作效率。通过更紧密的合作和协同规划，各个环节能够更好地响应市场需求，降低库存水平，减少生产和交付周期。

2）降低成本：通过供应链合作企业，可以实现成本的优化。共享信息和资源，协同规划，可以降低库存成本、生产成本和物流成本，提高整个供应链的经济效益。

3）增强灵活性：供应链合作可以使整个供应链更加灵活，能够更迅速地调整生产计划、适应市场变化。这有助于企业更好地应对不断变化的市场需求和竞争环境。

4）提高服务水平：通过共享信息和协同规划，供应链合作有助于提高服务水平。及时响应客户需求，减少订单处理和交付的时间，提高客户满意度。

5. 采购流程控制与供应链合作的协同

（1）信息共享与协同规划

1）采购需求共享：与供应链的各个环节进行信息共享，及时了解市场需求和销售计划，以便更准确地制订采购计划。

2）生产计划协同：采购部门与生产计划部门进行协同规划，确保采购和生产计划的一致性，避免库存积压或生产缺料的情况。

（2）风险共担与柔性制造

1）风险管理机制：采购部门与供应链合作伙伴共同制定风险管理机制，针对市场波动、供应商问题等风险进行共同规避和处理。

2）柔性采购：根据市场需求的变化，采购部门与供应链合作伙伴进行柔性采购安排，灵活调整订单量、交货周期等。

（3）成本优化与效率提升

1）成本管理：通过供应链合作，双方共同寻求降低成本的机会，包括减少库存成本、物流成本、交易成本等。

2）效率提升：采购部门与供应链合作伙伴建立高效的沟通渠道，加强合作，以提高整个采购流程的效率。这包括订单处理、物流协调、供应商评估等方面。

（4）共同发展与创新

1）供应链协同创新：采购部门与供应链合作伙伴共同进行创新，包括新产品开发、新技术应用等，以提高整个供应链的竞争力。

2）共同发展：建立长期的合作伙伴关系，采购部门与供应链伙伴共同发展，共享成功的果实，实现互利共赢。

6. 成功案例分析

考虑一家制造企业的案例，该企业成功地实施了采购流程控制与供应链合作。

（1）信息共享与协同规划：采购部门与生产计划部门建立了信息共享的平台，通过共享销售计划和库存数据，实现了更准确的采购需求预测和生产计划协同。

（2）风险共担与柔性制造：采购部门与供应商建立了风险管理机制，通过共同应对原材料价格波动和供应商交付风险。在市场需求波动时，采购部门与供应链合作伙伴调整了采购计划，实现了柔性制造。

（3）成本优化与效率提升：通过与供应链合作，企业成功降低了库存成本和物流成本。采购部门与供应链伙伴建立了高效的沟通机制，减少了订单处理时间，提高了采购流程的效率。

（4）共同发展与创新：采购部门与供应商共同进行新产品的研发和创新。通过创新，企业提高了产品的竞争力，同时促进了供应链的整体升级。

7. 挑战与解决方案

在采购流程控制与供应链合作中，企业可能面临一些挑战，以下是一些常见的挑战及相应的解决方案。

（1）信息共享难题：不同部门或供应链合作伙伴之间信息共享可能存在障碍。解决方案是建立透明、安全的信息平台，促进合作伙伴之间信息的流通与共享。

（2）供应链风险：供应链中的风险，如供应商问题、自然灾害等，可能对采购流程产生不利影响。解决方案包括建立风险管理机制，多源供应商合作，提高供应链的抗风险能力。

（3）协同规划困难：不同部门或供应链伙伴之间协同规划可能受到组织结构和文化差异的影响。解决方案是通过培训和沟通，各部门建立跨部门的协同合作机制，促使各方更好地理解和支持协同规划。

（4）变革管理：采购流程和供应链合作的实施可能需要组织内部的一系列变革。解决方案是制订清晰的变革管理计划，提前沟通并培训相关人员，确保变革的顺利推进。

（5）依赖单一供应商：过度依赖单一供应商可能带来风险，例如供应中断、价格波动等。解决方案是多元化供应商合作，降低对某一供应商的依赖性，提高供应链的韧性。

（6）技术整合问题：采购流程和供应链合作可能涉及多个信息系统和技术平台，技术整合可能成为一个挑战。解决方案是选择支持互操作性的系统，确保信息能够流畅地在不同系统之间传递。

采购流程控制与供应链合作是企业实现高效经营和持续发展的关键环节。通过优化采购流程，确保高效的物资和服务供应，同时与供应链伙伴紧密合作，共同应对市场变化和风险，企业能够提高竞争力、降低成本、提高效率，实现可持续发展。

在实施中，企业需要充分了解自身业务特点，建立适应性强的采购流程和供应链合作机制。同时，企业要应对可能出现的挑战，如信息共享难题、供应链风险等，制定相应的解决方案。通过不断的改进和创新，企业可以建立强大的采购和供应链体系，实现卓越的业务绩效。

二、采购成本控制与质量管理

采购成本控制和质量管理是企业持续发展中至关重要的环节。在全球化竞争的背景下，企业需要不断提高采购效率，同时确保采购到的物资和服务质量优良，以降低成本、提高竞争力。本节将深入探讨采购成本控制与质量管理的重要性、关键要素以及实施策略。

（一）采购成本控制

1. 采购成本概述

采购成本是指企业在采购物资和服务过程中所产生的各项费用，包括但不限于采购价、运输费、仓储费、关税等。采购成本控制是企业管理的一项重要任务，它直接影响到企业的盈利能力和竞争力。

2. 采购成本的组成

采购价：是指采购物资或服务的实际购买价格，直接影响到采购成本的高低。

运输费用：涉及将物资从供应商处运送到企业的费用，包括运输、货运险等。

仓储费用：与物资在企业仓库中的存储有关，包括库房租金、管理人员工资等。

关税和税费：包括海关征收的关税、增值税等，这直接增加了采购成本。

订单处理费用：涉及采购订单的处理、跟踪等各项费用。

3. 采购成本控制的重要性

成本竞争力：采购成本的控制直接关系到企业的成本竞争力。通过降低采购成本，企业可以提高产品或服务的价格竞争力。

利润率提升：有效的采购成本控制可以增加企业的毛利润，提升企业的利润率，从而为企业创造更多的经济效益。

资金流动性：采购成本的控制有助于提高企业的资金流动性，确保企业有足够的资金进行日常运营和未来发展。

投资回报率：有效的采购成本管理可以提高投资回报率，确保企业在资源利用上更加高效。

4. 质量管理

（1）质量管理概述

质量管理是指通过全过程、全方位的管理手段，确保产品或服务能够满足或超越顾客的期望。在采购领域，质量管理涉及确保采购到的物资和服务符合企业的质量标准和要求。

（2）质量管理的关键要素

供应商评估：对潜在供应商进行评估，包括其生产能力、质量控制体系、过往的业绩等。

合同规定：在采购合同中明确质量标准、检验方法、退换货条款等，确保供应商理解并能够满足企业的质量要求。

采购检验：在物资到达企业前进行检验，确保采购到的物资符合规定的质量标准。

供应商协作：与供应商建立良好的合作关系，促进信息共享、技术创新和共同发展。

（3）质量管理的重要性

产品质量：优秀的质量管理有助于确保采购到的产品或服务的质量达到或超越顾客期望，提高产品的市场竞争力。

降低维护成本：高质量的物资和服务通常意味着更低的维护和修复成本，有助于提高企业的综合效益。

保护品牌声誉：高质量的产品和服务有助于树立企业良好的品牌声誉，提高顾客忠诚度，从而为企业的长远发展打下基础。

避免法律责任：质量问题可能导致法律责任，而通过有效的质量管理，企业可以避免质量引起的法律风险。

5. 采购成本控制与质量管理的协同

（1）供应商绩效评估

成本影响因素：采购成本控制与质量管理需要综合考虑供应商的绩效。绩效不佳的供应商可能导致成本上升和质量问题。

数据分析：利用数据分析工具对供应商的绩效进行定期分析，包括交货准时率、产品退货率、质量合格率等。

（2）合同管理

质量规定：在采购合同中明确质量规定，包括产品或服务的具体质量标准、验收方法和标准，确保供应商明白企业的质量期望。

成本条款：在合同中明确相关的成本条款，包括价格、运输费用、质量问题引起的赔偿等。通过合同的规定，企业可以有效控制采购成本。

（3）采购流程优化

质量审核：采购流程中引入质量审核环节，确保潜在供应商符合企业的质量管理标准。

成本效益分析：在采购决策中，企业要综合考虑成本和质量因素，进行成本效益分析，选择综合表现最佳的供应商。

（4）持续改进

数据反馈：收集关于供应商绩效和产品质量的数据，并及时反馈给相关部门。通过数据分析、识别问题，企业采取相应措施。

沟通与协作：促进采购部门与供应商之间的沟通与协作，共同制订质量改进计划，推动供应链中的质量管理持续改进。

（5）制定综合绩效指标

综合绩效指标：制定综合绩效指标，同时考虑成本和质量方面的因素。这可以是一个综合评分体系，综合反映供应商在成本和质量方面的表现。

KPI设定：设定关键绩效指标（KPI），以量化和监测供应商在成本和质量方面的表现。这有助于企业及时识别问题和进行干预。

6. 成功案例分析

考虑一家制造企业的案例，该企业成功地实施了采购成本控制与质量管理的协同。

（1）供应商评估与选择：企业建立了供应商评估机制，对潜在供应商进行全面的评估，包括财务状况、生产能力、质量管理体系等。通过这一机制，企业选择了能够提供优质产品并具备成本竞争力的供应商。

（2）合同管理：在采购合同中，企业明确了质量标准、验收流程、价格结构等条款。同时，合同中规定了成本条款，确保了采购成本的透明性和可控性。

（3）供应链协同：企业与供应商建立了紧密的合作关系，通过信息共享、技术创新等方式，共同努力提升产品质量并降低生产成本。这种协同关系使供应链更加灵活和高效。

（4）持续改进：企业设立了定期的质量审查和成本效益分析会议，通过数据分析，发现潜在问题并采取措施进行改进。这种持续改进的机制确保了质量和成本的不断优化。

（5）KPI设定与绩效奖励：企业制定了供应商绩效的关键指标，对供应商进行定期考核。同时，设立了绩效奖励机制，激励供应商在质量和成本方面进行持续改进。

7. 挑战与解决方案

在采购成本控制与质量管理的实施过程中，企业可能面临一些挑战，以下是一些常见的挑战及相应的解决方案。

（1）信息不透明：供应商的信息不透明可能导致企业难以全面评估其绩效。解决方案包括建立更加透明的供应商信息平台，鼓励供应商主动分享信息。

（2）质量变动：市场和供应商的变动可能影响产品的质量。解决方案是建立灵活的质量管理体系，能够及时应对市场和供应链的变化。

（3）成本波动：原材料价格、运输成本等因素的波动可能影响采购成本的控制。解决方案包括建立灵活的采购策略，多元化供应链，减缓其对价格波动的敏感性。

（4）供应商合作难度：与供应商的合作可能受到文化差异、合作意愿等方面的影响。解决方案是建立跨文化的合作机制，增进双方的沟通与理解，共同追求合作共赢。

采购成本控制与质量管理是企业实现可持续发展的重要组成部分。通过合理的采购成本控制，企业能够提高盈利能力、增强资金流动性；而通过科学的质量管理，企业能够保障产品质量、提高品牌声誉。协同进行采购成本控制与质量管理，不仅可以降低采购成本，还能够确保采购到的物资和服务质量满足或超越顾客期望，从而提高企业的市场竞争力。下面是一些总结性的思考和建议。

综合考虑成本和质量：在采购决策中，企业需要综合考虑成本和质量因素，而不是简单追求低成本。制定明确的质量标准和合同规定，确保成本和质量之间的平衡。

（1）建立长期合作关系：与供应商建立长期、稳定的合作关系，有助于建立互信，促进信息共享和技术创新。长期合作关系有助于形成良性循环，共同应对市场变化和挑战。

（2）持续改进和学习：采购成本控制与质量管理是一个不断优化的过程。企业应该建立持续改进的机制，定期审查采购流程和供应链合作，从而发现问题并及时采取措施进行改进。

（3）灵活应对市场变化：面对市场的变化，包括原材料价格波动、新技术的应用等，企业需要保持灵活性，调整采购策略，寻找新的供应商和合作机会。

（4）注重人才培养：采购成本控制和质量管理需要专业的人才团队。企业应该注重培养员工的专业能力，提高他们的供应链管理、成本控制和质量管理的水平。

（5）利用科技手段：利用先进的科技手段，如物联网、大数据分析等，提高采购流程的效率，加强对供应链的监控，更好地应对市场和供应商的变化。

（6）建立绩效评价机制：采购部门和供应商之间建立有效的绩效评价机制，定期评估各方的表现，并进行奖惩激励，以促进共同的目标达成。

通过采购成本控制与质量管理的协同，企业能够更好地应对市场竞争，提高其盈利水平，同时保持产品或服务的质量和可靠性。这不仅有助于企业在当前市场环境中立于不败之地，还能为未来的可持续发展奠定坚实的基础。

第四节　企业存货业务控制

一、存货管理与库存优化

存货管理和库存优化是企业供应链管理中至关重要的环节。有效的存货管理可以帮助企业降低库存成本，提高资金利用效率，并确保及时满足市场需求。本节将深入探讨存货管理与库存优化的重要性、关键要素以及实施策略。

（一）存货管理

1. 存货的概念

存货是指企业拥有并用于生产、销售的物品，包括原材料、半成品、产成品等。存货是企业资产的一部分，但也是影响企业运营和财务状况的重要因素。

2. 存货管理的目标

（1）最小化库存成本：通过合理的存货管理，企业可以降低库存水平，减少库存成本，包括存储费用、资金占用成本等。

（2）提高资金利用效率：有效的存货管理可以使资金更灵活地用于其他投资，提高企业的资金利用效率。

（3）提高交付能力：存货管理的目标之一是确保及时满足市场需求，提高企业的交付能力，避免因缺货而失去销售机会的情况。

3. 存货管理的挑战

（1）需求不确定性：市场需求的不确定性使存货管理变得复杂，企业需要根据市场变化灵活调整存货水平。

（2）季节性需求：部分产品可能存在季节性需求，所以存货管理需要考虑季节性变化，以避免库存过多或过少。

（3）供应链波动：供应链中的波动，如供应商延迟、原材料价格波动等，可能对存货管理造成不利影响。

（二）库存优化

1. 库存优化的概念

库存优化是通过科学的方法和系统的管理手段，最大限度地提高库存的利用效率，达到降低库存成本、提高服务水平的目标。

2. 库存优化的关键要素

（1）定期库存盘点：定期进行库存盘点，确保库存数据的准确性，及时发现和纠正可能存在的问题。

（2）安全库存设置：设置合理的安全库存水平，以应对需求不确定性和供应链波动，确保不会因为意外情况导致缺货。

（3）供应链协同：与供应链中的各个环节建立协同机制，通过信息共享、协同规划等方式，从而优化整个供应链的库存水平。

（4）使用先进的库存管理系统：利用先进的库存管理系统，实现对库存的实时监控、预测和调整，提高库存管理的精准性和效率。

3. 库存优化的实施策略

（1）ABC分类法：对存货进行ABC分类，根据物品的重要性和使用频率，分为A、B、C三类。针对不同类别的物品制定不同的库存管理策略，提高管理的针对性。

（2）JIT（即时生产）：采用即时生产模式，通过减少库存水平，实现按需生产，降低库存成本，提高库存周转率。

（3）EOQ模型：使用经济订单量（EOQ）模型，确定最优的订货数量，以平衡订货成本和持有成本，实现库存的经济运作。

（4）VMI（供应商管理库存）：与供应商建立VMI模式，由供应商负责库存管理，通过信息共享和协同规划，实现库存的优化。

（三）存货管理与库存优化的协同

1. 合理制定库存政策

安全库存政策：确定合理的安全库存水平，考虑市场需求的波动、供应链不确定性等因素。

最佳订货政策：基于EOQ等模型，制定最佳的订货政策，确保订货量在经济范围内。

2. 供应链协同机制

信息共享：与供应链各方建立信息共享机制，实时获取市场需求、供应链变化等信息，以便及时调整库存水平。

协同规划：通过共同规划，企业与供应商协同应对市场变化，提高供应链的灵活性和应变能力。

3. 制定绩效评价指标

库存周转率：设定库存周转率作为绩效评价的重要指标，追求提高库存周转率，降低库存持有成本。

缺货率：确保缺货率在可接受的范围内，通过持续改进库存管理，降低因缺货而导致的损失。

4. 库存培训与技术支持

员工培训：企业对负责存货管理和库存优化的员工进行培训，提高其库存管理的专业水平，使其能够灵活应对各种挑战。

使用技术支持：部署先进的库存管理系统和技术工具，如物联网、大数据技术分析等，提高库存管理的精准性和效率。

5. 持续改进机制

定期评估：设立定期的存货管理和库存优化评估机制，对库存策略和政策进行定期审查，及时调整。

制订改进计划：根据评估结果，制订改进计划，包括调整库存水平、优化供应链协同机制，改进培训体系等方面的具体措施。

（四）成功案例分析

考虑一家制造业企业的案例，该企业成功地实施了存货管理与库存优化。

（1）ABC 分类法实施：企业对存货进行 ABC 分类，根据物料的重要性和使用频率分为 A、B、C 类。通过对 A 类物料采取更精细的库存管理策略，对 C 类物料采取更宽松的策略，由此实现了库存水平的差异化管理。

（2）VMI 模式引入：企业与主要供应商建立了 VMI 模式，实现了供应商管理库存。供应商通过实时信息共享，根据企业的需求和销售预测，主动进行库存补充，降低了企业的安全库存水平，提高了库存周转率。

（3）库存周转率提高：通过库存优化策略的实施，企业成功提高了库存周转率，缩短了库存滞留周期，有效降低了库存持有成本。

（4）供应链协同机制：企业建立了与供应链伙伴的协同机制，通过共同规划、信息共享，及时应对市场变化。供应链的协同机制提高了企业对市场需求的敏感度，有助于其及时调整库存水平。

（5）使用先进技术：企业引入了先进的库存管理系统和大数据分析工具，实现对库存的实时监控、预测和调整。这使企业能够更加精准地进行库存管理，提高了库存优化的效果。

（五）挑战与解决方案

在存货管理与库存优化的实施过程中，企业可能面临一些挑战，以下是一些常见的挑战及相应的解决方案。

（1）需求不确定性：解决方案包括建立更加灵活的库存管理策略，使用先进的市场预测工具，定期审查和调整库存水平。

（2）供应链波动：解决方案包括建立更加紧密的供应链协同机制，与供应商建立更加稳定的合作关系，降低供应链的不确定性。

（3）技术和培训难度：解决方案包括应用先进的库存管理系统，提供员工培训，确保员工能够熟练使用和操作新的技术工具。

（4）库存数据准确性：解决方案包括建立定期的库存盘点机制，使用自动化工具提高库存数据的准确性。

存货管理与库存优化是企业供应链管理中不可忽视的重要环节。通过合理的存货管理和库存优化，企业能够降低库存成本、提高资金利用效率，同时确保及时满足市场需求。成功实施存货管理与库存优化需要企业全面考虑市场需求、供应链变化等因素，采用先进的技术和管理手段，建立协同机制，并持续改进存货管理策略。通过不断优化存货管理和库存水平，使企业能够在竞争激烈的市场中脱颖而出，由此实现可持续发展。

二、存货成本控制与滞销预防

存货成本控制与滞销预防是企业经营管理中至关重要的两个方面。有效的存货成本控制可以降低企业的生产成本和库存持有成本，提高盈利能力；而滞销预防则是为了避免产品积压，确保产品及时流通，防范滞销带来的损失。本节将深入探讨存货成本控制与滞销预防的重要性、关键要素以及实施策略。

存货成本控制

（一）存货成本的构成

存货成本是指企业购买、生产和储存产品所发生的各项费用，主要包括以下几个方面。

1. 采购成本：购买原材料和产品所产生的费用，包括采购价、运输费用、关税等。

2. 生产成本：生产过程中涉及的直接劳动、直接材料、制造费用等费用。

3. 储存成本：与存储和管理库存有关的费用，包括仓储费、保险费等。

（二）存货成本控制的目标

1. 降低采购成本：与供应商的谈判、合理的采购策略，以降低采购成本，提高成本竞争力。

2. 提高生产效率：优化生产流程、控制生产成本、提高生产效率、降低单位产品的生产成本。

3. 减少库存持有成本：合理的库存管理策略，降低库存持有成本，包括仓储费、资金占用成本等。

（三）存货成本控制的挑战

1. 原材料价格波动：原材料价格的不稳定性可能导致采购成本的波动，对成本控制构成挑战。

2. 供应链中断：供应链中的中断，如供应商问题、物流问题等，可能影响采购和生产，导致成本上升。

3.需求不确定性：市场需求的不确定性使企业很难准确预测销售，可能导致库存积压或短缺。

滞销预防

（一）滞销的概念

滞销是指产品在市场上长时间无法销售，积压在仓库中，造成资金闲置、库存占用成本上升的现象。

（二）滞销的影响

1.资金浪费：滞销导致大量资金被固定在库存中，降低了资金的利用效率。

2.产品陈旧：滞销的产品可能因为时间过长而过时，陈旧的产品降低了被销售的可能性。

3.仓储费用增加：长时间的库存积压会导致仓储费用的增加，进一步增加了滞销的成本。

（三）滞销预防的目标

1.提前市场预测：通过市场研究、数据分析等手段，提前预测市场需求，避免产品滞销。

2.灵活的生产计划：根据市场需求的变化，灵活调整生产计划，避免过度生产导致滞销。

3.促销和市场推广：通过促销活动、市场推广等手段，刺激产品销售，防范滞销的发生。

（四）滞销预防的挑战

1.需求不稳定：市场需求的不稳定性使滞销预防变得更加困难，需要更加困难，很需要更灵活的策略来适应市场的变化。

2.产品生命周期管理：对于不同阶段的产品，需要制定不同的滞销预防策略，因为不同产品可能在不同的生命周期阶段面临不同的市场反应。

3.竞争压力：在竞争激烈的市场环境中，滞销预防需要更加精细化的市场定位和产品差异化，以确保产品在市场上有竞争力。

存货成本控制与滞销预防的协同

（一）整合供应链信息

1.实时数据共享：通过建立实时数据共享的供应链信息系统，企业能够更准确地掌握市场需求和库存状况，有助于及时调整生产计划。

2.供应链协同规划：供应链中的各个环节，包括供应商、生产、销售等，应该进行协同规划，以确保供应链的高效运作，降低滞销的风险。

（二）灵活的生产策略

1. JIT 生产模式：采用即时生产（Just-In-Time）模式，根据实际市场需求灵活调整生产计划，避免过度生产。

2. 小批量生产：适应市场的快速变化，采用小批量生产，以减少存货积压的风险。

（三）市场敏感度分析

1. 需求预测：利用市场研究和数据分析手段，对市场需求进行更准确的预测，避免过度生产。

2. 产品差异化：在产品设计和市场定位上进行差异化，以提高产品的竞争力，减少其滞销的可能性。

（四）库存管理优化

1. 安全库存策略：设置合理的安全库存水平，以防止因供应链中断或需求突然增加而导致的缺货问题。

2. ABC 分类管理：对存货进行 ABC 分类管理，优化对不同类别产品的库存控制，确保企业对高价值和关键性产品的重点关注。

（五）定期库存评估

1. 定期清理滞销产品：定期对库存进行评估，及时发现滞销产品，采取清理措施，如降价销售、捐赠、回收等。

2. 制定滞销预警机制：建立滞销预警机制，通过数据监控、市场反馈等手段，及时发现潜在的滞销风险。

成功案例分析

考虑一家零售企业的案例，该企业成功地实施了存货成本控制与滞销预防的协同策略。

（1）供应链信息整合：企业建立了与供应商、生产部门和销售渠道的实时数据共享系统。该系统，企业能够准确了解市场需求和库存状况，使供应链的各个环节更加协同。

（2）灵活的生产策略：采用了 JIT 生产模式和小批量生产策略。这使企业能够根据实际市场需求灵活调整生产计划，避免产品过度生产而导致滞销。

（3）市场敏感度分析：企业通过市场研究和需求预测，对产品的市场敏感度有了更深刻的理解。根据分析结果，调整了产品的差异化设计和市场定位，提高了产品的竞争力。

（4）库存管理优化：企业采用 ABC 分类管理，对不同类别的产品制定了不同的库存管理策略，针对高价值和关键性产品，实施更加精细化的库存控制。

（5）定期库存评估：企业建立了定期的库存评估机制，定期清理滞销产品。制定滞销预警机制，及时发现潜在的滞销风险，采取措施降低滞销损失。

挑战与解决方案

在存货成本控制与滞销预防的实施过程中，企业可能面临一些挑战，以下是一些建议的解决方案。

（1）市场不确定性：利用先进的市场预测工具，加强市场研究，提高对市场变化的敏感度，以更准确地预测需求。

（2）供应链中断：建立供应链协同机制，与供应商建立更紧密的合作关系，确保供应链畅通，减少中断的可能性。

（3）产品生命周期管理：实施全面的产品生命周期管理，包括及时淘汰老旧产品、推出新产品，确保产品在市场上始终具备竞争力。

（4）竞争压力：不断提升产品差异化，通过创新和品牌建设，产品在市场上有独特的卖点，降低同类产品的替代性，从而减轻竞争压力。

（5）技术支持：引入先进的技术支持，包括物联网、大数据技术分析等，以提高对市场需求和库存状况的实时监控，为决策提供更精准的数据支持。

（6）灵活生产模式：推行灵活的生产模式，如按需生产、小批量生产等，以适应市场需求的瞬时变化，减少因产品过度生产而导致的滞销风险。

（7）绩效评估与改进：建立定期的绩效评估机制，通过评估存货成本控制和滞销预防的效果，及时发现问题并制订改进计划，持续提升管理水平。

存货成本控制与滞销预防是企业经营管理中至关重要的两个方面，它们直接影响企业的盈利能力和资金利用效率。通过整合供应链信息、灵活的生产策略、市场敏感度分析、库存管理优化以及定期的库存评估等手段，企业可以实现存货成本的有效控制和滞销的预防。在面对市场不确定性、供应链中断、竞争压力等挑战时，企业需要通过技术支持、产品生命周期管理、灵活的生产模式等手段来提高应对能力。通过成功案例的分析，可以得出有效的存货成本控制与滞销预防策略应该是全面、协同、灵活和持续改进的。企业在实施这些策略时需要根据自身的特点和市场环境做出调整，以确保最终实现经营目标，保持持续竞争力。

第五节　企业成本费用业务控制

一、成本核算与费用控制

成本核算与费用控制是企业财务管理中至关重要的两个方面。成本核算涉及对企业生产活动中产生的各项成本进行核算和分析，以提供决策支持；费用控制则旨在合理控制和管理企业的各项费用，以确保企业的盈利能力和长期可持续发展。本节将深入探讨成本核算与费用控制的概念、重要性，以及在实际运营中的关键要素和有效策略。

（一）成本核算

1. 成本核算的定义

成本核算是指对企业在生产经营过程中产生的各项费用进行系统、科学的核算和计算，以准确反映产品或服务的生产成本。成本核算包括直接成本和间接成本的计算，其旨在为企业提供决策、控制和评价的依据。

2. 成本核算的重要性

决策支持：成本核算为企业提供了准确的成本信息，有助于管理层在制定战略、生产计划和定价策略时做出明智的决策。

控制成本：通过对成本的核算和分析，企业可以更好地了解各个环节的成本构成，从而采取有效措施进行成本控制，提高生产效率。

评价绩效：成本核算是评价企业经营绩效的重要指标，有助于了解企业的盈利水平、经营效益以及资源利用状况。

3. 成本核算的关键要素

直接成本：直接与产品或服务生产相关的成本，如原材料、直接人工等。

间接成本：与产品或服务生产间接相关的成本，如生产设备折旧、间接人工、管理费用等。

固定成本：在生产量变化时不会发生变化的成本，如房租、管理人员薪酬等。

变动成本：随着生产量的变化而变化的成本，如原材料、直接人工等。

4. 成本核算方法

作业成本法：将成本分配到各个作业中，适用于生产过程相对简单的企业。

过程成本法：将生产过程中的成本分配到产品中，适用于生产过程相对复杂的企业。

标准成本法：以预定的标准成本为基准，与实际成本进行比较，有助于发现和纠正生产过程中的异常。

（二）费用控制

1. 费用控制的定义

费用控制是指企业通过合理规划、优化资源配置，有效降低和控制各项费用的过程。费用包括生产、销售、管理等方面的各项支出，费用控制旨在提高企业的盈利能力，确保企业在激烈的市场竞争中具备足够竞争力。

2. 费用控制的重要性

提高盈利水平：通过有效的费用控制，企业能够减少无谓的开支，提高净利润，增强盈利能力。

提高竞争力：在全球竞争激烈的市场环境中，费用控制是企业提高竞争力、降低产品价格的关键手段。

资源优化：通过对费用的控制，企业可以更好地优化资源配置，确保有限的资源得到最大限度地利用。

3. 费用控制的关键要素

预算管理：制订详细的预算计划，对各项费用进行合理分配和控制，实现费用的有序支出。

成本效益分析：对各项支出进行成本效益分析，确保每一项费用都能够带来相应的经济效益。

流程优化：通过流程再造和优化，企业简化运营流程，提高工作效率，降低管理费用。

4. 费用控制策略

采用先进技术：引入先进的管理信息系统、生产技术和销售渠道，提高工作效率，降低运营成本。

精简组织结构：审视企业的组织结构，精简冗余部门和岗位，降低管理层次，减少人力成本。

能源管理：优化能源使用，采用节能技术，减少能源成本，提高资源利用效率。

（三）成本核算与费用控制的协同

1. 整合成本信息

统一数据来源：成本核算和费用控制的信息应该来自同一数据来源，以确保数据的一致性和准确性。整合财务系统，确保对成本和费用的核算基于相同的数据基础。

共享信息：成本核算和费用控制的相关信息应该得以共享，使管理层能够全面了解企业的经济状况。这有助于制定综合性的财务战略和决策，实现整体的经济效益。

2. 综合预算制定

综合预算：成本核算和费用控制的预算应该在企业的综合预算中得以整合。这包括销售预算、生产预算、资本预算等，确保各部门协同合作，共同实现企业的财务目标。

协同预算审批：在预算制定过程中，成本核算和费用控制的预算应该协同审批，确保各项支出的合理性和有效性。通过整合审批流程，减少重复性审批，提高效率。

3. 效益分析与协同改进

综合效益分析：对成本核算和费用控制的效益进行综合分析，确保所做的投入能够最大限度地带来整体经济效益。综合效益分析，及时发现问题，采取措施进行改进。

协同改进措施：成本核算和费用控制的改进应该协同进行。当发现某一环节存在问题时，应该综合考虑成本和费用的因素，制定协同的改进措施，以确保整体的效益得以提升。

4. 成功案例分析

考虑一家制造业企业的案例，成功地实施了成本核算与费用控制的协同策略。

（1）整合信息系统：该企业通过引入先进的企业资源规划（ERP）系统，实现了成本核算和费用控制信息的整合。财务、生产和销售等部门能够共享同一数据来源，使企业能够更加精准地进行成本核算和费用控制。

（2）统一预算体系：企业建立了统一的预算体系，将成本核算和费用控制的预算融入综合预算中。销售预算和生产预算与成本和费用的预算得到有效整合，确保各项支出符合企业整体预期。

（3）效益综合分析：企业对成本核算和费用控制的效益进行综合分析。通过对生产过程的成本核算和各项费用的详细控制，企业实现了生产效率的提升、成本的降低和费用的合理控制。

（4）协同改进措施：当发现某一生产环节存在浪费或费用控制不足时，企业采取了协同的改进措施。优化生产流程、精简组织结构和引入节能技术，整体提高了生产效益，降低了生产成本和运营费用。

5. 挑战与解决方案

在成本核算与费用控制的实施过程中，企业可能面临一些挑战，以下是一些建议的解决方案。

（1）信息系统整合难度：解决方案包括选择适合的 ERP 系统，确保系统的灵活性和可扩展性，通过培训提高员工使用系统的技能。

（2）部门利益冲突：解决方案包括建立绩效考核机制，确保各部门在成本核算和费用控制中的利益一致，通过协同合作实现整体绩效的提升。

（3）预算编制矛盾：解决方案包括建立清晰的预算编制流程，加强部门之间的沟通协调，确保各部门的预算在整体预算中得以合理融合。

（4）改进措施执行难度：解决方案包括建立监测和反馈机制，确保改进措施得以有效执行，通过培训和激励提高员工的改进意识和执行力。

成本核算与费用控制是企业财务管理中不可或缺的两大环节。通过整合成本核算与费用控制的信息系统、统一预算体系，进行效益综合分析和协同改进措施，企业能够实现成本和费用的双管齐下，提高盈利水平，确保资源的有效利用。成功案例分析表明，采取协同策略能够更好地整合企业内外资源，实现成本与费用的最优化，为企业的可持续发展提供了有力支持。在面对挑战时，企业需要灵活运用信息技术、建立绩效考核机制、加强沟通协调，确保各部门的利益一致，从而更好地应对日益激烈的市场竞争。

　　在实施成本核算与费用控制的过程中，企业需要不断优化自身管理体系，加强内部流程的整合与改进。整体来说，通过协同的手段，企业可以更好地应对成本与费用的挑战，提高经济效益，从而实现可持续发展。

　　另外，需要强调的是，成本核算与费用控制不是一次性的任务，而是需要持续不断地进行的管理活动。随着市场环境、产业竞争的变化，企业应不断优化其成本核算与费用控制策略，适应新的挑战和机遇，确保财务管理的有效性和灵活性。

　　通过协同的手段，成本核算和费用控制将更加有力地支持企业在不断变化的经济环境中保持竞争力，提高盈利水平，实现可持续的经济增长。在这个过程中，企业需要注重人才培养，强化信息技术支持，灵活运用先进管理工具，以确保成本与费用的协同管理能够持续发挥其作用，由此为企业的长期发展打下坚实的基础。

参考文献

[1] 张燕，安欣，胡均法. 现代高校教育管理与教学创新研究 [M]. 天津：天津科学技术出版社；天津出版传媒集团, 2023.

[2] 牛国林. 高校管理创新实践研究 [M]. 长春：吉林文史出版社, 2022.

[3] 王冬梅. 高校体育教育创新发展研究 [M]. 长春：吉林人民出版社, 2021.

[4] 冉启兰. 教育管理理念与思维创新 [M]. 长春：吉林出版集团股份有限公司, 2020.

[5] 余志娟. 现代教育理念下高校教育教学创新与实践 [M]. 吉林出版集团股份有限公司, 2022.

[6] 谢丽娜. 高校体育风险管理研究 [M]. 长春：吉林人民出版社, 2020.

[7] 马小平. 高校人力资源管理发展与创新 [M]. 吉林出版集团股份有限公司, 2018.

[8] 施小花. 当代高校体育教育理论与发展探究 [M]. 长春：吉林人民出版社, 2021.

[9] 孙仁歌. 现代教育教学论 [M]. 合肥：安徽文艺出版社, 2018.

[10] 尹新，杨平展. 融合与创新 高校教育信息化探索与实践 [M]. 长沙：湖南科学技术出版社, 2018.

[11] 陆宝萍. 高校学生公寓管理及文化建设初探 [M]. 北京：北京理工大学出版社, 2021.

[12] 赵威. 基于应用型人才培养的高校学生管理创新模式研究 [M]. 吉林出版集团股份有限公司, 2021.

[13] 谢明. 高校体育教育理论探索与实务研究 [M]. 长春：吉林人民出版社, 2020.

[14] 李蕾，徐莉. 图书馆管理策略与阅读服务创新研究 [M]. 长春：吉林人民出版社, 2021.

[15] 孟维亮. 以学生为本的高等教育管理改革与创新 [M]. 北京 / 西安：世界图书出版公司, 2019.

[16] 李罡. 高校艺术类专业实践教育模式创新研究与实践 [M]. 石家庄：河北美术出版社, 2016.

[17] 杨晓阳. 新媒体背景下高校思想政治教育创新研究 [M]. 延吉：延边大学出版社, 2017.

[18] 许肇超，刘宝林，邱志坚. 现代教育理念与教学管理研究 [M]. 吉林出版集团股份有限公司, 2017.

[19] 陈忠 . 全国中医药行业高等教育十四五创新教材 中医药高等教育和合思想协同育人理论与实践 [M]. 北京：中国中医药出版社 , 2021.

[19] 匡思忠. 全国中医药行业高等教育"十四五"规划教材 中医药高等教育和学课育思政协同育人理论与实践 [M]. 北京: 中国中医药出版社, 2021.